高等院校计算机应用系列教材

U0368213

多媒体CAI课件制作
基础教程
（第六版）

于冬梅　于　婷　编著

清華大學出版社

北　京

内容简介

随着计算机多媒体技术的发展，多媒体 CAI 课件辅助教学已成为教师必须掌握的一项技能。本书除了介绍多媒体 CAI 课件的基础知识外，还着重介绍了 PowerPoint、Animate、Dreamweaver、几何画板和 SMART Notebook 等多媒体 CAI 课件制作软件的操作方法与使用技巧，并在最后一章中通过综合实例帮助读者拓展多媒体 CAI 课件的设计思路。

本书内容丰富，结构清晰，图文并茂，理论与实践相结合，既可作为高等学校相关专业的教材，又可作为各类学校教师学习制作多媒体 CAI 课件的参考书。

本书同步的实例操作二维码教学视频可供读者随时扫码学习。书中对应的电子课件和实例源文件可以通过 http://www.tupwk.com.cn/downpage 网站下载，也可以扫描前言中的二维码推送配套资源到邮箱。

图书在版编目(CIP)数据

多媒体CAI课件制作基础教程 / 于冬梅，于婷编著. —6版. —北京：清华大学出版社，2022.5
高等院校计算机应用系列教材
ISBN 978-7-302-60709-0

Ⅰ.①多… Ⅱ.①于… ②于… Ⅲ.①多媒体课件—制作—软件工具—高等学校—教材 Ⅳ.①G434

中国版本图书馆 CIP 数据核字(2022) 第 069304 号

责任编辑：胡辰浩
封面设计：高娟妮
版式设计：孔祥峰
责任校对：成凤进
责任印制：朱雨萌

出版发行：清华大学出版社
　　网　　　址：http://www.tup.com.cn，http://www.wqbook.com
　　地　　　址：北京清华大学学研大厦 A 座　　　　　邮　　编：100084
　　社 总 机：010-83470000　　　　　　　　　　　邮　　购：010-62786544
　　投稿与读者服务：010-62776969，c-service@tup.tsinghua.edu.cn
　　质 量 反 馈：010-62772015，zhiliang@tup.tsinghua.edu.cn
印 装 者：三河市龙大印装有限公司
经　　销：全国新华书店
开　　本：185mm×260mm　　　印　　张：21.5　　　字　　数：496 千字
版　　次：2004 年 3 月第 1 版　　2022 年 7 月第 6 版　　印　　次：2022 年 7 月第 1 次印刷
定　　价：86.00 元

产品编号：093087-01

前　言

随着计算机多媒体技术的迅速普及，计算机辅助教学(CAI)技术已广泛应用于学科教学。与此相关的多媒体CAI课件以自己独特的优势，在现代教育教学中充当着重要的角色。它不但一改过去学科界限的呆板划分，而且把获取知识(信息)的方法和意识也带给了学生。因此，在很大程度上激发了学生的兴趣，其形象、直观的教学方式也极大地提高了学生的学习效率，同时这种计算机辅助教学方式也为教师提供了更为广阔的发挥空间。这对于信息时代的教育来说，有着重要的意义。

基于以上情况，我们编写了《多媒体CAI课件制作基础教程》(第六版)，以帮助各类院校的教师将计算机应用到自己的课堂教学中，改善课堂教学效果，提高课堂教学效率。

本书共分为8章，第1章主要介绍多媒体CAI课件的基本原理和开发的一般流程，第2章主要介绍课件素材的获取和处理方法。第3~7章则详细讲述了几款多媒体CAI课件制作软件的使用方法和技巧，其中包括PowerPoint、Animate、Dreamweaver、几何画板和SMART Notebook。最后一章是综合实例，可使读者通过实践进一步熟悉制作多媒体CAI课件的具体流程。本书的实例实用性较强，教师稍加修改就可以用于自己的实际教学。教师可以用最短的时间掌握最实用的课件制作技术，快速制作出适合自己课堂使用的多媒体CAI课件。

与本书同步的实例操作二维码教学视频可供读者随时扫码学习。本书对应的电子课件和实例源文件可以通过http://www.tupwk.com.cn/downpage网站下载，也可以扫描下方二维码推送配套资源到邮箱。

扫一扫，看视频

扫码推送配套资源到邮箱

全书在内容编写上充分考虑用户的实际阅读需求，通过大量具有代表性的实例，让读者直观、迅速地了解多媒体CAI课件制作软件的主要功能。为了对软件的重点、难点进行合理分析，在每一个课件的制作过程中都使用注释文字来讲述该课件的制作要点。通过对这些知识点的描述，使读者能够举一反三。

由于作者水平有限，本书难免有不足之处，欢迎广大读者批评指正。我们的邮箱是992116@qq.com，电话是010-62796045。

作　者

2022年3月

目　录

第1章

多媒体CAI课件设计与制作入门

计算机辅助教学(Computer Aided Instruction，CAI)是指在计算机的辅助下进行的各种教学活动，例如课堂教学、实验教学、个性化教学，以及教学中各个环节的管理。随着计算机技术、通信技术、多媒体技术以及人工智能技术的发展，人类社会的教学方式不但在观念和思想上发生了重要的转变，而且在方法和手段上也不断得到更新。现代化的多媒体技术在教学中的应用越来越广泛，特别是多媒体CAI课件教学这一先进辅助教学技术的使用日益受欢迎。

1.1 多媒体CAI课件简介

可以将多媒体CAI看作"多媒体技术+CAI"，即多媒体技术在CAI中的应用。随着计算机技术的发展及CAI实践的深入，人们对CAI的认识也在不断地深化，表现为由局部到整体、由片面到全面的过程。本节作为全书的开端，将从概念、特点和类型的角度，首先介绍多媒体CAI课件的基础知识，帮助用户快速熟悉多媒体CAI课件的基本概念，为后面进一步学习制作此类课件打下坚实的基础。

1.1.1 多媒体CAI课件概念

多媒体CAI即多媒体计算机辅助教学(Multimedia Computer Assisted Instruction，MCAI)，是一种辅助教学的活动方式，它将多媒体计算机用作教学工具，为教学提供一个良好的环境，教师和学生利用计算机可对各种教学媒体信息(如文本、声音、图形、图像、活动视频和动画等)实现存储、处理和多形态呈现的功能。

从以上定义可以看出，多媒体课件不同于一般的多媒体计算机软件，它是一种表现特定教学内容，适合于某类教学对象，专门用于辅助某一学科教学的教学媒体，所以人们习惯上称它为多媒体教材(它突出强调了教育性，所以在开发多媒体教材时应注意教育性的体现)。由于多媒体教材要突出教育性的特征，因此对多媒体CAI课件提出了以下几点基本要求。

- 正确表达教学内容。
- 反映教学过程和教学策略。

- 具有友好的人机交互界面。
- 具有诊断评价、反馈强化功能。

1.1.2 多媒体CAI课件特点

多媒体CAI课件适应了当前教育教学的需要，为教育注入了新的生机与活力，在现代教学中的地位越来越重要。多媒体CAI课件具有以下一些特点。

(1) **形象生动**。多媒体CAI课件通常都是通过计算机屏幕来显示文字、图片、动画和声音等多种媒体信息并向学生传授知识，这比教师在黑板上书写的传统方式更加直观、形象，如图1-1所示。

(2) **效率高**。多媒体CAI课件的高效性是其他教学手段无法比拟的。首先，它展示教学素材的速度特别快，只需要用键盘或鼠标简单地操作几下，就能把教学内容展示出来，从而节省了课堂教学时间，提高了效率。其次，它显示的内容丰富、涉及面广、知识量大，并能够跨越时空的界限，做横向或纵向的对比，加强知识间的联系与沟通，从而形成知识的网络，使学生真正达到融会贯通，学以致用，如图1-2所示。

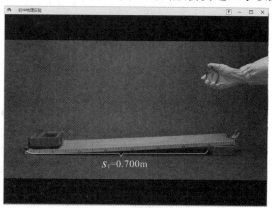

图1-1 "初中物理实验"课件　　　　　　　　图1-2 "古诗词教学"课件

(3) **交互性强**。利用多媒体CAI课件的交互性，可以克服传统线性结构的缺陷，使得多媒体课件可以更容易地根据教学的实际效果，对教学内容的学习和使用提供良好的交互控制，进行动态组织和修改教学内容，因而具有很强的针对性，如图1-3所示。

(4) **强大的集成性**。用户可以利用多媒体CAI课件将各种影视信息组织在一起。用户可以用计算机制作文档、绘制表格和工程图、创作艺术图画、听音乐等，如图1-4所示。计算机的兼容性是数字化的兼容，其特点是其他非数字化的工具不能相比的，这些都为计算机辅助教学提供了更加广阔的思维空间和素材资源。

(5) **实现资源共享**。互联网的发展使计算机的发展跨入新的历史阶段，它实现了全球的资源共享和信息通信。随着多媒体教学研究的发展，未来的趋势是利用网络资源，采用多机交流的形式进行教学。这样，教师在教学过程中不仅能通过网络与学生交流信息，而且教学已不再局限于一间教室或一所学校，完全打破了传统的班级教学模式，发展到不同地域、不同时间的合作和探索学习，学生可以通过网络及时得到帮助和反馈。

图1-3 "艺术设计教学"课件

图1-4 "数学课教学"课件

1.1.3 多媒体CAI课件类型

多媒体CAI课件可以根据具体的教学目标和内容，向学生提供各种教学环境，从而控制各种教学活动。按照CAI课件所进行的教学活动的特点，通常可以将CAI课件分为以下几种类型。

1. 演示型

演示型课件主要应用在课堂教学中，在多媒体教室或网络化CAI环境下，由教师向全体学生播放多媒体教学软件，演示教学过程，或者进行标准示范。这种课件的设计目的是揭示教学内容的内在规律，将抽象的教学内容用形象、具体的形式表现出来。例如，物理学中的分子运动、电磁场、电磁波的传播等概念和运动过程。当然，如果将这种类型的课件应用到教学以外的领域，则通常用于展示新产品或演示产品。

2. 练习型

练习型课件主要通过练习的形式来达到教学目的。通过大量的或反复的练习，使学习者掌握所需的知识和技能，以强化学生某方面的知识或能力。这种类型的课件通常是计算机不断地向学生提出问题并等待学生回答，当学生输入答案或做出回应后，计算机再判断答案正确与否，并根据学生回答的情况给予相应的反馈。例如，答错时可以给予适当的提示和帮助，让学生再次回答或直接显示正确答案等。

3. 网络教学型

这种教学模式基本达到了人机双向、多向互动式的教学目的，大大提高了教学信息传播的数量、质量、速度，并且通过互动作用提高传播的有效性，使教师在控制教师机的过程中仍能保障有效的课堂教学管理。这种类型的CAI课件突出了学生的主体作用，提高了课堂教学效率。

4. 个别化教学型

个别化教学旨在满足每个学生的个性化要求，是一种适应每个学生现有水平的教学模式。在这种教学模式中，教师的任务是进行教学设计，编制出合理的个别化教学软件，以方便不同程度的学生使用，从而实现教学的个别化；或者学生根据自己的需要选择市面上现有的教学软件，让计算机担当"家庭教师"或"辅导教师"的角色，从而达到个别化学习的目的。

5. 虚拟仿真型

虚拟仿真型CAI教学是指利用计算机的虚拟仿真技术,对教学环境、教学内容进行教学仿真的学习模式。在这种模式下,学生可以解决许多真实实验中无法解决的困难,进入仿真现象、理论模型、实验过程、野外考察、星空探索等虚拟环境,从而进行具体操作,感受和体验仿真过程,接受多感官刺激,这样就能够更容易地调动学生进行参与,将抽象的内容具体化、形象化。虚拟仿真型CAI课件能给学生留下深刻的记忆,因而可大大提高学生的学习效率。

6. 开放学习型

开放学习型教学是指基于局域网、广域网甚至因特网的开放型学习环境的学习模式。由于网络(尤其是因特网)具有信息传播量大、速度快、范围广和双向交互作用等特点,因此任何学生都可以通过网络查询相关信息,获取更广泛的知识。任何教师都可以在网络上发布讲稿,并可以通过网络广播给学生,这种模式真正体现出了一切信息向一切学生开放和教育面向每个人的教学理念。

1.2 多媒体CAI课件设计

采用多媒体课件辅助教学是一种现代化的教学方式,是推广现代教育技术的重要内容。现在,学习和制作课件的用户越来越多,但经常会在制作课件的各个环节中遇到诸多问题,从而影响工作效率。因此,为了避免问题频繁出现,在制作多媒体CAI课件制作之前,应了解多媒体CAI课件设计的基本原则,并对多媒体CAI课件的整个制作流程有一个清晰的认识。

1.2.1 多媒体CAI课件设计原则

多媒体CAI课件有其自身设计的原则,遵循这些原则才能使设计出的多媒体CAI课件切实地为教学服务,提高教学效率和教学质量。另外,课件的设计原则也体现了课件设计制作的质量评估标准,具体表现在科学性与教育性、交互性与多样性、结构性与整体性、美观性与实用性、稳定性与扩充性,以及网络化与共享性等方面。

1. 科学性与教育性

制作多媒体CAI课件的目的是进行教学和演示,因此多媒体CAI课件必须遵循科学性与教育性的原则。具体要求是设计者应根据课程的内容和学生的身心特点来设计多媒体CAI课件,不能出现知识技能和专业术语方面的错误,覆盖内容的宽度和深度要恰当,出现的顺序应合乎逻辑,同一课件中所用的专业名词应一致,文字和图片要具有可读性并且难易适中,应充分、恰当、适时地体现教学内容并能引发学生的兴趣。

2. 交互性与多样性

与传统的课件相比，交互性和多样性是多媒体CAI课件的一大特色。在制作多媒体CAI课件时应充分利用人机交互功能，不断帮助和鼓励学生进行深入学习，给学生以广阔的思维空间，激发学生的创造性。设计者可以在多媒体CAI课件中加入对学生学习的评估功能，及时记录学生的学习情况，能够对学生的回答做出正确的判断并对错误进行纠正。

3. 结构性与整体性

一个优秀的课件不但具有丰富的内容和交互功能，还具有完整的结构和体系，这样无论对于设计者还是使用者来说都是非常有益的。在设计课件的初期应充分考虑课件主要应分为几部分，每部分又有哪些分支，这些分支是否有充分的内容来填充，各部分应该如何关联，等等。例如，对于常见的课件来说，应分为课件片头、正文内容和课件片尾这三大板块，课件内容又可根据具体需求分为复习环节、新课环节、巩固环节和习题环节等。课件各部分内容之间既要相互独立又要相互关联，尤其是对于既有文字又有图片和动画的课件，设计者应从整体出发将课件内容分成几个板块，然后再根据实际需要在各个板块中添加相应的跳转按钮和交互菜单，以方便操作。

4. 美观性与实用性

美观性与实用性也是衡量一个多媒体CAI课件质量好坏的标准，课件的设计既不能华而不实，又不能过于平淡无奇。首先应有丰富的内容，其次还应使画面美观，如果能寓教于乐，那么更是多媒体CAI课件中的精品。画面美观性的评价可参考以下几条标准。

- 文字简洁、表达流畅、符合阅读习惯。
- 字体选择得当、大小合适、文字颜色和背景颜色对比明显。
- 图形使用得当、效果明显、处理细致、大小适中、排版合理。
- 动画使用得当、表达含义清晰、动作连贯。
- 合理划分边界边框、前后尽量保持一致。
- 提示和帮助信息要使用得当，并能起到良好的引导作用。
- 菜单和按钮的设计要美观大方、位置合理、作用明确。

5. 稳定性与扩充性

课件主要用来向受众进行演示，如果一个课件在演示过程中经常出错或者发生非正常退出的现象，那么这个课件无疑是失败的。因此课件在制作完成后要反复进行测试，以确保其稳定性。另外，时代在进步，知识也在发展，课件的内容应能紧跟时代的发展而有所创新，这就要求设计者在设计课件时，应充分考虑其可扩充性，是否方便增加新的内容。

6. 网络化与共享性

随着互联网技术的发展，多媒体CAI课件也应顺应网络的发展逐步走向网络化。在全国第六届CAI课件评比中，网络型的课件普遍得到好评。单机型的课件不方便进行交流和共享，而网络型的课件可以方便快捷地进行资源共享和整合。目前制作网络型多媒体CAI课件的软件主要有Dreamweaver等。

1.2.2　多媒体CAI课件设计流程

多媒体课件的制作也像其他产品的开发一样,有着环环相扣的工作流程,它需要事先确定课件的结构与布局、界面的表现形式、素材的选取等方面的内容。开发人员是根据课件的目的和要求,设计出开发流程图,进而完成具体的多媒体软件制作。

无论多媒体CAI课件项目的目的和内容是什么,是大项目还是小项目,其开发流程通常要经过需求分析、教学设计、设计制作脚本、选取与加工素材、设计与制作课件、调试与发布课件、维护与更新课件这7个阶段,如图1-5所示。

图1-5　多媒体CAI课件项目的一般开发流程

1. 需求分析

根据课堂的教学需要,首先要策划CAI课件的课题,其目的在于搞清楚设计范围。课件设计者首先要了解课件的使用对象,包括他们的教育水平、年龄和教育类型等,了解课件的运行环境,然后确定课件的学科内容以及所要达到的目的。为了实现预定的目标,应考虑多种可能的解决方案,并选择其中的最优方案。

总的来说,需求分析主要包括以下几个方面。

(1) 明确教学目标。在制作课件前应明确课件要达到的教学目标是什么,希望课件可以解决什么问题,达到何种要求,并且要考虑采用何种方式才能达到最优效果,教学的重点和难点是什么,如何能利用多媒体CAI课件的特性解决传统教学难以解决的问题。

(2) 确定教学模式。确定将要设计的课件类型(课堂教学型、课外自学型或练习辅导型)。针对不同教学模式的课件应该有不同的设计方案和表达方式。因此在开始制作课件前要进行明确的界定,这将对课件的整体风格和表现形式起决定性的作用。

(3) 选择教学内容。教学内容是多媒体CAI课件中的主题元素,在选择教学内容时应根据上课老师的教学需要来决定。并不是所有的内容都适合或有必要使用多媒体CAI课件来表现,要有重点地进行选择,并且要充分发挥计算机的优点,克服传统教学的不足。例如,对于一些实际操作有危险的化学实验,可以通过多媒体课件来模拟完成;对于优美的散文和诗歌,可以配上动画效果和背景音乐,以加深学生的印象。

(4) 分析使用对象。不同年龄阶段的受众对于课件的认知能力也会有所不同,设计者应有所区分。例如,对于低年级的学生,可以多使用动画效果和图片,以适应其直觉思维;对于高年级的学生,可以在其直觉思维上添加抽象思维形式的过渡;而对于年龄偏大的老者,可以使用通俗易懂的语言和比较大的字号,以方便其阅读和理解。

2. 教学设计

教学设计指的是根据学科内容特点,对学生特征进行分析,以确定教学目标,并为达到该教学目标而制定教学策略的过程。

(1) **分析学生特征**。分析学生特征指的是使用恰当的方法确定学生当前对知识掌握的深度和广度，然后在其原有的基础上确定新的教学内容，以使制作出来的课件更具针对性。

(2) **确定教学目标**。确定教学目标是教学过程中的首要工作，也是在制作多媒体CAI课件时应重点考虑的内容。教学目标是教学活动的导向，也是进行学习评价的依据。

(3) **合理选择和设计媒体信息**。为了使每个知识点达到预定的教学目标，设计者应根据教学的内容和各类媒体信息的特征，选择合适的表达方式，包括文本、图形、图像、动画和视频等，然后把这些多媒体元素合理地结合起来，以达到最优效果。

(4) **确定教学过程**。确定教学过程指的是把课件所包含的教学内容分解为若干知识单元，每个知识单元包含多个知识点，并找出各个知识点和知识单元之间的关系。不同的关系可以形成不同的教学内容结构，然后再针对不同的教学内容结构实施不同的教学方案，从而构成不同的教学过程。

(5) **进行学习评价**。在进行多媒体教学时，应及时对学生的情况进行评价，实时掌握学生的学习情况，并对学生进行合理的指导。例如，可根据教学目标和教学内容设计一定量的练习题，对学生进行考核，从而掌握学生对知识理解的程度，同时也起到一个强化学习效果与纠正错误的作用。

表1-1为多媒体CAI课件教学评价常用的问答形式。

表1-1　多媒体CAI课件评价常用的问答形式

环节	内容形式	功能
提问	提问环节必须意义完整、问题明确，能促进受众思考，其形式可以为是非题、选择题	提问是否能被受众理解将影响回答的结果
应答	应答环节的设计可采用一题一答的形式。在受众应答问题时，应适当给予提示，对应答结果的判断可以与评分相结合	将受众可能做出的反应情况全部罗列出来，根据这些可能性，计算机将做出不同的反应
反馈	对于正确的应答，应给予鼓励性反馈；对于有缺点的、错误的应答，应给予指正反馈，并根据不同的情况分别给出有针对性的反馈结果，例如提示错误、列出答案、要求重答等	对于受众的回答，给予反馈

3. 设计制作脚本

设计制作脚本就是需要设计者依据使用者编写的文字脚本，站在使用者的角度来考虑和分析问题，设计好课件的书面文字表达方式。设计制作脚本时可以与使用者进行商量，决定最佳的实现效果和最优的实现方法。设计制作脚本的具体内容包括封面设计、界面设计、结构安排、素材组织、技术运用。制作脚本的设计不仅可以使课件设计者在制作课件时做到心中有数，不至于走弯路，还可以方便以后对课件进行重新整理和修改。由此可见，这一步对于设计一个优秀的CAI课件是非常必要的。

4. 选取与加工素材

该步骤中主要对文字、颜色、声音、图形图像、动画、视频进行加工，使其符合多媒体课件的需求，如创建多彩文字，录制声音，截取VCD视频等，可以将这些加工后的素材分别保存为单独的文件，以便制作课件时使用。

5. 设计与制作课件

准备好课件制作素材后，就可以按脚本来组织它们，使用课件工具来制作课件、动画并设置交互。制作好的课件既要实用、符合脚本设计的要求，又要易于操作、交互性强。同时，课件还需要界面美观、友好，给人以美的感官享受，吸引学生的注意力，激发学生的学习兴趣。

目前，可用来开发多媒体课件的软件很多，如本书后面要重点介绍的PowerPoint、Animate、Dreamweaver和几何画板等，都是不错的课件制作工具。课件制作者可以根据自己的喜好和课件内容的需要选择合适的制作工具。然后，根据教材利用多媒体制作工具制作出多媒体课件。

6. 调试与发布课件

课件开发完成后，必须进行调试和修改，检验课件能否达到既定的目标。确定课件不需要任何修改后，就可以打包和发布课件了。用户可以使用以下几种方法调试课件。

(1) **分模块调试**。对于内容比较多的课件，可以将课件从逻辑上分为几个比较独立的模块进行调试，以保证每个模块都能正常运行。

(2) **测试性调试**。将课件的不同部分集中起来进行测试，尽量尝试使用不同的操作来调试课件，看能否经得起各种考验。

(3) **模拟性调试**。模拟性调试指的是根据实际教学中的"教"和"学"进行模拟教学和学习的过程，旨在测试课件是否符合设计的初衷。

(4) **环境性调试**。要对课件进行播放，需要有一定的硬件和软件环境，用户可以在不同的环境中对课件进行测试，以发现其中的不足并获取其最佳运行环境。

7. 维护与更新课件

对于同一个教学内容，不同的教师对课件的需求也是不尽相同的，设计者应该不断地收集使用者的信息，更新和完善课件内容，以便在教学中发挥更加强大的作用。例如，设计者可以通过网络发布课件，实现课件资源共享，从而获取更多使用者的反馈信息，并综合意见，不断改进。对课件进行完善的过程也是设计者自身设计水平提高的过程。

1.3 多媒体CAI课件制作

多媒体CAI系统是一套复杂的计算机应用系统，主要由硬件平台、软件平台和课件三大部分构成。多媒体CAI的教学功能由课件决定，硬件、软件是课件设计和运行的环境，课件基于多媒体CAI的硬件和软件，并在充分利用硬件、软件资源的基础上进行制作。因此，在制作多媒体CAI课件时，必须选择一套合适的硬件、软件环境，以便根据环境制作出合适的课件。

1.3.1 硬件选择

多媒体CAI课件的硬件环境是计算机辅助教学的基础，在多媒体CAI教学活动中，是由硬件设备来具体呈现教学内容、获取学生的反应，并执行各种教学信息的处理、分析，对教学过程实施决策判断和控制评价等。

由于多媒体CAI课件中往往包含较多的视频、音频和动画等素材，因此从硬件设备组成的角度看，一套标准的多媒体CAI硬件设备主要包括多媒体计算机、扫描仪、数码相机、数码摄像机、U盘和移动硬盘等，其功能如表1-2所示。

表1-2 制作多媒体CAI课件常用的硬件设备及其功能

硬件设备	在多媒体CAI系统中的功能
多媒体计算机	多媒体计算机是多媒体CAI课件制作中最基础的设备，是指带有多媒体播放功能的计算机，一般应配备有声音播放设备(如音响)
扫描仪	扫描仪是一种光机一体化的高科技产品，是一种输入设备，同时也是多媒体CAI课件制作中最常用的设备之一。它可以将课文中的图片、报刊图片、手绘图片、邮票、杂志封面、实物图像以及课文中的文字信息等书面材料或实物的外观扫描后输入计算机中并以图片文件格式保存起来
数码相机	数码相机是获取多媒体CAI课件图像资料的重要工具，与传统的相机相比，数码相机具有方便、快捷、无需胶片、成本低廉等优点
数码摄像机	数码摄像机又称DV(Digital Video)，中文意思是"数字视频"。使用数码摄像机可直接将拍摄到的视频画面通过数据线传输到计算机中，然后使用计算机对视频进行加工和处理
U盘	U盘是USB闪存盘的简称，是一种常见的移动存储设备。其特点是体型小巧、价格低廉、存储容量大、价格便宜。目前常见的U盘容量为16GB、32GB、64GB、128GB等
移动硬盘	移动硬盘是以硬盘为存储介质并注重便携性的存储产品。相对于U盘来说，它的存储容量更大，存取速度更快，但是价格相对昂贵一些。目前常见移动硬盘的容量为500GB～1TB。使用U盘和移动硬盘可方便地将多媒体CAI课件进行保存和携带

在制作多媒体CAI课件时，用户可以根据课件的设计与展现需要，选择合适的硬件设备，并结合下面将介绍的各类多媒体开发工具软件，制作课件内容。

1.3.2 软件应用

目前，多媒体CAI课件的开发主要使用Windows操作系统，以及基于Windows操作系统之上的各类多媒体开发工具软件，包括文字处理软件、图像素材处理软件、音频和视频处理软件、动画制作软件以及课件制作软件等。

1. 文字处理软件

文字处理软件可以制作出更多的文字特效和版面，能够弥补多媒体开发软件中文本功能不够强大的缺点。表1-3所示为几种常用的文字处理软件。

表1-3　制作多媒体CAI课件常用的文字处理软件

软件名称	说明
Windows记事本	Windows自带的文字工具，简单实用
Word	目前最流行、最常用的文字处理软件，功能强大。在制作课件时，使用该软件提供的艺术字功能，可以生成表现效果丰富的标题文字
Cool 3D	Ulead公司的文字软件，可以生成效果丰富的静态文字和动态文字

2. 图像处理软件

图像是多媒体CAI课件中最常见的元素之一，要对图像进行加工和处理就需要使用图像处理软件。在众多的图像处理软件中，有的侧重于绘制矢量图，有的侧重于制作位图。表1-4所示是目前常用的几种图像处理软件。

表1-4　制作多媒体CAI课件常用的图像处理软件

软件名称	说明
Photoshop	目前最流行的图像处理软件，可以用于处理数码相机拍摄的图片
CorelDRAW	专业的矢量图形设计和图文排版软件
Painter	采用仿天然绘画技术的位图软件
ACDSee	用于快速浏览和查找计算机中大量图片的常用软件
HyperSnap	用于抓取计算机屏幕图像的一款截图软件
PhotoImpact	专业的图像处理软件，内置丰富的图库和图像效果

3. 音频处理软件

音频处理软件主要分为音频软件和音乐软件。前者是录制和处理声音素材的软件，后者是创建MIDI音乐的软件。表1-5所示为几种典型的音频处理软件。

表1-5　制作多媒体CAI课件常用的音频处理软件

软件名称	说明
Windows录音机	Windows自带的音频处理软件
Adobe Audition	易用的音频处理软件
Sound Forge	功能完善的音频处理软件

除此之外，一些课件制作软件(如制作PPT的PowerPoint)自身也提供音频处理功能，可以对插入软件的音频素材进行简单的加工处理。

4. 视频处理软件

视频处理软件主要用于创建视频片段，视频片段可包含文字、图像、声音和活动影像。表1-6所示为几种典型的视频处理软件。

表1-6　制作多媒体CAI课件常用的视频处理软件

软件名称	说明
HyperCam	用于捕捉计算机中视频资源的录屏软件
Movie Maker	用于捕捉外部视频(如电视)资源的录屏软件
Premiere	一款知名的视频编辑软件
After Effects	一款功能强大的视频后期效果制作软件

5. 动画制作软件

在课件中常常需要一些动画片段来呈现所要表达的信息，例如物理、化学课件中经常需要模拟实验过程；数学课件中有时需要加入平面或立体图形的移动、拼切、旋转等效果。此时，就需要使用动画制作软件来制作所要的动画效果。表1-7所示为目前常用的几款动画制作软件。

表1-7 制作多媒体CAI课件常用的动画制作软件

软件名称	说明
Flash	二维矢量动画编辑与制作软件
Animate	Flash软件的升级版本，增加了对HTML5页面开发的支持
Director	用于创建效果丰富的二维动画
3ds Max	用于编辑与制作三维动画

6. 课件制作软件

在制作多媒体CAI课件的过程中，需要将文字、图像、音频、视频、动画等素材集成在一起，根据脚本设计的构想，呈现在学生面前。要实现这种集成，就必须依赖于课件制作软件。目前比较常用的课件制作软件有PowerPoint、Animate、Dreamweaver、几何画板等，其中PowerPoint是一款上手十分简单的演示文稿制作软件，被广泛应用于各类电子课件的制作；Animate是Flash软件的升级版本，适合制作动画型课件；Dreamweaver是一款适合制作网页型课件的网页制作软件；而几何画板则在中学数学、物理等学科中被广泛应用。课件制作者可以根据自己的实际情况选择其中一种软件来制作多媒体CAI课件。本书将在后面的章节中，结合实例操作详细介绍这些软件的用法。

1.4 多媒体CAI课件应用

目前，多媒体CAI课件已成为教师教学的得力助手，但它不可能完全代替其他教学手段，而是在实际应用中与其他教学形式相互配合、取长补短。本节将从多媒体CAI课件的应用环境、评价标准和常见问题几个方面，帮助用户了解其具体的应用。

1.4.1 多媒体CAI课件应用环境

在学校内，多功能教室和多媒体网络教室是多媒体CAI课件运行的主要环境。

1. 多功能教室

当前大多数学校都配备了多功能教室，如图1-6所示。多功能教室是演示型多媒体CAI课件运行的最佳环境。

一般来说，多功能教室内都配有投影仪、大投影屏幕、多媒体讲台、多媒体计算机、音响和中央控制系统等设备。通常是以中央控制设备为中心，将计算机、投影仪、视频展示台、音响等输入/输出设备连接起来，实现对声音、视频信号的快速切换。多媒体CAI课件在计算机上运行后，课件的画面效果通过控制设备将视频信号输入投影仪中，然后投影在大屏幕上；同时，课件的声音也通过控制点设备将音频信号输入音响设备中，然后播放出来。这样就可使所有学生都能够清楚地看见课件的画面，听见课件的声音。

图1-6　多功能教室(左图)与多媒体讲台(右图)

❖ 提示

　　多功能教室的优点是比较适用于演示性的多媒体CAI课件，能同时结合常规教学手段进行教学，对学生数量没有太大的限制，加之它还具有其他功能，因而在学校中的应用较为广泛。缺点是比较难于体现新的教学思想，因投影仪一般固定在天花板上，不方便移动使用。

2. 多媒体网络教室

　　多媒体网络教室(如图1-7所示)内主要包括学生用的计算机(若干台)、教师机、服务器、网络交换设备等。在多媒体网络教室内，由于每个学生都有一台自己控制的计算机，而且计算机之间都可以相互通信，因此多媒体网络教室是多媒体CAI交互型和网络型课件运行的良好环境。

图1-7　多媒体网络教室

　　多媒体网络教室的优点是比较适合使用交互性的CAI软件，能进行个别化学习；对环境要求不高，但视觉效果好；可同时兼顾计算机教学、语音教学和CAI教学，设备利用率高，成本低。缺点是结合黑板等常规教学手段比较困难，课堂纪律不好控制等。另外，在多媒体网络教室中，学生人数受计算机数量的限制，当学生数量多于计算机数量时，教学效果将受影响。

对于多媒体网络教室，一般都需要购买相应的管理软件，这样就可以使用一台教师机对学生机实现屏幕的锁定、教室屏幕信息广播、远程控制、文件传输、电子举手、语音对话等丰富的交互式功能。

1.4.2 多媒体CAI课件评价标准

评价多媒体CAI课件的标准有很多，但最重要的一条标准是看其是否在教学中有利于提高学生的学习效果，这与不同的教学思想和评价价值观有关。例如，某学校制作的课件资源库和教师备课系统，如果从加强训练学生应试教育的角度来看，可能会被认为其题库丰富，教学资源齐备，是一个优秀的课件资源；如果从培养学生创新精神和动手能力的素质教学角度来看，则可能会被认为它仅仅是强化应试教育的一个平台，其作用只会加重学生的学业负担，并不是一个合适的课件资源。因此，评价多媒体CAI课件首先需要从正确的教育观出发。

目前，从不同教育观出发来评价多媒体CAI课件的标准有多种，其中比较权威的是全国多媒体课件评价参考标准。

1. 自评方式

多媒体CAI课件制作者在制作课件时，可以参考表1-8所示的多媒体CAI课件自评指标参数进行自查，从而发现问题并及时修改。

表1-8 多媒体CAI课件自评表

指标参数	重点
教学内容	文本内容简洁、规范 文本表述生动，可将数据图形化 有必要的交互 多媒体内容适当，表现方式合理 多媒体能够激发和维持学生学习的动机和兴趣
技术性	课件程序运行稳定、操作方便 多媒体内容画面清晰 无错漏链接
表现力	课件界面设计美观、合理，且风格统一 文字内容表达清晰，突出重点 无分散学生注意力或不利于教学的修饰元素 利于学生集中注意力，提高学习兴趣
教学设计	教学目标与学习者特征明确 多媒体内容选择合理，能够解决重点、突破难点问题 内容结构安排合理 教学内容容量合适，节奏安排合理 教学策略能够调动学生积极思考、主动学习 有合理的交互设计或提示

2. 参考标准

在教育部举行的全国教育软件评比中，全国多媒体课件评价参考标准如表1-9所示，该表可以为我们在设计与制作多媒体CAI课件时提供参考。

表1-9　全国多媒体CAI课件评价参考标准

评价标准	评价的具体内容	权重
教育性	选题恰当、知识点表达准确 注意启发、促进思维、培养能力 场景的设置、素材的选取与相关知识点结合 模拟仿真、举例形象	0.3
技术性	画面清晰、动画连续、色彩逼真 交互设计合理、智能性好 声音清晰、音量适当、快慢适度 图像清晰、色彩搭配得当	0.3
艺术性	创意新颖、构思巧妙、节奏合理 媒体多样、选用适当、设置和谐 图形、文字布局合理，声音悦耳动听	0.2
使用性	界面友好、操作简单、交互流畅 容错能力强、运行稳定 对硬件设备要求适当	0.2

1.4.3　多媒体CAI课件常见问题

多媒体CAI课件的主要功能是辅助教师在教学的过程中进行内容表达，但如果课件的内容不完善或者缺乏互动性，即使对演讲内容多么熟悉，糟糕的视觉体验也会让学生感到沮丧。因此，在制作课件时应着重对课件的内容、素材、逻辑、信息进行一系列的梳理，并注意以下几个问题。

1. 内容整理

在教学中，出色的多媒体CAI课件往往不在于提供了多少信息，而在于学生能从中理解多少内容。因此，在着手制作课件时，针对内容的梳理至关重要。

(1) 明确课件的类型是阅读型还是演讲型。阅读型课件(如图1-8所示)的特点是不需要他人解释读者便能自己看懂，所以其一个页面上往往会呈现出大量的信息。演讲型课件(如图1-9所示)就是教师平时教学时用到的课件。在投影仪上使用演讲型课件时，整个讲台上的核心是教师，而非课件，因此不能把教学内容稿件中的文字放在课件上让学生去读，这样会导致学生偏于阅读，而不会重视教师的存在。

(2) 确定课件目标时需要思考的问题。由于多媒体CAI课件的主题、结构、题材、排版、配色以及视频和音频都与目标息息相关，因此在制作时，需要认真思考以下几个问题：

- ○　学生能通过课件了解什么？
- ○　教师需要通过课件表达什么观点？

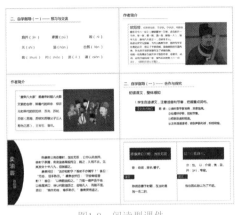

图1-8 阅读型课件

图1-9 演讲型课件

○ 学生会通过课件记住些什么？

○ 学生看完课件后会做什么？

只有得到这些问题的答案后，才能帮助教师明确课件的制作目标。

(3) 将目标分层次(阶段)并提炼出观点。 多媒体CAI课件的制作目标可以是分层次的，也可以是分阶段的。在确定了目标的层次或阶段后，可以制作一份草图或思维导图，将目标中的主要观点提炼出来，以便后期使用。

2. 寻找注意力"焦点"

在制作与使用多媒体CAI课件时，不同的设计对于学生所关注的"焦点"是完全不同的。例如：

○ 有些学生容易被感性的图片或逻辑严密的图表所吸引。

○ 有些学生容易被代表权威的专家发言或特定人群的亲身体验影响。

○ 还有些学生关注的是数据和容易被忽略的细节、常识。

只有把握住学生所关注的"焦点"，才能通过分析了解吸引他们的素材和主题，从而使多媒体CAI课件能够真正吸引学生的注意力。

3. 考虑课件播放场合

多媒体CAI课件播放的场合可能多种多样，不同的场合对课件的制作要求也各不相同。例如：

○ 用于阅读的"阅读型"课件可能用于多媒体网络教室，此类课件会要求文字更多，字号较小。

○ 用于演讲的"演讲型"课件由于需要在公开场合，通过投影仪播放给较多的学生，因此需要课件中的字体较大，并且尽量使用图片来说明观点和内容。

多媒体CAI的播放场合不同，其设置的风格、结构和主题就完全不同。所以，设计课件时了解其播放的场合也很重要。

4. 设计课件的主题

(1) 将主题突出在课件封面页上。 在实际演示中，如果没有封面页的引导，学生的思路在演讲一开始就容易发散，无法理解教师所要谈的是什么话题和观点。因此，对课件主题的设计应使用一个合适的封面标题。合适的封面标题能够起到立竿见影的效果，但它应该具备以下几个特点。

- 能够点出演示的主题。
- 能够吸引学生的眼球。
- 能够在课件中制造出兴奋点。

下面列举几个示例。

- 未知揭秘的标题：在标题中加入奥秘、秘密、揭秘等词语，引起学生的好奇心。
- 直指利益型的标题：使用简单、直接的文字表达出演示内容能给观众带来什么利益。
- 故事型标题：故事型标题适合成功者传授经验时使用，一般写法是从A到B。
- 疑问型标题：使用疑问式的表达能够勾起观众的好奇心，如果能有一些打破常理的内容，标题就会更加吸引人。

(2) 为主题设置副标题。 将主题内容作为标题放置在课件的封面页上之后，如果只有一个标题，有时可能会让观众无法完全了解演讲者需要表达的意图，这种情况下就需要用副标题对课件的内容加以解释。副标题在页面中能够为标题提供细节描述，使整个页面不缺乏信息量。

不过既然是副标题，在排版时就应相对弱化，不能在封面中喧宾夺主，影响主标题内容的展现。

(3) 设计主题包含的各种元素。 为多媒体CAI课件设计主题，除了要确定前面介绍的标题、副标题外，用户还需要系统地规划围绕主题内容需要包含的元素，包括：

- 基本的背景设计和色彩搭配。
- 封面、目录、正文页、结束页等不同版式的样式。
- 形状、图表、图片、文本等图文内容的外观效果。
- 多媒体CAI课件内容的结构。
- 单页课件上的信息量。
- 多媒体CAI课件的切换效果及转场方式。

5. 加工课件内容信息

就像大堆的蔬菜不会自己变成美味佳肴一样，把各种素材堆砌在一起也不能制作出效果非凡的课件。想要获得一个好的多媒体CAI课件内容构思，教师需要学会如何组织材料。

通常，提炼及加工课件内容材料的过程可以分为如下三个环节。

(1) 将数据图表化。 数据是客观评价一件事情的重要依据，图表是视觉化呈现数据变化趋势或占比的重要工具。当课件中有较多数据支撑时，可以使用图片、图形、图表来尽可能地实现数据图表化，如图1-10所示。

"能用图，不用表；能用表，不用字"，采用该原则能够在课件中增强表达的说服力。

(2) 将信息可视化。 信息可视化指的是将课件的文字信息内容用图片、图标、图形的形式展现出来，使课件内容的呈现更加清晰客观、形象生动，更能吸引受众的眼球使其注意力更加集中，如图1-11所示。

图1-10　课件中的图表　　　　　　　　　　图1-11　课件中的图片

(3) **将重点突出化**。重点突出化指的是将课件中想要重点传递的内容在排版上表现出来，再通过适当的配色增强视觉冲击，让受众能在第一时间捕捉到重点信息，强化重点信息在脑海中的印象。

第2章

获取多媒体CAI课件素材

素材指的是制作者从现实生活中收集到的、未经整理加工的、感性的、分散的原始材料。多媒体CAI课件中的素材一般包括文字、声音、图形、图像、动画和视频等，这些素材通常需要加工后才能应用到多媒体课件中。素材选择和素材处理的好坏是课件制作的关键，也是课件制作的难点所在，课件素材重在平时的收集与积累。

2.1 文本素材

文本素材一般都是根据教学需要进行编写的，但如果作为教学资料，所需要的文本的数量会很多，用户可以从一些电子书籍或网页中获取。例如，从百科全书之类的电子书籍相关的网页中，就可以方便地搜索到许多文字素材。

2.1.1 文本素材的获取

采集多媒体文字素材有许多途径。录入文字、扫描文字、截取文字、复制网上的文字和制作特殊文字都是采集文字的途径。

1. 录入文字

在具有文字功能的软件中，通过某种输入方式，可将头脑中的思想或纸张上的文稿输入计算机，生成数字化文字，这就是录入文字。录入文字有以下3种方式。

(1) 键盘录入：最常用的方式。

(2) 手写录入：需要配置手写板和相应的软件。

(3) 语音录入：需要配置麦克风和相应的软件。

在具有不同文字功能的软件中录入文字，所得到的结果则不尽相同。

○ 在文字软件中录入。例如，在Windows记事本、写字板或Word中录入的文字，通常是描述性文字素材，这类文字素材会以相应格式的文本文件保存。

○ 在其他素材软件中录入。例如，在图像软件、动画软件或视频软件中录入的文字，通常是标题性文字素材，这类文字素材会以相应的图像文件、动画文件或视频文件保存。

○ 在合成软件中录入。在合成软件中录入的文字，会直接成为课件的内容，发布时不需要附带相应的素材文件。对于效果要求不高的标题文字和篇幅不是很大的描述性文字，可以直接在合成软件中录入。

2. 扫描文字

如果印刷品上的文稿字体比较规范，可以通过扫描识别，将其转换为数字化文字。以这种方式采集文字素材，可以免除录入文字的操作。扫描文字的具体操作步骤如下。

第一步：扫描文稿，采集文稿图像。

第二步：通过文字识别软件，对采集的文稿图像进行文字识别，生成并自动保存为文本文件。

第三步：对识别获得的文本进行修改，并保存为最终文本文件。通常，识别获得的文本会有不同程度的错误，需要对照原稿进行修改。

❖ 提示

扫描文字的前提是需要安装扫描仪及其驱动程序，并安装文字识别软件OCR。

3. 截取文字

使用某些优秀的文字软件(如Word和WPS)，可以制作具有丰富表现力的标题文字。但是，在这些软件中所制作的文字只能保存为文本文字，要在编辑合成软件中引用这些文字，常常会丢失所需要的表现效果。针对这样的问题，可以采用截图技术，将屏幕上的显示文字截取并保存为图像文件，从而得到图像格式的文字。在编辑合成软件中引用图像格式的文字，就能保持所有的表现效果。

4. 复制网上的文字

网络中有很多教学所需要的文本素材，可以先将其保存下来，在需要时再复制到课件中。例如，下面的练习示例中，将人教版七年级《语文》上册中的内容复制到了课件中。

【练习2-1】将百度文库中的文本段落复制到课件中。

01 在浏览器中输入网址https://wenku.baidu.com，访问百度文库首页，然后在其中的搜索文本框中输入"七年级《语文》上册"，并单击【搜索文档】按钮，如图2-1所示。

02 在打开的页面中找到需要的文章，单击相应的链接，如图2-2所示。

图2-1 百度文库首页

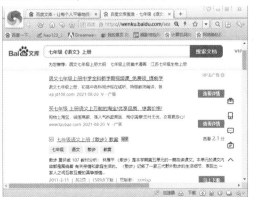

图2-2 文章搜索结果列表

03 在百度文库中打开文章后，选中需要复制的文本段落，在弹出的菜单中选择【翻译】命令，如图2-3左图所示。

04 在打开的对话框中单击【百度翻译】选项，如图2-3右图所示。

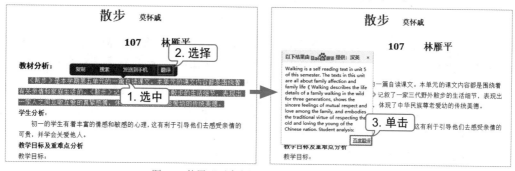

图2-3 使用"百度翻译"打开选中的文本段落

05 在打开的"百度翻译"页面中选中需要复制的文本，右击，在弹出的快捷菜单中选择【复制】命令(或按Ctrl+C快捷键)，如图2-4左图所示。

06 将鼠标指针置于课件中合适的位置(以演示文稿课件为例)，按Ctrl+V快捷键(或右击鼠标，从弹出的快捷菜单中选择【粘贴】命令)，即可将复制的文本粘贴至课件中，如图2-4右图所示。

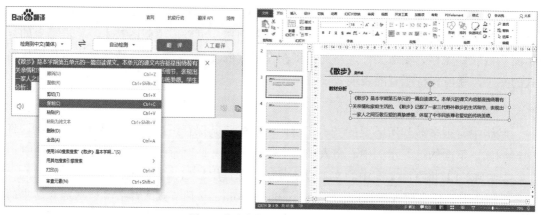

图2-4 将文本复制并粘贴到课件中

此外，用户还可以参考下面介绍的方法，将网页中的文本保存为Word文档，以便在制作课件的过程中随时使用。

01 首先，在计算机中安装"冰点文库下载器"软件，然后使用浏览器在百度文库中找到需要下载的文档，在浏览器地址栏中选中该文档的地址，按Ctrl+C快捷键执行"复制"操作，如图2-5所示。

02 切换到"冰点文库下载器"软件，将鼠标指针置于该软件顶部的文本框中，按Ctrl+V快捷键粘贴所复制的网址，单击【下载】按钮，下载链接内容。

03 下载完成后，右击下载的文件的名称，在弹出的快捷菜单中选择【打开保存文件夹】命令，如图2-6所示。

图2-5 复制网址

图2-6 选择"打开保存文件夹"命令

04 此时，在打开的对话框中，将以.pdf和.txt格式保存从百度文库下载的文档，如图2-7所示。

05 访问"超级PDF"网站(网址：https://xpdf.net)，然后单击该网站首页中的"PDF转Word"选项，如图2-8所示。

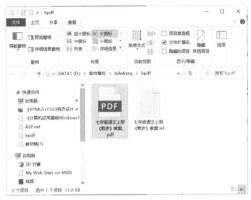

图2-7 下载的文档

图2-8 超级PDF网站首页

06 在打开的页面中单击【上传文件】按钮，将PDF文件上传至网站，即可将其转换为Word文档。单击网站页面中的【立即下载】按钮即可下载Word文档，如图2-9所示。

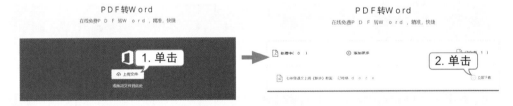

图2-9 通过网站在线转换PDF文档的格式

5. 制作特殊文字

在制作多媒体课件时，有时需要使用一些比较特殊的文字，例如数学中的公式、音乐中的音符、汉语中的拼音，等等，此类文字的输入方法有很多种，如果使用的方法得当，可以大大提高课件的制作效率。

○ 创建数学公式。在Word和PowerPoint等Office办公软件中，用户可以通过在【插入】选项卡的【符号】组中单击【公式】下拉按钮，在文档中插入公式，如图2-10所示。

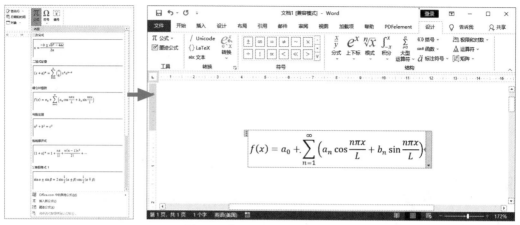

图2-10　使用Word软件创建公式

○ 输入音乐符号。使用"搜狗"输入法自带的特殊符号，可以在课件中输入音乐学科中的符号(音符)。在计算机中安装"搜狗"输入法后，单击输入法状态栏右侧的"工具箱"按钮，在弹出的菜单中选择【符号大全】选项，在打开的对话框中用户可以选择需要插入课件中的音乐符号，如图2-11所示。

图2-11　使用"搜狗"输入法输入音乐符号

○ 制作汉字拼音。制作课件时，汉字的拼音可以使用软键盘输入，但如果不断切换输入法，就会大大影响课件的制作效率。用户可以使用在线拼音转换工具(网址：https://www.aies.cn/pinyin.htm)快速将输入的汉字转换为拼音，如图2-12所示。

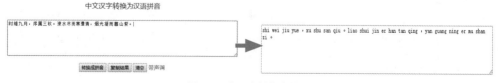

图2-12　将汉字转换为拼音

2.1.2 文本素材的编辑

通过各种渠道收集到足够多的文本素材后，需要对文本进行基本的处理，使其格式能够满足多媒体课件内容的制作需要。例如，设置文本的字体、字号和颜色，使文本效果看上去更自然，重点更突出；调整文本段落行距、缩进和标点符号，使文本层次分明；使用"替换"功能和格式刷工具，快速修改文本格式和内容；使用Photoshop软件为文本添加描边、投影等特殊效果，使其在课件中与众不同。

下面将通过练习示例，介绍编辑文本素材的一些常用操作。

1. 设置字体格式

【练习2-2】在课件中设置封面标题文本的格式，要求如下：

- 设置主标题字体为微软雅黑，副标题字体为"华文中宋"；
- 设置主标题字号为56，副标题字号为16；
- 设置主标题和副标题的文本颜色为"绿色"；
- 设置加粗主标题文本；
- 为主标题文本设置"阴影"文字效果，为副标题文本设置"发光"文字效果。

01 使用PowerPoint打开课件后选中第一张幻灯片，然后分别选择主标题和副标题文本所在的文本框，在【开始】选项卡的【字体】组中设置文本的字体格式、字号、文本颜色和加粗，如图2-13所示。

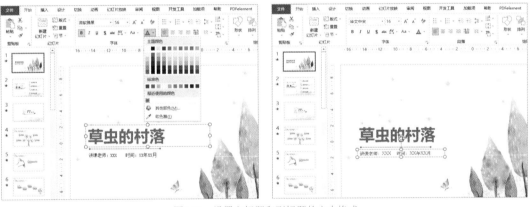

图2-13 设置主标题和副标题的文本格式

02 选中主标题文本"草虫的村落"，选择【格式】选项卡，在【艺术字样式】组中单击【文字效果】下拉按钮，从弹出的下拉列表中选择【阴影】|【偏移：右】选项，为主标题文本设置阴影效果，如图2-14所示。

03 选中副标题文本，在【格式】选项卡的【艺术字样式】组中单击【文字效果】下拉按钮，从弹出的下拉列表中选择【发光】|【深绿色】选项，为副标题文本设置深绿色发光效果，如图2-15所示。

图2-14　设置主标题文本的阴影效果　　　　图2-15　设置副标题文本的发光效果

2. 调整文本段落

【练习2-3】在课件中调整文本段落，要求如下：

○　将文本首行缩进2个字符(1.27厘米)；

○　将文本段落行距调整为1.5倍行距；

○　按中文习惯控制首尾字符。

01 使用PowerPoint打开课件后，按住Ctrl键选中多段正文文本，在【开始】选项卡的【段落】组中单击对话框启动器按钮，打开【段落】对话框，设置段落首行缩进为1.27厘米，【行距】为"1.5倍行距"，如图2-16所示，然后单击【确定】按钮。

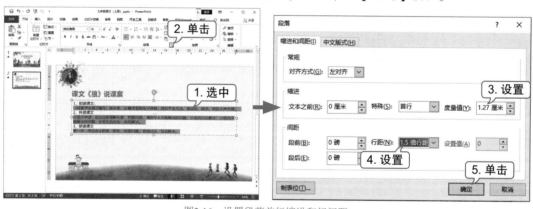

图2-16　设置段落首行缩进和行间距

02 选中文本框中的所有文本，再次单击【段落】组中的对话框启动器按钮，打开【段落】对话框，选择【中文版式】选项卡，选中【按中文习惯控制首尾字符】复选框后单击【确定】按钮，如图2-17所示。

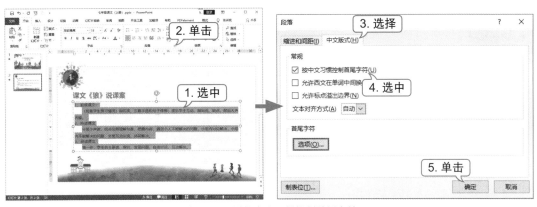

图2-17　设置按中文习惯控制首尾字符

3. 快速修改文本

【练习2-4】在课件中使用"格式刷"工具和"替换"功能快速修改文本的格式和内容，要求如下：

- ○　使用"格式刷"工具在课件中定义重复的文本格式；
- ○　使用"替换"功能将课件中的"、"快速修改为"-"。

01 使用PowerPoint打开课件后，选中正文中的文本"正数"，设置其文本颜色为红色、文本效果为加粗、字号为20，如图2-18左图所示。

02 保持文本"正数"的选中状态，在【开始】选项卡的【剪贴板】组中双击【格式刷】选项 ✅ ，当鼠标指针状态变为 ⬛ 时，在需要设置相同文字格式的文本上拖动，即可将文本"正数"上设置的格式应用到选中的文本上，如图2-18右图所示，按Esc键可取消设置。

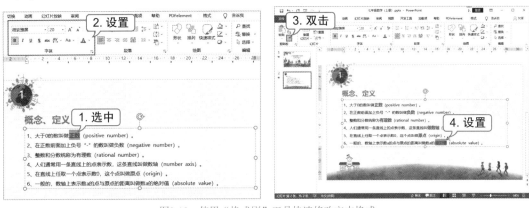

图2-18　使用"格式刷"工具快速修改文本格式

03 在【开始】选项卡的【编辑】组中单击【替换】选项，或按Ctrl+H快捷键，打开【替换】对话框，在该对话框的【查找内容】文本框中输入"、"，在【替换为】文本框中输入"-"，然后单击【查找下一个】按钮，在课件中找到"、"符号，连续单击【替换】按钮，将"、"替换为"-"，如图2-19所示。

04 在使用"替换"功能时，应注意符号中的英文格式，如果要对课件中全部的查找对象进行快速替换，可以在图2-19所示的【替换】对话框中单击【全部替换】按钮。

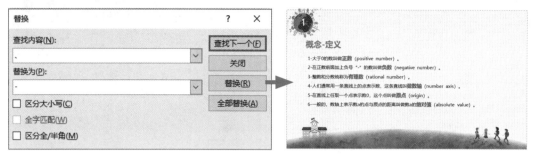

图2-19 使用"替换"功能替换课件中指定的标点符号

4. 制作特效文本

【练习2-5】使用Photoshop软件为课件设计描边特效效果的文本。

01 在计算机中运行Photoshop软件后，打开"描边文本.psd"文件。在工具栏中单击【横排文字工具】按钮**T**，在文档中输入一段文本，然后在工具选项栏中设置该文本的字体、字号、颜色，如图2-20所示。

图2-20 使用Photoshop创建一行文本

02 在【图层】面板中右击文本图层，在弹出的快捷菜单中选择【栅格化文字】命令，将文本图层栅格化，如图2-21所示。

03 再次右击文本图层，在弹出的快捷菜单中选择【混合选项】命令，如图2-22所示。

图2-21 选择【栅格化文字】命令

图2-22 选择【混合选项】命令

04 打开【图层样式】对话框，在【样式】栏中选中【描边】和【内阴影】复选框，然后参考图2-23所示设置文本图层的图层样式。

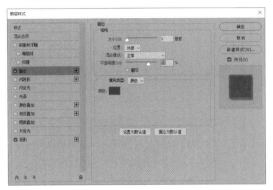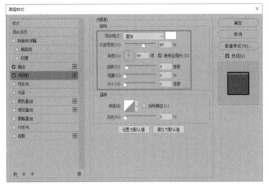

图2-23 设置"描边"和"内阴影"图层样式

05 在【图层】面板中选中"矩形"和"背景"图层，按Delete键将其删除，此时工作区中的文本效果如图2-24所示。

06 在【图层】面板中再次右击文本图层，从弹出的快捷菜单中选择【栅格化图层样式】命令，如图2-25所示。

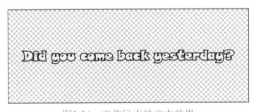

图2-24 工作区中的文本效果

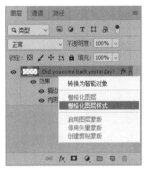

图2-25 选择【栅格化图层样式】命令

07 在【图层】面板中右击文本图层，在弹出的快捷菜单中选择【混合选项】命令，打开【图层样式】对话框。在该对话框的【样式】栏中选中【投影】和【描边】复选框，然后参考图2-26所示设置文本图层的图层样式，之后单击【确定】按钮。

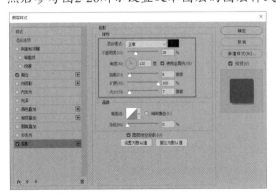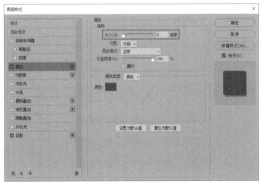

图2-26 设置"投影"和"描边"图层样式

08 选择【文件】|【存储为】命令，打开【另存为】对话框，将制作的图片文件保存为.png格式，如图2-27所示。

09 切换至PowerPoint中，打开课件后在【插入】选项卡中单击【图片】按钮，在课件中插入制作的图片文件，效果如图2-28所示。

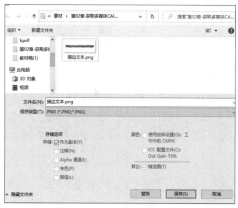

图2-27 保存图片

图2-28 课件中的描边效果短文本

2.2 图像素材

图像是人类获取信息的重要来源之一，也是多媒体CAI课件制作中最常用的素材之一，它是一种直观的教学媒体。添加到课件中的图像有多种不同的用途，有的图像可用作课件的背景图片，如边框底纹图片；有的可直接用于教学，如历史资料图片；有的可用来点缀课件画面，如花草动物图案。

2.2.1 图像素材的获取

图像是静态的视觉媒体，它能直接表现事物，并且在获取、制作和处理方式上与动画、视频相比都更为容易，因而在多媒体作品中是使用最多的媒体形式。在课件制作中，需要的图像可以从多种渠道获取，例如从网上下载，通过计算机屏幕截图，利用扫描仪采集或者从文档中提取等。

1. 从网上搜索图片

通过网站搜索课件图片素材是许多人最常用的素材收集手段。目前，以下几个网站可以满足大部分用户制作课件的图片需求。

- https://image.baidu.com
- https://www.pixabay.com
- https://www.pexels.com
- https://www.unsplash.com
- https://www.gratisography.com
- https://foodiesfeed.com
- https://huaban.com
- https://sucai.zcool.com.cn

【练习2-6】通过"百度图片"网站搜索课件制作所需的图片，并将其下载到计算机中。

01 在浏览器地址栏中输入https://image.baidu.com，访问"百度图片"网站主页，在其中的搜索栏中输入"国画"后，按Enter键，搜索与关键词"国画"相关的图片。

02 在图2-29左图所示的搜索结果中右击需要下载的图片缩略图，在弹出的快捷菜单中选择【图片另存为】命令，打开【另存为】对话框。在该对话框中设置图片文件的保存路径和文件名称后，单击【保存】按钮，即可将图片从网上下载到计算机中，如图2-29右图所示。

图2-29 下载从"百度图片"网站中搜索到的图片

2. 提取文档图片

对于保存在Office软件(例如Excel、Word或PowerPoint文件)中的图片，用户可以采用以下方法提取。

【练习2-7】快速提取文档中包含的图片文件(以Word文件为例)。

01 打开Office文件后，按F12键打开【另存为】对话框，设置文件的保存路径，并将文件保存类型设置为"网页"，然后单击【保存】按钮。

02 在保存网页文件的位置找到".files"文件夹，双击将其打开即可看到从文档中提取的所有图片。

3. 屏幕截图

使用PowerPoint的屏幕截图功能，用户可以在幻灯片中插入从屏幕截取的图片。

01 启动PowerPoint，选择【插入】选项卡，在【插图】组中单击【屏幕截图】下拉按钮，从弹出的下拉列表中选择【屏幕剪辑】选项。

02 进入屏幕截图状态，拖动鼠标指针截取所需的图片区域即可。

此外，用户还可以使用计算机键盘上的Print Screen键来截图。按下键盘上的Print Screen键后，Windows系统将自动截取当前计算机的全屏画面，并将其保存在剪贴板中。此时，打开任意一个图形处理软件并执行"粘贴"命令(Ctrl+V快捷键)就可以看到截屏效果。

4. 扫描图片

使用扫描仪可以将书本或报纸、杂志上的图片扫描到计算机中作为课件素材。通常，扫描图片的具体操作步骤如下。

01 根据说明书连接扫描仪与计算机，然后打开扫描仪开关。

02 在计算机中启动扫描软件，设置扫描范围和参数后，扫描图片。

03 扫描完成后，将生成的图片文件复制到课件素材文件夹中。

5. 制作思维导图

在课件中使用思维导图可以清晰地展现知识体系，帮助学生梳理、归纳所学的知识点。目前，制作思维导图的软件有很多，比如MindMaster、百度脑图等。在制作思维导图时，首先要根据授课场景的需要选择一种思维导图结构样式，再通过添加支点、文字来构建知识结构，具体步骤如下。

【练习2-8】使用MindMaster软件制作思维导图。

01 启动MindMaster软件，在软件启动界面左侧的列表中选择【新建】选项，然后双击一种思维导图结构样式，创建相应的思维导图文件，如图2-30所示。

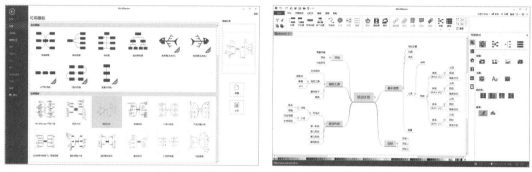

图2-30 使用MindMaster软件创建思维导图文件

02 删除软件预定义的分支结构，并输入标题文字，添加符合课件逻辑的下级结构，创建如图2-31所示的思维导图。

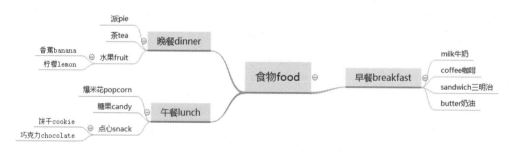

图2-31 创建思维导图

03 选择【开始】选项卡，单击【图片】按钮，打开【插入图片】对话框，将计算机中保存的图片插入思维导图中，然后拖动图片调整其在思维导图中的位置，如图2-32所示。

04 在【主题格式】窗口中，设置思维导图中文本的字体和字体格式，如图2-33所示。

05 选择【文件】选项卡，在显示的界面左侧列表中选择【导出和发送】选项，然后选择思维导图的导出格式(如导出为图片)，如图2-34所示。

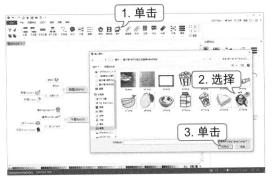
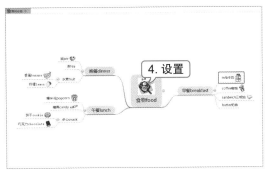

图2-32　在思维导图中插入图片

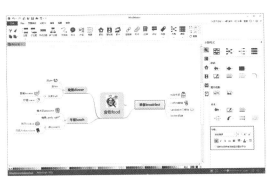

图2-33　设置文本格式

图2-34　导出思维导图文件

06 打开【导出】对话框，设置文件导出后的名称和路径，之后单击【保存】按钮导出思维导图。此后，可以将导出的思维导图文件插入多媒体CAI课件中。

此外，还可以使用屏幕截图软件截取思维导图，将其粘贴到课件中，或者在选中思维导图中的所有结构后，按Ctrl+C快捷键将其复制，然后在课件中按Ctrl+V快捷键将思维导图直接粘贴到课件内。

2.2.2　图像素材的加工

在通过各种渠道获取图像素材后，可以使用Photoshop、《美图看看》等软件(本书主要介绍Photoshop软件)对素材的尺寸、亮度、对比度等进行简单的加工处理，使其能够满足课件制作的需求，表达授课中需要的内容效果。

1. 改变图像尺寸

【练习2-9】使用Photoshop软件调整图像素材的尺寸。

01 启动Photoshop软件后，选择【文件】|【打开】命令打开图像素材文件，选择【图像】|【图像大小】命令，打开【图像大小】对话框，在【宽度】和【高度】数值框中分别输入图像的宽度值和高度值，然后单击【确定】按钮，如图2-35所示。

02 选择【文件】|【存储为】命令，打开【另存为】对话框，单击【保存类型】下拉按钮，在弹出的下列列表中可以设置图像的保存格式，如图2-36所示。

03 在【另存为】对话框中单击【保存】按钮，即可完成图像尺寸的调整。

图2-35　设置图像的宽度和高度

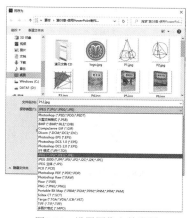

图2-36　设置图像文件类型

2. 调整图像的亮度 / 对比度

【练习2-10】使用Photoshop软件调整图像的亮度和对比度。

01 启动Photoshop软件后打开图像素材文件，选择【图像】|【调整】|【亮度/对比度】命令，打开【亮度/对比度】对话框，分别拖动该对话框中的【亮度】和【对比度】滑块，即可调整图像的亮度和对比度效果，如图2-37左图所示。

02 单击【亮度/对比度】对话框中的【自动】按钮，软件将根据图像的状态自动调整亮度和对比度参数，调整完毕后单击【确定】按钮，如图2-37右图所示。

图2-37　使用Photoshop软件调整图像的亮度和对比度

03 最后，选择【文件】|【存储】命令保存图像文件。

3. 旋转图像

【练习2-11】使用Photoshop调整因为拍摄原因出现倾斜或倒置的图像。

01 启动Photoshop软件后，选择【文件】|【打开】命令打开图像素材文件，选择【窗口】|【图层】命令，显示【图层】面板，然后按下Ctrl+J快捷键复制图层。

02 在Photoshop左侧的工具栏中长按【剪裁工具】按钮 ，在弹出的列表中选择【透视剪裁工具】选项，如图2-38所示。

03 按住鼠标左键框选整个图像，然后将鼠标指针放置于图像的四个角之外，当指针变为双向旋转箭头时，按住左键拖动，使选择框旋转一定角度，如图2-39所示。

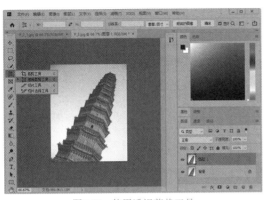

图2-38 使用透视剪裁工具　　　　　　　　　　图2-39 旋转框选区域

04 按下Enter键，即可使选中的区域旋转，如图2-40所示。

05 单击Photoshop左侧工具栏中的【仿制图章工具】按钮 ，按住Alt键并在图像上有颜色的区域中单击取色，然后在图像的空白位置上单击，修复图像因为旋转而产生的白色区域，如图2-41所示。

图2-40 旋转图像　　　　　　　　　　图2-41 使用【仿制图章工具】修复图像

06 最后，选择【文件】|【存储】命令保存图像文件。

【练习2-12】使用Photoshop将图像旋转一定角度。

01 启动Photoshop软件后打开图像素材文件，在【图层】面板中选中"背景"图层，然后按下Ctrl+J快捷键复制图层。

02 按下Ctrl+T快捷键使用自由变换工具框选整个图像，右击，在弹出的快捷菜单中选择图像的旋转方式(如选择【水平翻转】命令)，即可旋转图像，如图2-42所示。

03 将鼠标指针放置在图像四周选择框的控制点外侧，当指针变为弯曲状态时按住鼠标左键拖动，可以将图像旋转一定角度，如图2-43所示。

04 图像旋转设置完毕后，按下Enter键，然后选择【文件】|【存储】命令保存图像文件。

图2-42 水平翻转图像

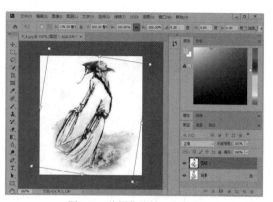

图2-43 将图像旋转一定角度

4. 提高图像的清晰度

【练习2-13】使用Photoshop调整图像的清晰度。

01 启动Photoshop软件后打开图像素材文件，选择【滤镜】|【锐化】|【USM锐化】命令，打开【USM锐化】对话框设置锐化参数，然后单击【确定】按钮，如图2-44所示。

02 选择【编辑】|【渐隐USM锐化】命令，打开【渐隐】对话框，设置【模式】和【不透明度】参数，然后单击【确定】按钮，如图2-45所示。

图2-44 锐化图片

图2-45 渐隐图片

03 最后，选择【文件】|【存储】命令保存图像文件。

5. 修改图像背景

【练习2-14】使用Photoshop修改图像背景。

01 启动Photoshop软件后打开图像素材文件，选择【魔棒】工具，多次调整容差值，选中图像的背景部分，如图2-46所示。

02 选择【选择】|【反选】命令，选中图片中的主体部分，然后选择【编辑】|【拷贝】命令，执行"复制"操作。

03 打开英语课件中使用的图片文件后，选择【编辑】|【粘贴】命令，将复制的图片粘贴至该图片中，然后使用【移动】工具调整图片的位置，如图2-47所示。

图2-46 选中背景部分

图2-47 粘贴图片

04 选择【文件】|【存储】命令保存图像文件。

6. 调整图像颜色

【练习2-15】使用Photoshop调整从网络中下载的图像颜色。

01 启动Photoshop软件后打开图像素材文件，选择【窗口】|【图层】命令，打开【图层】面板，按下Ctrl+J快捷键复制图层，然后单击原"背景"图层前的【指示图层可见性】按钮 ，并单击【创建新的填充或调整图层】按钮 ，在弹出的菜单中选择【色相/饱和度】选项，如图2-48左图所示。

02 在打开的【属性】面板中拖动【色相】和【饱和度】滑块，调整图像的颜色，如图2-48右图所示。

图2-48 通过【属性】面板调整图像的颜色

03 选择【文件】|【存储】命令保存图像文件。

2.3 视频素材

在制作多媒体CAI课件时，如果需要表现一个场景的真实变化或生动效果，可以在课件中配上一段视频。视频的画面可以包含文字、图像和活动影像，并且主要表现这些视觉对象的动态效果。

2.3.1　视频素材的获取

课件中的视频素材，可以用摄像机拍摄，也可以从网上下载，还可以从视频中截取。

1. 从网上下载视频

因特网上包含大量精彩的视频资源。将这些视频下载到课件中，可以使课件的效果更加生动，内容更具价值。

例如，可以使用软件下载B站(https://www.bilibili.com)中的视频。

01 使用浏览器打开B站中的视频网页，然后在地址栏中右击视频地址，在弹出的菜单中选择【复制】命令，复制视频网页地址，如图2-49左图所示。

02 在计算机中安装并启动"唧唧Down"软件(http://client.jijidown.com)，然后将复制的视频网页地址粘贴至软件主界面中的搜索栏内，如图2-49右图所示。

图2-49　复制B站视频网页地址并将其粘贴至"唧唧Down"软件中

03 按下Enter键，在显示的视频文件列表中单击需要下载的视频文件，如图2-50所示，下载视频。

04 视频文件下载成功后，在下载结果界面中双击下载的视频任务名称，即可打开保存下载文件的文件夹，如图2-51所示。

05 双击文件夹中的视频文件，即可使用计算机中的视频播放软件播放视频。

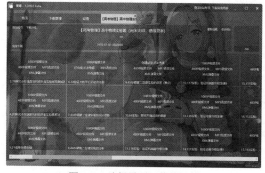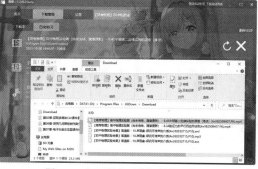

图2-50　选择需要下载的视频　　　　图2-51　打开保存下载视频的文件夹

2. 录制视频片段

除了从网站下载视频外，还可以利用录屏软件从正在播放的视频中截取视频片段。

例如，使用oCam软件从播放的视频文件中截取片段。

01 在计算机中安装并启动录屏软件oCam后，使用浏览器或视频播放软件打开需要截取的视频。

02 调整视频的播放进度，然后拖动oCam软件生成的录屏框，使其正对需要截取的视频区域，如图2-52所示。

03 在oCam软件界面中选择【菜单】|【选项】命令，如图2-53所示。

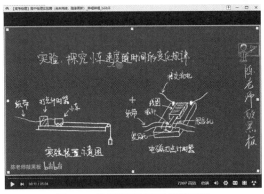

图2-52 选择需要截取的视频区域

图2-53 在oCam软件中选择命令

04 打开【设置】对话框，选择【快捷键】选项，在显示的选项区域中设置录制与停止录制视频的快捷键，如图2-54所示。

05 在【设置】对话框中选择【保存】选项，在打开的选项区域中设置视频录制文件的保存路径，如图2-55所示，然后单击【确定】按钮。

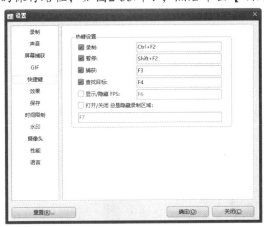

图2-54 设置录屏快捷键

图2-55 设置录屏文件的保存路径

06 返回视频播放界面，从视频中需要截取片段的部分开始播放视频，同时按下步骤04中设置的录屏快捷键开始录屏。

07 录屏结束后，再次按下步骤04中设置的视频录制快捷键，然后打开步骤05中设置的录屏文件保存文件夹，即可得到所需的视频片段。

08 如果需要在录制视频片段时，屏蔽计算机中的声音，可以在oCam软件界面中单击【声音】按钮，在弹出的菜单中取消【录制系统音频】选项的选中状态。

2.3.2 视频素材的处理

通过各种渠道和方法获取视频文件后，有些视频文件需要做适当的处理，才能将其应用到课件中。对视频进行处理可以通过专业的视频处理软件来实现(如Ultra Video Splitter、Ultra Video Joiner、爱剪辑、蜜蜂剪辑等)，包括视频的裁剪与合成，以及添加特殊效果与字幕等。

1. 裁剪视频

【练习2-16】使用Ultra Video Splitter软件裁剪视频。

01 在计算机中安装并启动Ultra Video Splitter软件后，选择【文件】|【打开】命令，打开要裁剪的视频文件，如图2-56所示。

02 拖动视频左侧的播放滑块至合适的位置，然后单击【标记开始时间】按钮，标记裁剪后视频的开始时间，如图2-57所示。

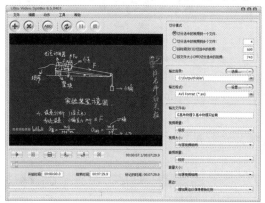

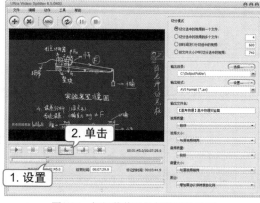

图2-56　打开视频文件　　　　　　　　　图2-57　标记裁剪后视频的开始时间

03 再次拖动视频右侧的播放滑块至视频结束的位置，然后单击【标记结束时间】按钮，标记裁剪后视频的结束时间，如图2-58所示。

04 单击【输出目录】文本框后的【选择】按钮，在打开的对话框中选择视频裁剪后的保存文件夹，然后单击【确定】按钮，如图2-59所示。

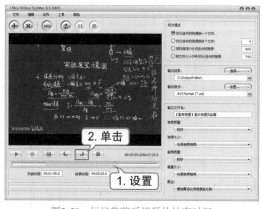

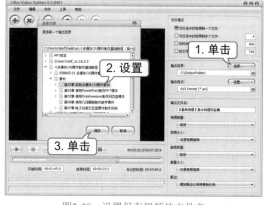

图2-58　标记裁剪后视频的结束时间　　　　图2-59　设置保存视频的文件夹

05 最后，选择【动作】|【开始切分】命令开始裁剪视频。视频裁剪完成后，在步骤 **04** 设置的文件夹中可以得到裁剪后的视频文件。

2. 合成视频

【练习2-17】使用Ultra Video Joiner软件合成多个视频文件。

01 在计算机中安装并启动Ultra Video Joiner软件后，选择【文件】|【添加视频文件】命令，在打开的对话框中选中需要合并的多个视频文件(两个以上)，如图2-60所示，然后单击【打开】按钮。

02 单击【输出目录】文本框后的【浏览】按钮，在打开的对话框中设置合并后视频文件的保存路径，然后单击【确定】按钮，如图2-61所示。

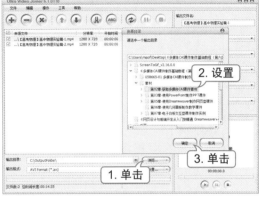

图2-60 打开需要合并的视频文件 图2-61 设置合并后的视频文件保存路径

03 最后，选择【操作】|【开始合并】命令，即可开始合成视频。

3. 设置视频转场特效

【练习2-18】使用"爱剪辑"软件为多段视频设置转场特效。

01 在计算机中安装并启动"爱剪辑"软件后，单击【添加视频】按钮，打开【请选择视频】对话框，选择要制作转场效果的多个视频，然后单击【打开】按钮，如图2-62所示。

02 在"爱剪辑"软件主界面下的【已添加片段】列表中选中需要添加转场特效的视频片段，在主界面上方选择【转场特效】选项，在显示的选项区域中选择一种转场特效效果，在【转场设置】选项区域中设置【转场特效时长】参数，然后单击【应用/修改】按钮，如图2-63所示。

图2-62 添加视频片段 图2-63 设置转场特效

03 在视频预览窗格中单击【播放】按钮，预览视频转场特效。单击【导出视频】按钮，将制作好的视频导出。

4. 添加视频字幕

【练习2-19】使用"蜜蜂剪辑"软件为视频设置字幕。

01 在计算机中安装并启动"蜜蜂剪辑"软件后，单击【新建项目】按钮，创建一个新项目，然后单击【本地素材】选项卡中的【导入】按钮，在弹出的列表中选择【文件】选项，打开【打开】对话框，选择需要添加字幕的视频文件，单击【打开】按钮，如图2-64所示。

02 选中导入的视频，在时间轴视图下将其拖入视频轨中，如图2-65所示。

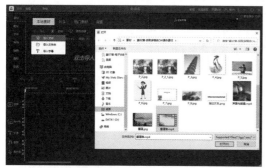 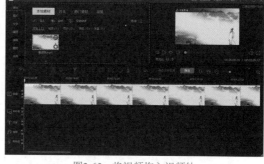

图2-64　导入视频素材　　　　　　　　　　　图2-65　将视频拖入视频轨

03 选择【文字】选项卡，选择一种合适的文字样式，将其拖动至文字轨中，为视频添加字幕。拖动文字轨中的字幕，调整其在文字轨中的位置和自身长度，如图2-66所示。

图2-66　为视频添加字幕

04 双击文字轨中的字幕，在弹出的窗口中设置字幕文本的内容、样式、字体格式、文本大小等，如图2-67所示。

05 在软件界面右上角的预览窗格中，可以拖动鼠标调整字幕文本在视频画面中的位置。

06 完成设置后，在图2-67所示的设置窗口中单击【确定】按钮。使用同样的方法，可以为视频中的各个片段设置字幕，如图2-68所示。

图2-67 设置字幕文本的内容和格式　　　　　图2-68 为视频设置多段字幕

07 单击软件界面右上角预览窗格中的【播放】按钮▷，可以预览视频字幕的添加效果，可以根据视频内容调整字幕的播放时长、位置和效果。

08 最后，单击软件界面左上角的【导出】按钮，将添加好字幕的视频导出。

2.4 音频素材

在多媒体CAI课件中适当地加入一些音频素材，可以使学生大脑保持兴奋状态，思维维持活跃状态，从而更好地表达教学内容。

2.4.1 音频素材的获取

与图像、视频、文本等素材一样，音频素材也可以通过网上下载、计算机录制或者文件转换等途径得到。

1. 从网上下载音频

因特网上有海量的音频素材，将其下载并应用到课件中，可以大大提高课件的制作效率。

【练习2-20】通过网站搜索并下载音频素材。

01 在浏览器地址栏中输入网址"tool.liumingye.cn/music/?page=searchPage"，然后按下Enter键，在打开的页面中搜索"钢琴曲"，如图2-69所示。

图2-69 通过网站搜索音频素材

02 在搜索结果中单击音乐名称即可在线收听音乐效果，如图2-70所示。

03 单击音乐右侧的【下载】图标±，在打开的窗口中提供了各种音质效果的下载链接，单击【下载】图标±即可下载相应的音乐文件，如图2-71所示。

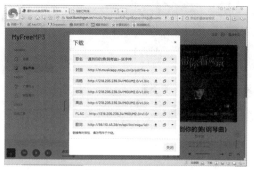

图2-70　在线收听音乐效果　　　　　　　　图2-71　下载音乐

2. 录制话筒音频

"话筒"是多媒体计算机的输入设备之一，使用Windows系统自带的"录音机"工具，可以通过话筒采集声音素材，具体操作方法比较简单，但是功能有限。此外，还可以使用一些软件来录制音频。常见的音频录制软件有GoldWave、嗨格式录屏大师、Addaticy等。

使用录音软件录制音频的方法比较简单。将话筒与计算机相连后，启动一款录音软件，设置启用麦克风，然后单击【开始】按钮即可开始录音，如图2-72所示。

图2-72　使用软件录制声音

3. 录制计算机音频

将音频在计算机中播放一遍，利用录音软件可以将音频或音频中的片段重新录制，生成新的音频文件。

【练习2-21】使用录音软件录制计算机中正在播放的音频。

01 在计算机中安装并启动"嗨格式录屏大师"软件后，单击【更多录制】按钮，在弹出的列表中选择【声音录制】选项，如图2-73左图所示。

02 在打开的界面中单击【开始】按钮，然后在计算机中播放音频即可开始录音。录音结束后单击■按钮，如图2-73右图所示。

图2-73　录制计算机音频

03 录音结束后，在显示的声音文件列表中单击【打开文件夹】按钮，在打开的文件夹中可以找到录制的音频文件，如图2-74所示。

图2-74 查看音频文件

2.4.2 音频素材的加工

在制作课件时，通过网上下载或话筒录音所得的音频素材，一般都需要经过转换格式、截取、插入片段或合并等编辑加工后才能使用。

1. 转换音频文件的格式

【练习2-22】使用GoldWave软件转换音频文件的格式。

01 在计算机中安装并启动GoldWave软件后，选择【文件】|【打开】命令，打开音频文件，如图2-75所示。

02 选择【文件】|【另存为】命令，打开【保存声音为】对话框，单击【保存类型】下拉按钮，在弹出的下拉列表中选择一种音频格式，单击【保存】按钮即可，如图2-76所示。

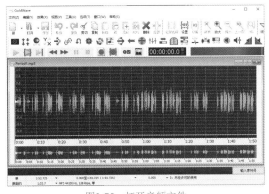

图2-75 打开音频文件　　　　　　　　　图2-76 【保存声音为】对话框

2. 截取音频片段

【练习2-23】使用GoldWave软件从音频文件中截取音频片段。

01 使用GoldWave软件打开音频文件后，在声音波形图中按住鼠标左键拖动选择一段波形，然后单击工具栏中的 按钮，播放选中的音频片段，如图2-77所示。

02 选中音频片段两边的"{"和"}"图标，根据课件制作需求调整音频截取的范围，然后右击选中区域左侧的"{"图标，在弹出的快捷菜单中选择【设置开始标记】命令，设置截取音频的开始标记，如图2-78所示。

图2-77　播放选中的音频片段

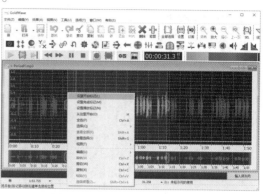

图2-78　设置截取音频的开始标记

03 右击选中区域右侧的"}"图标，在弹出的快捷菜单中选择【设置完成标记】命令，设置截取音频的完成标记，如图2-79所示。

04 选择【编辑】|【复制】命令复制选中的音频截取区域。

05 选择【文件】|【新】命令创建一个新的音频文件，选择【编辑】|【粘贴】命令，将复制的音频区域粘贴至新的声音文件中，如图2-80所示。

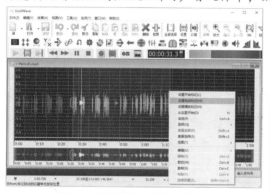

图2-79　设置截取音频的完成标记

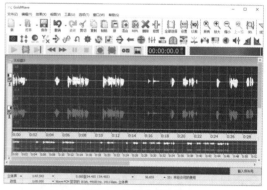

图2-80　粘贴音频片段

06 拖动鼠标选取新音频文件中的空白部分，选择【编辑】|【删除】命令，将其删除。

07 最后，选择【文件】|【另存为】命令，打开【保存声音为】对话框，将创建的新音频文件保存，即可得到课件中所需的音频片段。

3. 混合音频

【练习2-24】使用GoldWave软件将背景音乐和朗读音频混合在一起。

01 使用GoldWave软件打开音频文件"课文朗诵.mp3"后，右击音轨，在弹出的快捷菜单中选择【复制】命令，如图2-81所示。

02 打开"背景音乐.mp3"文件，单击【播放】按钮▶试听音乐效果。

03 在试听音乐时，当听到需要插入混合音乐的配音点时，单击【暂停播放】按钮❙❙，然后单击【混合】按钮，打开【混合】对话框调整混合音频的开始时间、音量，并单击【试听】按钮▶试听混合效果，如图2-82所示，然后单击OK按钮。

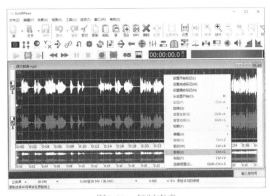 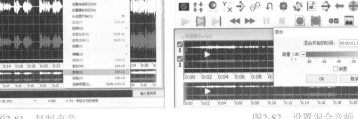

图2-81 复制声音　　　　　　　图2-82 设置混合音频

04 最后，选择【文件】|【另存为】命令，打开【保存声音为】对话框，保存混合后的音频文件。

2.5 其他素材

在制作多媒体CAI课件的过程中，除了上面介绍的文本、图像、视频、音频这些基本素材外，为了课件的最终效果美观，有时还需要准备模板、字体、颜色等素材。此类素材一般通过网站下载和软件搜索的方式获取。

2.5.1 模板素材

在制作课件时(如PPT课件)，使用一份高质量模板，再结合学到的软件知识，稍加编辑处理，即可制作出高水平的课件，从而大大节约课件的设计与制作时间。

以最常见的PPT课件为例，要获取免费的模板，用户可以采用网站下载和PowerPoint软件搜索两种方法。

1. 网站下载模板

常见的PPT模板下载网站如下。

- www.officeplus.cn
- www.pptstore.net
- www.tretars.com
- www.yanj.cn
- www.51pptmoban.com
- www.koppt.cn
- www.ooopic.com

2. 搜索 PowerPoint 样本模板

样本模板是PowerPoint自带的模板类型，这些模板将演示文稿的样式与风格，包括幻灯片的背景、装饰图案、文字布局及颜色、大小等均预先定义好。用户在设计演示文稿时可以先选择演示文稿的整体风格，再进行进一步的编辑和修改。

【练习2-25】在PowerPoint中搜索模板，并使用搜索到的模板创建PPT。

01 启动PowerPoint软件后在打开的界面中选择【新建】选项，在显示的选项区域的文本框中输入文本"教育",然后按下Enter键，搜索模板，如图2-83所示。

02 在PowerPoint软件界面中间的窗格中显示了【样本模板】列表框，在其中双击一个PPT模板，在打开的对话框中单击【创建】按钮，如图2-84所示。

图2-83 搜索样本模板

图2-84 使用样本模板创建PPT

03 此时，该样本模板将被下载并应用到新建的演示文稿中。

2.5.2 字体素材

在课件中，不同类型的字体呈现给学生的视觉印象是不同的，有些字体较清秀，有些字体较生动活泼，还有些字体较稳重挺拔。

由于大部分教师在制作课件时，并不需要了解每种字体的具体特征，因此下面仅列举课件中几种常用的字体类型，以供参考。

- 黑体：包括微软雅黑、冬青黑体、思源黑体等。这些字体看起来有现代和正式感，比较正式和精致，如图2-85所示。
- 圆体：包括幼圆、经典中圆简等。这些字体看起来比较柔和、温暖和细腻，如图2-86所示。

图2-85 黑体效果

图2-86 圆体效果

- 宋体：包括华文中宋、方正粗宋、新细明体等。此类字体看起来比较文艺和古朴，如图2-87所示。
- 楷体：包括华文楷体，汉仪全唐诗简等，这些字体看起来比较清秀、文艺，接近宋体，如图2-88所示。

图2-87 宋体效果

图2-88 楷体效果

- ○ 姚体：包括方正姚体、锐字工房云字库姚体等。此类字体看起来很优美，且有点复古的感觉。通常可以用来表现稍微复古一点的主题内容，如图2-89所示。
- ○ 行/草书字体：包括禹卫书法行书、方正吕建德字体等。此类字体看起来比较潇洒、自信、有艺术感。通常适合用作表达情感的课件封面或标题，如图2-90所示。

图2-89 姚体效果

图2-90 行/草书字体效果

获取字体素材的主要途径是通过网站下载。常用的字体搜索网站有以下几个：

- ○ www.qiuziti.com
- ○ fonts.mobanwang.com
- ○ www.ziticq.com

2.5.3 颜色素材

课件整体美观与否，很大的因素在于其配色的统一与色彩素材的使用。在制作课件时，若要收集色彩素材的相关参数，可以访问以下几个网站：

- ○ www.58pic.com/peisebiao
- ○ colorhunt.co
- ○ www.webdesignrankings.com/resources/lolcolors

2.5.4 图标素材

在多媒体CAI课件中，图标(如图2-91所示)可以使页面效果更有趣、更直观，使主题内容更突出。通过图标组合出的图片，比大段文字更加生动、形象。

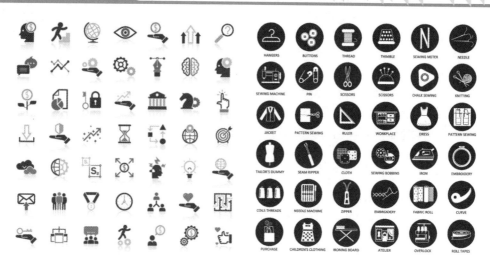

图2-91　课件中的常用图标

除了颜色和形状有差别外，不同类型的图标还在课件中所起的作用不一样，例如：

○ 强调与突出重点。根据课件主题的内容，添加强关联性的图标，会起到强调内容和突出重点的作用。

○ 补充解释文字内容。在课件页面中对每个分标题进行说明，可以让学生快速理解不同的要点所描述的内容。

○ 充实课件页面效果。当课件页面中的文字较少时，可以适当插入一些图标进行填充，使得页面更加丰富。

○ 配合内容展示数据。使用图标可以更加形象化地展示数据，使得课件的页面更加生动形象，同时也可以吸引学生的注意力。

○ 统一课件的风格。图标的风格往往能决定整套课件的风格，让页面的风格显得非常统一。

下面提供了几个可以免费获取图标素材文件的网站。

○ www.iconfont.cn

○ pictogram2.com

○ www.iconfinder.com

○ iconstore.co

○ www.flaticon.com

○ thenounproject.com

○ icons8.com

○ instantlogosearch.com

○ standart.io

○ ionicons.com

2.5.5　设计素材

除了图片、字体、配色、模板等，课件制作可能还需要参考排版和页面设计，以提高创作的新意和灵感。常用的设计素材网站如下：

○ dribbble.com

○ hao.uisdc.com

○ www.sccnn.com

○ www.tumblr.com

○ www.hao123.com/sheji

第3章

使用PowerPoint制作PPT课件

PowerPoint是一款制作演示课件的常用工具，它可以将文字、图形、图像和声音等多媒体元素融合在一起，赋予演示对象强大的感染力。演示课件是多媒体CAI技术应用的重要内容之一，可用于授课、会议、产品介绍和广告策划等各个领域。利用PowerPoint制作演示文稿，不但可以使内容丰富翔实，还可以使阐述过程简明清晰，从而达到更有效地与他人沟通的效果。

3.1 PowerPoint课件制作入门

PowerPoint是一款"演示文稿"制作软件，该软件以幻灯片为单位来组织演示文稿的内容。为了更好地使用PowerPoint制作和使用课件，我们需要对该软件的工作界面和基本操作有一个初步的认识。

3.1.1 PowerPoint工作界面

PowerPoint 软件的工作界面如图3-1所示，其主要由标题栏、功能区、预览窗格、幻灯片编辑区、备注栏、状态栏、视图模式切换区、显示比例调节区和快速访问工具栏等元素组成。

图3-1　PowerPoint工作界面

1. 标题栏

标题栏位于窗口的顶端，用于显示当前正在运行的程序及文件的名称等信息。标题栏最右端有3个按钮，分别用来控制窗口的最小化、最大化和关闭应用程序。

2. 功能区

在PowerPoint 中，功能区是完成课件各种操作的主要区域。在默认状态下，功能区主要包含【文件】【开始】【插入】【设计】【切换】【动画】【幻灯片放映】【审阅】和【视图】等多个选项卡，其大多数功能都集中在这些选项卡中。

3. 预览窗格

在预览窗格中显示了PPT中幻灯片的缩略图，单击某个缩略图可在主编辑窗口查看和编辑该幻灯片；右击缩略图，在弹出的快捷菜单中可以对PPT中的幻灯片执行【新建】【复制】和【删除】等基本操作。

4. 幻灯片编辑区

幻灯片编辑区是PowerPoint的主要工作区域，用户对文本、图像等多媒体元素进行操作的结果都将显示在该区域。

5. 备注栏

备注栏位于幻灯片编辑区的下方，用于输入一些备注文字信息，这部分内容只供课件的制作者参考，在放映课件时不会被显示。

6. 状态栏

在PowerPoint中状态栏位于主窗口的底部，显示了当前幻灯片的信息。例如，当前显示的幻灯片是第几张、该演示文稿共有几张幻灯片等。

7. 视图模式切换区

在状态栏右侧的视图模式切换区中，有三个视图切换按钮和一个【幻灯片放映】按钮 🖵，单击这些按钮可以快速切换视图方式和放映演示文稿。

8. 显示比例调节区

在状态栏最右侧是显示比例调节区。该区域主要包括一个"显示比例滑杆"，调节该滑杆中的滑块或者单击滑杆左右两侧的【-】和【+】按钮，可以使幻灯片以合适的比例显示在幻灯片编辑区中。

9. 快速访问工具栏

快速访问工具栏是一个可以自定义的工具栏，其包含一组独立的常用命令按钮，可以向快速访问工具栏中添加代表各种命令的按钮。

3.1.2 PowerPoint基本操作

使用PowerPoint软件制作的课件由一系列幻灯片页面组成，多张内容相关的幻灯片就组成了一个演示文稿(PPT)。要创建简洁、生动的PPT课件，用户首先应掌握PowerPoint软件的基本操作,包括幻灯片的操作、幻灯片母版的设置以及占位符的使用方法。

1. 操作幻灯片

在PowerPoint中幻灯片是PPT播放时显示的页面,是整个演示文稿的重要组成部分。启动 PowerPoint后,按下Ctrl+N快捷键创建一个新的PPT文档,软件将默认打开图3-2所示的空白幻灯片,其中包含了模板预设的两个标题占位符。

图3-2 空白幻灯片

幻灯片是PPT课件的重要组成部分,因此在开始制作PPT前需要掌握幻灯片的操作方法,主要包括插入幻灯片、选取幻灯片、移动与复制幻灯片、删除幻灯片等。

(1) 插入幻灯片。 要在PPT中插入新幻灯片,可以在PowerPoint中通过【幻灯片】组插入,也可以通过右键菜单插入,还可以通过键盘操作插入,具体如下。

○ 通过【幻灯片】组插入:在PowerPoint中选择【开始】选项卡,在【幻灯片】组中单击【新建幻灯片】下拉按钮,在弹出的下拉列表中选择一种版式,即可将其作为当前幻灯片插入演示文稿,如图3-3所示。

○ 通过右键菜单插入:在幻灯片预览窗格中,选择并右击一张幻灯片,从弹出的快捷菜单中选择【新建幻灯片】命令,如图3-4所示,即可在选择的幻灯片之后添加一张新的幻灯片。

图3-3 【新建幻灯片】下拉列表

图3-4 右键菜单中的【新建幻灯片】命令

○ 通过键盘操作插入：在幻灯片预览窗格中，选择一张幻灯片，然后按Enter键，或按Ctrl+M快捷键，即可快速添加一张新幻灯片(该幻灯片版式为母版默认版式)。

(2) 选取幻灯片。演示文稿由幻灯片组成，在PowerPoint窗口左侧的幻灯片列表中，可以参考以下方法选取幻灯片。

○ 选择单张幻灯片：在PowerPoint窗口左侧的幻灯片预览窗格中，单击幻灯片缩略图，即可选中该幻灯片，并在幻灯片编辑窗口中显示其内容。

○ 选择编号相连的多张幻灯片：单击起始编号的幻灯片，然后按住Shift键，单击结束编号的幻灯片，此时两张幻灯片之间的多张幻灯片被同时选中。

○ 选择编号不相连的多张幻灯片：在按住Ctrl键的同时，依次单击需要选择的每张幻灯片，即可同时选中单击的多张幻灯片。在按住Ctrl键的同时再次单击已选中的幻灯片，则可取消选择该幻灯片。

○ 选择所有幻灯片：按下Ctrl+A快捷键，即可选中当前演示文稿中的所有幻灯片。

(3) 移动和复制幻灯片。在制作PPT课件时，为了调整幻灯片的播放顺序，需要移动幻灯片。在PowerPoint中移动幻灯片的方法是：在幻灯片预览窗格中右击一张幻灯片，从弹出的快捷菜单中选择【剪切】命令(或者按Ctrl+X快捷键)；在需要插入幻灯片的位置右击，从弹出的快捷菜单中选择【粘贴选项】命令(或者按Ctrl+V快捷键)即可。

在制作PPT课件时，为了使新建的幻灯片与已经建立的幻灯片保持相同的版式和设计风格(也就是使两张幻灯片的内容基本相同)，可以利用幻灯片的复制功能，复制出一张相同的幻灯片，然后再对其进行适当的修改。复制幻灯片的方法是：右击需要复制的幻灯片，从弹出的快捷菜单中选择【复制幻灯片】命令，然后在需要放置幻灯片的位置进行粘贴。

此外，用户还可以通过鼠标左键拖动的方法来复制幻灯片，方法很简单：选择要复制的幻灯片，按住Ctrl键，然后按住鼠标左键拖动选定的幻灯片。在拖动的过程中，鼠标指针上会显示"+"号，表示选定幻灯片的新位置，此时释放鼠标左键，再松开Ctrl键，选择的幻灯片将被复制到目标位置。

(4) 删除幻灯片。在PPT中删除多余的幻灯片是清除大量冗余信息的有效方法。删除幻灯片的方法主要有以下两种。

○ 在PowerPoint幻灯片预览窗格中选择并右击要删除的幻灯片，从弹出的快捷菜单中选择【删除幻灯片】命令。

○ 在幻灯片预览窗格中选中要删除的幻灯片后，按下Delete键即可。

2. 设置幻灯片母版

幻灯片母版是存储有关应用的模板信息的幻灯片，包括字形、占位符大小或位置、背景设计和配色方案。

PowerPoint 中提供了三种母版，即幻灯片母版、讲义母版和备注母版。

○ 讲义母版和备注母版：通常用于打印PPT时调整格式或对幻灯片内容进行备注。

○ 幻灯片母版：用于批量、快速制作风格统一的精美PPT。

要打开幻灯片母版，通常可以使用以下两种方法。

○ 选择【视图】选项卡，在【母版视图】组中单击【幻灯片母版】选项。

○ 按住Shift键后，单击PowerPoint窗口右下角视图模式切换区中的【普通视图】按
钮回。

打开幻灯片母版后，PowerPoint将显示如图3-5所示的【幻灯片母版】选项卡、版式预
览窗格和版式编辑窗口。在幻灯片母版中，对母版的设置主要包括对母版中版式、主题、
背景和尺寸的设置，下面将分别进行介绍。

图3-5　幻灯片母版视图中将显示【幻灯片母版】选项卡

(1) 设置主题页。主题页是幻灯片母版的母版，当用户为主题页设置格式后，该格式
将被应用到PPT所有的幻灯片中。

【练习3-1】为PPT课件所有的幻灯片设置统一背景。 ○视频

01 启动PowerPoint后，按下Ctrl+N快捷键创建一个新的PPT文档。选择【视图】选项
卡，在【母版视图】组中单击【幻灯片母版】按钮，进入幻灯片母版视图。在版式预览窗
格中选中幻灯片主题页，然后在版式编辑窗口中右击，从弹出的快捷菜单中选择【设置背
景格式】命令，如图3-6所示。

02 打开【设置背景格式】窗格，设置一种颜色作为主题页的背景。幻灯片中所有的
版式页都将应用相同的背景，如图3-7所示。

图3-6　在主题页设置背景格式

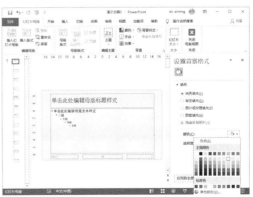

图3-7　设置背景颜色(样式)

这里需要注意的是,幻灯片母版中的主题页并不显示在PPT中,其只用于设置PPT中所有页面的标题、文本、背景等元素的样式。

(2) 设置版式页。版式页包括标题页和内容页,如图3-8所示,其中标题页一般用于PPT的封面或封底;内容页可根据PPT的内容自行设置(移动、复制、删除或者自定义)。

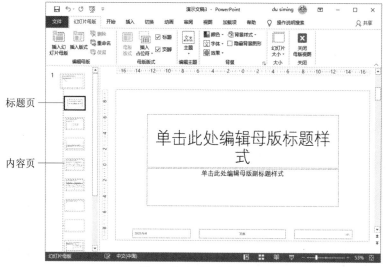

图3-8　标题页和内容页

【练习3-2】在PPT母版中调整并删除多余的标题页,并插入一个自定义内容页。⊙视频

01 继续【练习3-1】的操作,进入幻灯片母版视图后,选中多余的标题版式页,右击,从弹出的快捷菜单中选择【删除版式】命令,即可将其删除,如图3-9所示。

02 选中母版中的版式页后,按住鼠标拖动,调整(移动)版式页在母版中的位置。

03 选中某个版式后,右击,从弹出的快捷菜单中选择【插入版式】命令,可以在母版中插入一个自定义版式。

04 选中创建的自定义版式,为其设置自定义的内容和背景后,该版式效果将独立存在于母版中,不会影响其他版式,如图3-10所示。

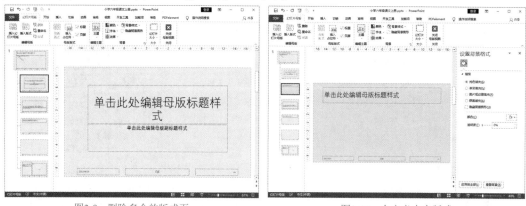

图3-9　删除多余的版式页　　　　　　图3-10　自定义内容版式

(3) 应用母版版式。在幻灯片母版中完成版式的设置后,单击视图栏中的【普通视

图】按钮 ▣ 即可退出幻灯片母版。此时，在PPT课件中执行【新建幻灯片】操作添加幻灯片，将只能使用母版中设置的第二个版式页版式来创建新的幻灯片。

右击幻灯片预览窗格中的幻灯片，从弹出的快捷菜单中选择【版式】命令，在弹出的子菜单中包含母版中设置的所有版式，选择某一个版式，可以将其应用在PPT课件中。

【练习3-3】通过应用版式，在PPT课件的多个幻灯片中同时设置相同的背景。🔘视频

01 继续【练习3-2】的操作，在幻灯片母版中选择一个空白版式，在版式中右击，从弹出的快捷菜单中选择【设置背景格式】命令，打开【设置背景格式】窗格，选择【图片或纹理填充】单选按钮，并单击【插入】按钮，打开【插入图片】对话框，为空白版式设置一个图3-11所示的背景图片。

图3-11　为空白版式设置背景图片

02 在【幻灯片母版】选项卡中单击【关闭母版视图】按钮退出幻灯片母版，在预览窗格中按下Enter键创建多张幻灯片，然后按住Ctrl键选中多张幻灯片，右击，从弹出的快捷菜单中选择【版式】|【空白】选项，如图3-12左图所示。

03 此时，被选中的多张幻灯片中将同时添加相同的图标，效果如图3-12右图所示。

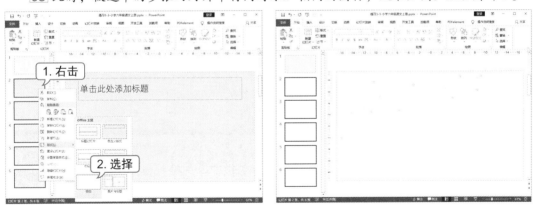

图3-12　将空白版式应用于多张幻灯片

(4) 设置母版主题。在【幻灯片母版】选项卡的【编辑主题】组中单击【主题】下拉按钮，在弹出的下拉列表中，用户可以为母版中所有的版式设置统一的主题样式，如图3-13所示。

主题由颜色、字体和效果三部分组成。

○ 颜色。在为母版设置主题后，在【背景】组中单击【颜色】下拉按钮，可以为主题更换不同的颜色组合，如图3-14所示。使用不同的主题颜色组合将会改变色板中的配色方案，同时会在PPT中使用主题颜色所定义的一组色彩。

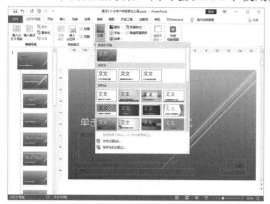 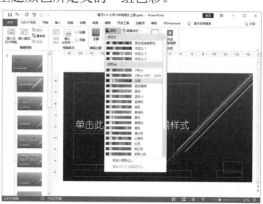

图3-13　为母版版式设置统一主题　　　　　　　　图3-14　为主题更换配色方案

○ 字体。在【背景】组中单击【字体】下拉按钮，可以更改主题中默认的文本字体(包括标题、正文的默认中英文字体样式)，如图3-15所示。

○ 效果。在【背景】组中单击【效果】下拉按钮，可以使用PowerPoint预设的效果组合，改变当前主题中阴影、发光、棱台等不同特殊效果的样式，如图3-16所示。

在PowerPoint中使用包含主题的模板后，用户可以将模板中的主题单独保存在计算机中并反复使用。

 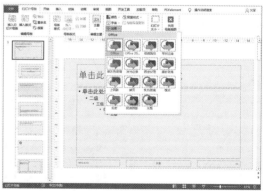

图3-15　更改主题中默认的文本字体　　　　　　　图3-16　改变当前主题的效果

【练习3-4】将课件模板的母版主题保存在计算机中，并将其应用于其他课件。 🔘视频

[01] 打开PPT模板文档并进入幻灯片母版，单击【编辑主题】组中的【主题】下拉按钮，在弹出的下拉列表中选择【保存当前主题】选项，如图3-17所示。

[02] 打开【保存当前主题】对话框，设置一个保存主题文档的文件路径，之后单击【保存】按钮，将模板中的主题保存。

[03] 继续【练习3-3】的操作，在打开的PPT课件中进入幻灯片母版。

[04] 单击【编辑主题】组中的【主题】下拉按钮，在弹出的下拉列表中选择【浏览主

题】选项，打开【选择主题或主题文档】对话框，选中步骤 02 中保存的主题文档，然后单击【应用】按钮，如图3-18所示。

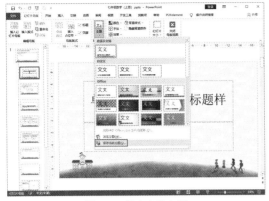

图3-17 保存当前主题　　　图3-18 应用保存的主题

完成以上操作后，模板中的主题将被应用到【练习3-3】创建的PPT课件中。

(5) 设置母版尺寸。在幻灯片母版中，用户可以为PPT页面设置尺寸。PowerPoint 中，默认可供选择的页面尺寸有16∶9和4∶3两种，分别如图3-19的左图、右图所示。在【幻灯片母版】选项卡的【大小】组中单击【幻灯片大小】下拉按钮，即可更改母版中所有页面版式的尺寸。

16∶9和4∶3这两种尺寸各有特点。用于PPT封面图片时，4∶3的PPT页面尺寸更贴近于图片的原始比例，看上去更自然，如图3-19右图所示。当同样的图片展示在16∶9的页面中时，如果保持宽度不变，用户就不得不对图片进行上下裁剪。

在4∶3的比例下，PPT的图形在排版上可能会显得自由一些。而同样的内容展示在16∶9的页面中则会显得更加紧凑。

16∶9　　　　　　4∶3

图3-19 切换幻灯片尺寸

在实际工作中，对PPT页面尺寸的选择，用户需要根据PPT最终的用途和呈现的终端来确定。例如，由于目前16∶9的尺寸已成为计算机显示器分辨率的主流比例，如果PPT只是作为一个文档报告，用于发给观众自行阅读，那么16∶9的尺寸恰好能在显示器屏幕中全屏显示，可以让页面上的文字看起来更大、更清楚。

但如果PPT是用于授课、会议、提案的"演讲"型PPT，则需要根据投影幕布的尺寸来设置合适的尺寸。目前，大部分投影幕布的尺寸比例都是4：3的。

(6) 设置母版背景。PPT背景基本上决定了PPT页面的设计基调。在幻灯片母版中，单击【背景】组中的【背景样式】下拉按钮，用户可以使用PowerPoint预设的背景颜色，或采用自定义格式的方式，为幻灯片主题页和版式页设置背景，如图3-20所示。

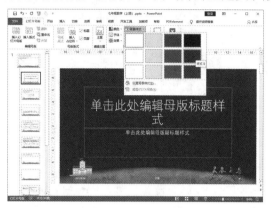
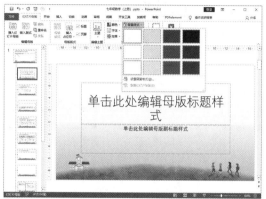

图3-20　设置母版背景颜色

3. 使用占位符

占位符是设计PPT课件页面时最常用的一种对象，几乎在所有创建不同版式的幻灯片中都要使用占位符。占位符在PPT中的作用主要有以下两点。

- 提升效率：利用占位符可以节省排版的时间，大大提升了PPT制作的速度。
- 统一风格：风格是否统一是评判一份PPT质量高低的一个重要指标。占位符的运用能够让整个PPT的风格看起来更为一致。

在PowerPoint【开始】选项卡的【幻灯片】组中单击【新建幻灯片】按钮，在弹出的列表中用户可以新建幻灯片，在每张幻灯片的缩略图上可以看到其所包含的占位符的数量、类型与位置，如图3-21左图所示。

例如，选择名为【标题和内容】的幻灯片版式，将在演示文稿中看到如图3-21右图所示的幻灯片，其中包含两个占位符：标题占位符用于输入文字，内容占位符不仅可以输入文字，还可以添加其他类型的内容，如图3-22所示。

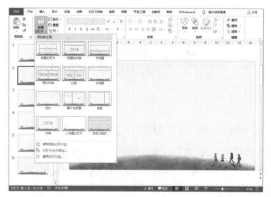
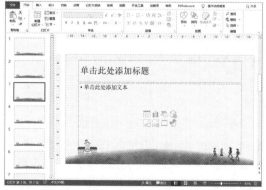

图3-21　在PPT课件中插入"标题和内容"幻灯片版式

内容占位符中包含6个按钮，单击这些按钮可以在占位符中插入表格、图表、图片、SmartArt图形、视频文件等内容。

掌握了占位符的操作，就可以掌握制作一个完整PPT课件内容的基本方法。下面将通过几个简单的练习示例，介绍在PPT中插入并应用占位符，制作风格统一的PPT文档的方法。

(1) 插入占位符。除了PowerPoint自带的占位符外，用户还可以在PPT中插入一些自定义的占位符，增强PPT的页面效果。

【练习3-5】利用占位符在PPT课件的不同页面中插入相同尺寸的图片。 ◎视频

🔲01 继续【练习3-4】的操作，选择【视图】选项卡，在【母版视图】组中单击【幻灯片母版】选项，进入幻灯片母版视图，在窗口左侧的幻灯片列表中选择【空白】版式。

🔲02 选择【幻灯片母版】选项卡，在【母版版式】组中单击【插入占位符】按钮，在弹出的列表中选择【图片】选项。

🔲03 按住鼠标左键，在幻灯片中绘制一个图片占位符，如图3-22所示，在【关闭】组中单击【关闭母版视图】按钮。

🔲04 在窗口左侧的幻灯片列表中选择第1张幻灯片，选择【插入】选项卡，在【幻灯片】组中单击【新建幻灯片】按钮，在弹出的列表中选择【空白】选项，如图3-23所示。

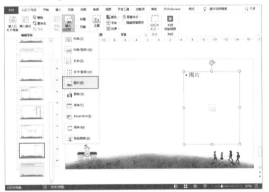
图3-22　插入【图片】占位符

图3-23　插入空白幻灯片

🔲05 选中插入的幻灯片，该幻灯片中将包含步骤🔲03绘制的图片占位符。单击该占位符中的【图片】按钮📷。在打开的【插入图片】对话框中选择一个图片文件，然后单击【插入】按钮，如图3-24左图所示。

🔲06 此时，将在新建幻灯片的占位符中插入一张图片，如图3-24右图所示。

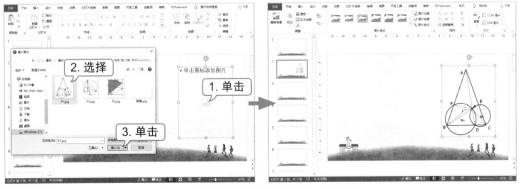
图3-24　使用图片占位符在幻灯片中插入图片

07 重复以上操作，即可在PPT课件的多张幻灯片中插入大小一致的图片，如图3-25所示。

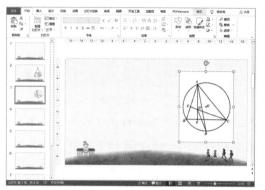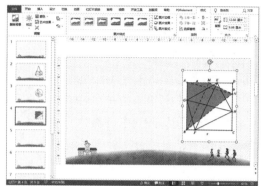

图3-25　在PPT课件的多张幻灯片中插入大小一致的图片

(2) 调整占位符。调整占位符主要是指调整其大小。当占位符处于选中状态时，将鼠标指针移到占位符四周的控制点上，按住鼠标左键并拖动，即可调整占位符的大小。

另外，在占位符处于选中状态时，系统会自动打开【格式】选项卡，在【大小】组的【形状高度】和【形状宽度】文本框中可以精确地设置占位符的大小。

当占位符处于选中状态时，将鼠标指针移到占位符的边框时将显示 形状，此时按住鼠标左键并拖动占位符到目标位置，释放鼠标后即可移动占位符。当占位符处于选中状态时，可以通过键盘方向键来移动占位符的位置。使用方向键移动的同时按住Ctrl键，可以实现占位符的微移。

(3) 旋转占位符。在制作PPT课件时，可将占位符设置为以任意角度旋转。选中占位符，在【格式】选项卡的【排列】组中单击【旋转对象】按钮，在弹出的下拉列表中选择相应选项即可实现按指定角度旋转占位符，如图3-26所示。

若在图3-26所示的列表中选择【其他旋转选项】选项，在打开的【设置形状格式】窗格中，用户可以自定义占位符的旋转角度，如图3-27所示。

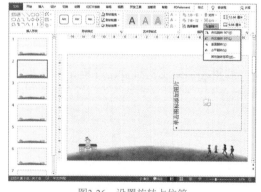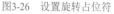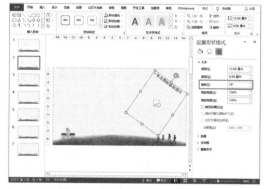

图3-26　设置旋转占位符　　　　　图3-27　自定义占位符的旋转角度

(4) 对齐占位符。如果一张幻灯片中包含两个或两个以上的占位符，用户可以通过选择相应命令来左对齐、右对齐、左右居中或横向分布占位符。

在幻灯片中选中多个占位符，在【格式】选项卡的【排列】组中单击【对齐对象】按钮▤▾，此时在弹出的下拉列表中选择相应选项，即可设置占位符的对齐方式。下面用一个练习示例来进行介绍。

【练习3-6】居中对齐幻灯片中的占位符。 ●视频

01 在幻灯片中插入3个图片占位符后，按住Ctrl键将其全部选中。

02 选择【形状格式】选项卡，在【排列】组中单击【对齐】按钮▤▾，在弹出的列表中先选择【对齐幻灯片】选项，再选择【顶端对齐】选项。

03 此时，幻灯片中的3个占位符将对齐在幻灯片的顶端，效果如图3-28所示。

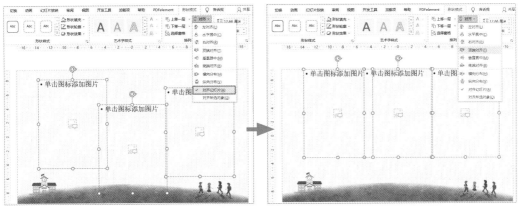

图3-28 设置多个占位符相对幻灯片顶端对齐

04 重复步骤02的操作，在【对齐】列表中选择【横向分布】选项，占位符的对齐效果如图3-29所示。重复步骤02的操作，在【对齐】列表中选择【垂直居中】选项，占位符的对齐效果如图3-30所示。

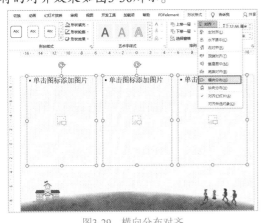

图3-29 横向分布对齐

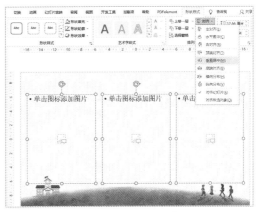

图3-30 垂直居中对齐

05 此时，幻灯片中的4个占位符将居中显示在幻灯片正中央的位置。分别单击幻灯片中4个占位符上的【图片】按钮▣，打开【插入图片】对话框，在每个占位符中插入图片。

另外，利用【对齐对象】功能还能够将幻灯片中的占位符对齐于某个对象，或将幻灯片中的对象对齐于占位符。例如，在幻灯片中选中一个文本框，按住Shift键的同时选中一个占位符和文本框，如图3-31左图所示。

选择【绘图工具】|【格式】选项卡，在【排列】组中单击【对齐对象】按钮，在弹出的列表中先选择【对齐所选对象】选项，再选择【水平居中】选项，如图3-31右图所示。此时，幻灯片中的文本框将自动对齐于选中的占位符。重复同样的操作，可以将幻灯片中的占位符与文本框逐一对齐。

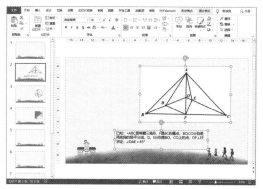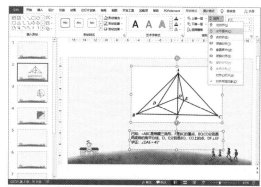

图3-31　使图片与文本框水平居中

(5) 改变占位符的形状。在PowerPoint中，默认创建的占位符是矩形的。但如果想在PPT中让占位符呈现各种不同的形状，可以通过对占位符的布尔运算来实现。

【练习3-7】在课件中创建一个圆形的图片占位符。

01 在幻灯片母版视图中，选择窗口左侧列表中的【空白】版式，然后在【幻灯片母版】选项卡的【母版版式】组中单击【插入占位符】按钮，在幻灯片中插入一个图片占位符。

02 选择【插入】选项卡，在【插图】组中单击【形状】按钮，在弹出的列表中选择【椭圆】选项，在幻灯片中的占位符之上绘制一个圆形图形，如图3-32所示。

03 按住Shift键，先选中幻灯片中的占位符，再选中幻灯片中的圆形图形。在【形状格式】选项卡的【插入形状】组中单击【合并形状】按钮，在弹出的列表中选择【相交】选项，如图3-33所示。

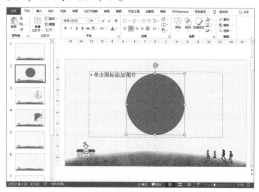

图3-32　绘制圆形图形

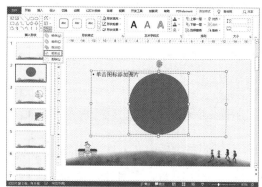

图3-33　合并形状和图片占位符

04 此时，即可在幻灯片中得到一个如图3-34所示的圆形占位符。

05 单击幻灯片中图形占位符内的【图片】按钮，在打开的对话框中选择一个图片文件，并单击【插入】按钮，即可看到占位符中添加图片后的效果，如图3-35所示。

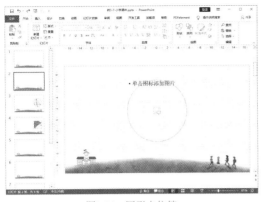

图3-34　圆形占位符

图3-35　在圆形占位符中插入图片

利用以上练习中介绍的方法，我们可以根据需要在课件中设计出各种不同的占位符形状。

【练习3-8】在课件中创建一个文本形状的占位符。　视频

01　在母版视图中选择【空白】版式后，在幻灯片中插入一个图片占位符，选择【插入】选项卡，在【文本】组中单击【文本框】按钮，插入一个文本框，并在其中任意输入一个字，如图3-36所示。

02　按住Shift键，先选中幻灯片中的占位符，再选中幻灯片中的文本框。在【格式】选项卡的【插入形状】组中单击【合并形状】按钮，在弹出的列表中选择【相交】选项。

03　此时，即可在幻灯片中得到一个文字形状的占位符。

04　在【关闭】组中单击【关闭母版视图】按钮，关闭母版视图。在PPT中插入一个空白版式的幻灯片，单击幻灯片中图片占位符中的【图片】按钮，在占位符中插入图片，即可得到图3-37所示的效果。

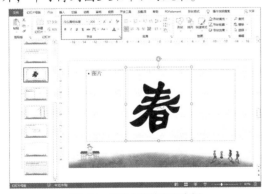

图3-36　创建占位符和文本框

图3-37　使用文本形状的图片占位符

(6) 设置占位符属性。在PowerPoint中，占位符、文本框及自选图形等对象具有相似的属性，如对齐方式、颜色、形状样式等，设置它们属性的操作是相似的。选中占位符时，功能区将出现【绘图工具】|【形状格式】选项卡，如图3-38所示。通过该选项卡中的各个按钮和命令，即可设置占位符的属性(方法与Word软件中设置图片的属性类似)。

图3-38　选中占位符后功能区显示的【形状格式】选项卡

3.2　制作PPT课件内容

　　掌握了PowerPoint的基本操作后，教师可以根据教学内容的需要设计课件的结构，并通过在幻灯片中添加文本、图形、表格、声音、视频等教学素材，使课件内容丰富，逻辑合理，符合教学要求。本节将介绍在PowerPoint中添加文本、图像、声音、视频等内容的具体操作方法和技巧。

3.2.1　添加文本和图像

　　文本和图像是多媒体CAI课件中最常见的元素。

1. 在课件中添加文本

　　在PowerPoint中，用户可以通过艺术字和文本框两种方法在课件中添加文本，其中文本框用来制作课件中的说明文本，而艺术字则用来制作各种漂亮的文本。

　　【练习3-9】在课件封面页中使用艺术字制作标题，使用文本框制作课件内容。🔲视频

　　01 启动PowerPoint后，打开素材文件，选择【插入】选项卡，在【文本】组中单击【艺术字】按钮，从弹出的列表中选择一种艺术字样式，在课件的封面页中插入一个艺术字占位符，然后直接输入文本"小草和大树"，如图3-39所示。

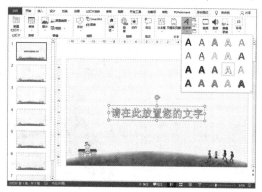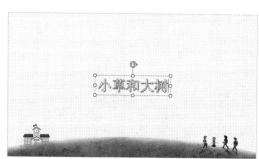

图3-39　在幻灯片中插入艺术字

　　02 选择【形状格式】选项卡，在【艺术字样式】组中单击【文本填充】按钮 **A** ，在弹出的列表中设置艺术字文本的填充色，如图3-40所示。

　　03 选择【开始】选项卡，在【字体】组中设置艺术字的字体为"微软雅黑"，设置【字号】为80，如图3-41所示。

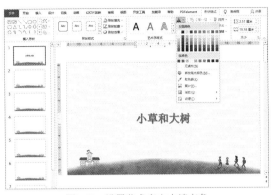

图3-40 设置艺术字文本填充色

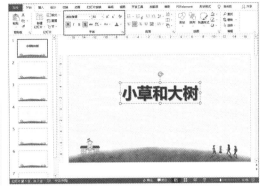

图3-41 设置艺术字文本字体和大小

04 选择【形状格式】选项卡，在【艺术字样式】组中单击【文字效果】按钮 A ，在弹出的列表中选择【转换】|【拱形】选项，将艺术字设置为拱形，如图3-42所示。

05 拖动艺术字边框，将其移到幻灯片上部居中的位置，如图3-43所示。

图3-42 设置艺术字文字效果

图3-43 调整艺术字的位置

06 选择【插入】选项卡，在【文本】组中单击【文本框】按钮，在弹出的列表中选择【绘制横排文本框】选项，然后在幻灯片中按住鼠标左键拖动，绘制一个文本框，并在其中输入文本，如图3-44所示。

图3-44 利用文本框在幻灯片中添加文本

07 将鼠标指针置于文本框中合适的位置，单击【符号】组中的【符号】按钮，打开【符号】对话框，选择需要插入的符号，然后单击【插入】按钮，在文本框中插入符号，如图3-45所示。

08 选中幻灯片中插入的文本框，选择【开始】选项卡，在【字体】组中设置文本框中文本的字体为"华文中宋"，设置【字号】为18。

09 在【段落】组中单击【居中】按钮 ≡ 设置文本居中显示，如图3-46所示。

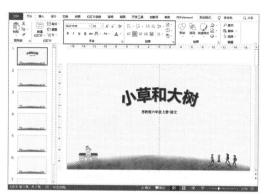

图3-45　在文本框中插入符号

图3-46　设置文本框中的文本

⑩ 拖动文本框边框，将其调整至合适的位置，然后将鼠标指针放置在文本框中文本的后面，按下Enter键输入更多的文本，如图3-47所示。

⑪ 选中文本框，在【段落】组中单击按钮，打开【段落】对话框，设置【行距】为【1.5倍行距】，然后单击【确定】按钮，如图3-48所示。

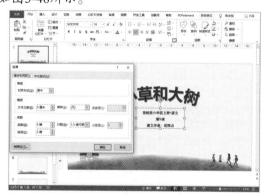

图3-47　在文本框中输入多行文本

图3-48　设置段落行距

⑫ 最后，按下Ctrl+S快捷键保存制作的课件。

2. 在课件中添加图像

在实际教学中，有些教学内容用文字很难表述，而用图像则可以很好地诠释，达到事半功倍的效果。

【练习3-10】在物理课件的内容页中插入图像。🔵 视频

① 打开素材文件，选择【插入】选项卡，在【图像】组中单击【图片】按钮，在弹出的列表中选择【此设备】选项，打开【插入图片】对话框，选择一个图片文件，然后单击【插入】按钮，如图3-49所示。

② 拖动图像四周的控制点，调整图像的大小，然后将鼠标指针置于图像上，按住鼠标左键不放进行拖动，调整图像在幻灯片中的位置，如图3-50所示。

③ 选择【图片格式】选项卡，在【图片样式】组中单击【其他】按钮，在弹出的列表中选择一种图片样式，如图3-51所示。

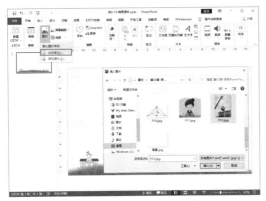

图3-49 在幻灯片中插入图像

图3-50 调整图像的大小和位置

04 参考步骤**01**的操作，在幻灯片中再插入一个图像，然后选择【图片格式】选项卡，在【调整】组中单击【颜色】按钮，在弹出的列表中选择【设置透明色】选项，如图3-52所示。

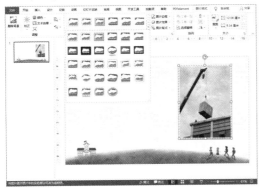

图3-51 设置图片样式

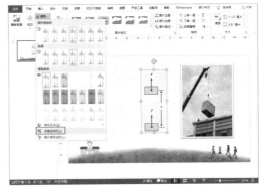

图3-52 插入第二个图像

05 在所插入的图像的背景上单击鼠标，将其背景色设置为透明色，使图像融入幻灯片中，效果如图3-53所示。

06 参考【练习3-9】的操作，在幻灯片中插入横排文本框，并在文本框中输入文本，制作图3-54所示的课件页面效果。

在PowerPoint中，图像的定义比较广，除了上例介绍的图像文件外，还包括形状、截图等。下面将继续通过练习示例，介绍在课件中添加这些图像的具体方法。

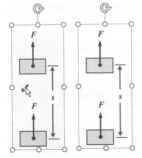

图3-53 设置图像背景为透明色

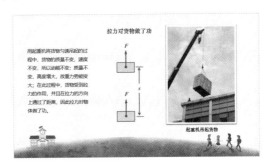

图3-54 在幻灯片中添加文本

【练习3-11】在物理课件的内容中插入形状和截图。 🔲视频

01 继续【练习3-10】的操作，在预览窗格中选中幻灯片的缩略图，按下Enter键创建一个新的幻灯片，然后将新建的幻灯片拖动至第1张幻灯片之上，如图3-55所示。

02 使用浏览器打开一个包含图片的网页，然后在PowerPoint中选择【插入】选项卡，在【图像】组中单击【屏幕截图】按钮，从弹出的列表中选择网页的缩略图，即可将该网页以屏幕截图的方式插入幻灯片中，如图3-56所示。

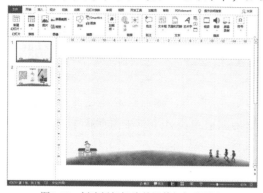

图3-55 创建新幻灯片并调整幻灯片顺序

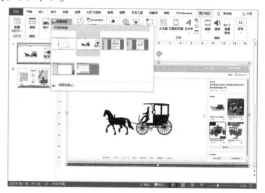

图3-56 插入屏幕截图

03 选中幻灯片中的屏幕截图，在【图片格式】选项卡的【大小】组中单击【裁剪】按钮，然后调整图片四周的裁剪控制点裁剪图片，如图3-57所示，完成后单击幻灯片空白区域即可。

04 在【调整】组中单击【颜色】按钮，在弹出的列表中选择【设置透明色】选项，在图片的背景上单击鼠标，将其背景色设置为透明色。

05 在【排列】组中单击【旋转对象】按钮，在弹出的列表中选择【水平翻转】选项，如图3-58所示。

06 将幻灯片中的图像拖动至合适的位置，选择【开始】选项卡，在【绘图】组中单击【形状】按钮，从弹出的列表中选择【直线】选项，然后按住鼠标左键在幻灯片中绘制一条图3-59所示的直线。

图3-57 裁剪图片

图3-58 水平翻转图片

07 选择【形状格式】选项卡，在【形状样式】组中单击【形状轮廓】按钮，从弹出的列表中选择【黑色】色块，将直线的颜色设置为黑色。

08 再次单击【形状轮廓】按钮，从弹出的列表中选择【粗细】|【4.5磅】选项，设置直线的粗细，如图3-60所示。

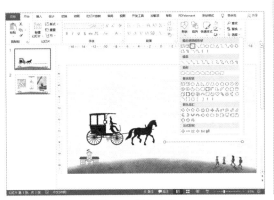
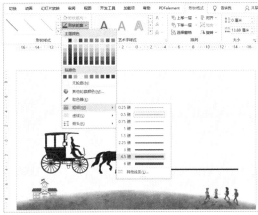

图3-59 插入直线　　　　　　图3-60 设置直线粗细

09 选择【插入】选项卡，在【插图】组中单击【形状】按钮，从弹出的列表中选择【矩形】选项，然后按住鼠标左键在幻灯片中绘制一个矩形。

10 选择【形状格式】选项卡，在【形状样式】组中单击【其他】按钮，在弹出的列表中为绘制的矩形设置一种样式，如图3-61所示。

11 在【形状样式】组中单击【形状轮廓】按钮，在弹出的列表中选择【粗细】|【3磅】选项。

12 选择【插入】选项卡，在【插图】组中单击【形状】按钮，从弹出的列表中选择【椭圆】选项，在幻灯片中绘制一个圆形形状，然后按住Ctrl键拖动绘制的圆形形状，将其复制一份，如图3-62所示。

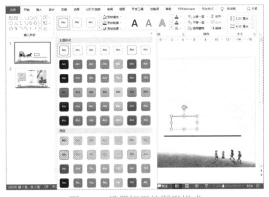
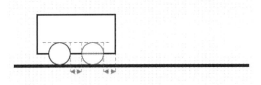

图3-61 设置矩形的图形样式　　　　　　图3-62 通过拖动鼠标复制圆形形状

13 按住Ctrl键选中绘制的圆形和矩形形状，然后右击，在弹出的快捷菜单中选择【组合】命令，将选中的形状组合为一体，如图3-63所示。

14 按住Ctrl键拖动组合后的形状，将其复制一份，并调整所复制形状的位置。

15 选择【插入】选项卡，在【插图】组中单击【形状】按钮，从弹出的列表中选择【直线箭头】选项，在幻灯片中绘制图3-64所示的直线箭头。

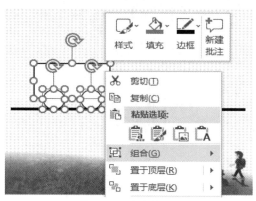

图3-63　组合多个形状

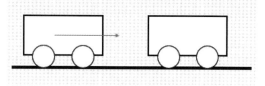

图3-64　绘制直线箭头

16 选中并右击幻灯片中的直线箭头，在弹出的快捷菜单中选择【设置形状格式】命令，打开【设置形状格式】窗格，然后在该窗格中单击【颜色】按钮，在弹出的列表中选择【红色】，设置直线箭头的颜色为红色。

17 在【设置形状格式】窗格的【宽度】文本框中输入4，设置直线箭头的粗细为4磅，然后分别单击【开始箭头类型】和【结尾箭头类型】按钮，在弹出的列表中设置直线箭头开始端和结束端的样式，如图3-65所示。

18 选中幻灯片中的直线箭头，按下Ctrl+D快捷键将其复制一份，然后将复制的形状调整至合适的位置，如图3-66所示。

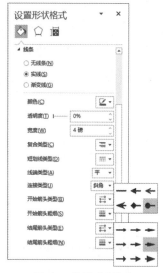

图3-65　设置形状格式

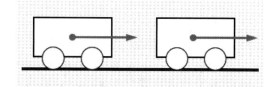

图3-66　复制直线箭头形状

19 重复以上操作，在幻灯片中继续绘制直线和直线箭头形状，然后在幻灯片中使用文本框添加文本，如图3-67所示。

20 选择【插入】选项卡，在【插图】组中单击【形状】按钮，从弹出的列表中选择【矩形：圆角】选项，在幻灯片中绘制一个圆角矩形，然后右击该圆角矩形，在弹出的快捷菜单中选择【编辑文字】命令，进入文字编辑状态，在圆角矩形中输入文本"拉力对车做了功"，如图3-68所示。

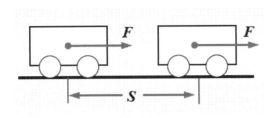

图3-67 使用文本框添加文本

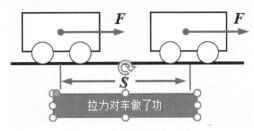

图3-68 在形状中添加文本

[21] 选择【形状格式】选项卡，在【形状样式】组中为圆角矩形设置一种形状样式，然后单击【形状效果】按钮，在弹出的列表中选择【阴影】|【偏移：下】选项，设置图3-69所示的形状效果。

[22] 选中幻灯片中的圆角矩形，选择【开始】选项卡，在【字体】组中设置圆角矩形中的文本字体为"微软雅黑"，【字号】为20，然后单击【字体】组右下角的 按钮，打开【字体】对话框。

[23] 在【字体】对话框中选择【字符间距】选项卡，然后单击【间距】下拉按钮，从弹出的下拉列表中选择【加宽】选项，在【度量值】文本框中输入5，如图3-70所示。

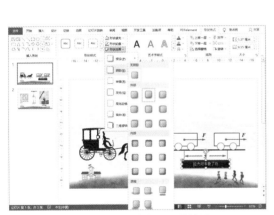

图3-69 设置圆角矩形形状效果

图3-70 【字体】对话框

[24] 在【字体】对话框中单击【确定】按钮后，圆角矩形的效果如图3-71所示。

[25] 在幻灯片中插入文本框，并在文本框中输入文本，完成课件中当前页的制作，如图3-72所示。

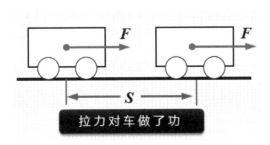

图3-71 圆角矩形的效果

图3-72 在文本框中添加文本

3.2.2 添加图表

若授课内容中包含大量数据,或者需要在课堂上表述复杂的逻辑关系,可以在课件中使用图表来阐述。图表可以将表格中的数据转换为各种图形信息,从而生动地描述数据。在课件页面中使用图表不仅可以提升整个课件的质量,也可以让课件所要表达的观点更加具有说服力。

下面将通过练习示例介绍在PowerPoint中插入图表的具体方法。

【练习3-12】在物理实验课件中插入图表。 视频

01 选择【插入】选项卡,在【表格】组中单击【表格】按钮,从弹出的列表中拖动鼠标,绘制一个2行7列的表格,如图3-73所示。

02 在创建的表格中输入内容,然后选中整个表格,在【开始】选项卡的【字体】组中设置表格中文本的【字体】为"微软雅黑",【字号】为18。

03 拖动表格四周的控制点,调整表格的大小,选择【表设计】选项卡,在【表格样式】组中选择一种样式,如图3-74所示。

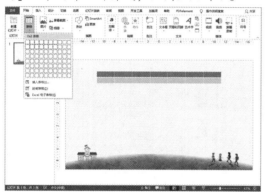

图3-73 插入表格

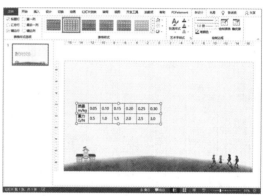

图3-74 设置表格样式

04 选择【插入】选项卡,在【插图】组中单击【图表】按钮,打开【插入图表】对话框,选择【带直线和数据标记的散点图】选项后单击【确定】按钮,如图3-75所示。

05 在打开的窗口中输入表格数据,并选择其为图表数据,如图3-76所示。

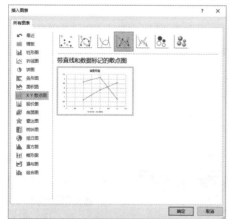

图3-75 【插入图表】对话框

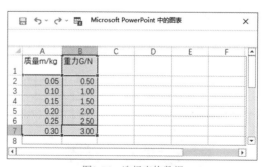

图3-76 选择表格数据

06 此时，将在幻灯片中插入图3-77所示的图表。

07 删除图表的标题，并使用文本框在幻灯片中添加文本，完成后的效果如图3-78所示。

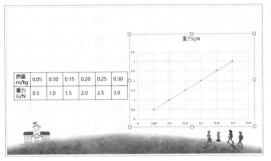

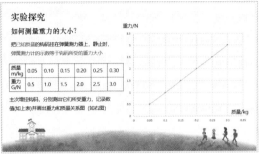

图3-77　创建图表　　　　　　　　　　　图3-78　在幻灯片中添加文本

08 选中幻灯片中的图表，选择【图表设计】选项卡，在【图表样式】组中选择一种图表样式，然后选中图表中的圆形数据系列图标，右击，从弹出的快捷菜单中选择【设置数据系列格式】命令，如图3-79左图所示。

09 在打开的【设置数据系列格式】窗格中展开【标记】选项卡，将【宽度】设置为12磅，如图3-79右图所示。

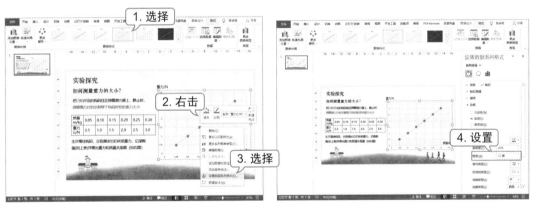

图3-79　设置数据系列格式

10 最后，按下Ctrl+S快捷键保存所制作的课件。

3.2.3　添加SmartArt结构图

SmartArt结构图是信息和观点的视觉表示形式。用户可以通过多种不同布局来创建 SmartArt 图形，从而快速、轻松、有效地传达信息。简单而言，SmartArt结构图就是PowerPoint软件内置的逻辑图表，主要用于表达文本之间的逻辑关系。

【练习3-13】在物理课件中使用SmartArt结构图制作逻辑图表。 视频

01 打开素材文件，选择【插入】选项卡，在【插图】组中单击SmartArt按钮，打开【选择SmartArt图形】对话框，选择一个图形类型后单击【确定】按钮，如图3-80左图所示。

02 此时，将在幻灯片中插入图3-80右图所示的SmartArt结构图。

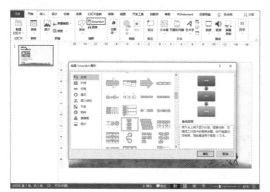
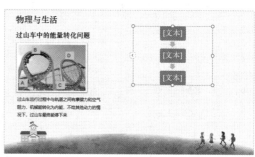

图3-80　在幻灯片中插入SmartArt结构图

03 选择【SmartArt设计】选项卡，在【创建图形】组中单击【添加形状】按钮，在创建的SmartArt结构图中添加一个图形，如图3-81所示。

04 在【SmartArt样式】组中单击【更改颜色】按钮，从弹出的列表中选择一种颜色方案并将其应用到幻灯片中的SmartArt结构图中，然后将鼠标指针置于SmartArt结构图内，输入图3-82所示的文本。

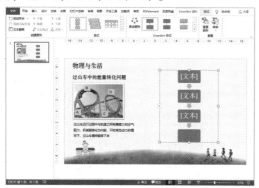
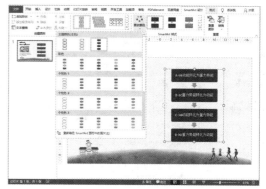

图3-81　添加形状　　　　　　　　　　　图3-82　在结构图中输入文本

05 在【版式】选项组中，可以根据课件制作的需要将SmartArt结构图转换为其他版式，如图3-83所示。

06 选择【格式】选项卡，可以设置SmartArt结构图中各部分图形和文本的效果，如图3-84所示。

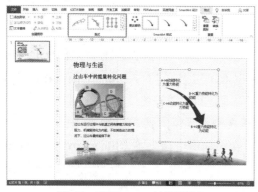
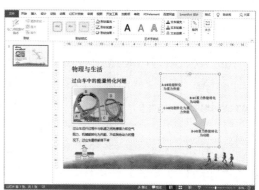

图3-83　更改SmartArt结构图版式　　　　　图3-84　设置SmartArt结构图效果

3.2.4　添加声音和视频

在使用PowerPoint制作课件时，除了可以在幻灯片中添加文本、图像、图表、SmartArt结构图外，还可以添加声音和视频，让课件表现得有声有色。

1. 在课件中添加声音

使用PowerPoint在课件中插入声音效果的方法有以下4种。

(1) 直接插入音频文件。选择【插入】选项卡，在【媒体】组中单击【音频】下拉按钮，在弹出的下拉列表中选择【PC上的音频】选项，打开【插入音频】对话框。利用该对话框，用户可以将计算机中保存的音频文件插入幻灯片中，如图3-85所示。声音被插入课件后，将显示为图3-86所示的声音图标，选中该图标将显示声音播放栏。

图3-85　在课件中插入音频文件

图3-86　课件中的声音图标

(2) 为PPT切换动画设置声音。选择【切换】选项卡，在【切换到此幻灯片】组中为当前幻灯片设置一种切换动画后，在【计时】组中单击【声音】下拉列表，在弹出的下拉列表中选择【其他声音】选项，可以将计算机中保存的音频文件设置为幻灯片切换时的动画声音，如图3-87所示。

(3) 为PPT对象动画设置声音。在【动画】选项卡的【高级动画】组中单击【动画窗格】按钮，打开【动画窗格】窗格，单击需要设置声音的动画右侧的倒三角按钮，在弹出的下拉列表中选择【效果选项】选项。在打开的对话框中选择【效果】选项卡，单击【声音】下拉列表，在弹出的下拉列表中选择声音选项，即可为PPT中的对象动画设置声音效果，如图3-88所示。

图3-87　设置切换动画的声音

图3-88　设置对象动画的声音

(4) 录制PPT演示时插入旁白。选择【幻灯片放映】选项卡，在【设置】组中单击【录制幻灯片演示】按钮。此时，幻灯片进入全屏放映状态，单击屏幕左上角的【录制】按钮，即可通过话筒录制幻灯片演示旁白语音，按下Esc键结束录制，PowerPoint将在每张幻灯片的右下角添加语音。

【练习3-14】在课件的封面页插入符合主题的音频文件，并进行以下设置。 🔲视频

- 剪裁声音，去掉其中一部分；
- 在播放课件时自动播放声音；
- 音乐在课件的多个页面连续播放；
- 在放映课件时隐藏声音图标。

01 打开素材文件后，选择【插入】选项卡，单击【媒体】组中的【音频】按钮，在弹出的列表中选择【PC上的音频】选项，打开【插入音频】对话框，在计算机上选择一个音频文件，然后单击【插入】按钮在幻灯片中插入声音图标。

02 选中幻灯片中插入的声音图标，右击，从弹出的快捷菜单中选择【剪裁】选项，如图3-89左图所示，打开【剪裁音频】对话框，单击其中的【播放】按钮▶播放声音到合适的位置，单击【暂停】按钮⏸，然后拖动音乐播放条左右两侧的控制柄，剪裁声音，完成后单击【确定】按钮，如图3-89右图所示。

图3-89 剪裁声音

03 选择【播放】选项卡，在【音频选项】组中单击【开始】下拉按钮，从弹出的下拉列表中选择【自动】选项，设置声音在课件中自动播放，如图3-90所示。

04 选择【动画】选项卡，在【高级动画】组中单击【动画窗格】按钮，打开【动画窗格】窗格，然后双击该窗格中的音频选项(本例为"媒体1")，如图3-91所示。

图3-90 设置声音自动播放   图3-91 打开【动画窗格】窗格

05 打开【播放音频】对话框，在【停止播放】选项区域中选中【在】单选按钮，并在该按钮后的编辑框中输入音频文件在第几张幻灯片后停止播放，然后单击【确定】按钮，如图3-92所示，设置声音在课件的多个页面连续播放。

06 选择【播放】选项卡，然后选中【音频选项】组中的【放映时隐藏】复选框，如图3-93所示，设置在放映课件时隐藏声音图标。

图3-92　设置声音在多个页面连续播放

图3-93　设置放映课件时隐藏声音图标

2. 在课件中添加视频

在课件中适当地使用视频，能够方便快捷地展示动态的内容。通过视频中流畅的演示，能够在课件中实现化抽象为直观、化概括为具体、化理论为实例的效果。

在PowerPoint中选择【插入】选项卡，在【媒体】组中单击【视频】按钮，在弹出的列表中选择【PC上的视频】选项。打开【插入视频文件】对话框，选中一个视频文件后，单击【插入】按钮，如图3-94左图所示，即可在幻灯片中插入一个视频。拖动视频四周的控制点，调整视频大小；将鼠标指针放置在视频上按住左键进行拖动，调整视频的位置，可以使其和幻灯片中的其他元素的位置相互协调，如图3-94右图所示。

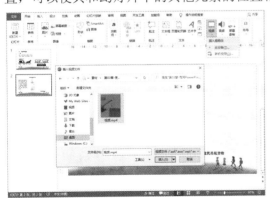
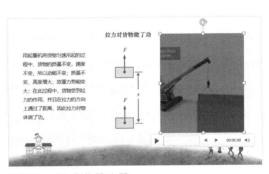

图3-94　在幻灯片中插入视频(左图)并调整视频位置(右图)

选中PPT中的视频，在【视频工具】|【播放】选项卡中，可以设置视频的淡入、淡出效果，播放音量，是否全屏播放，是否循环播放以及开始播放的触发机制。

【练习3-15】在物理课件中插入符合主题的视频文件，并进行以下设置。 🔘视频

○ 剪裁视频，使其内容符合教学要求；

○ 控制视频播放，设置视频播放时，其音量大小为"中等"；

○ 设置一个视频播放触发器，控制视频播放。

01 打开素材文件，选择【插入】选项卡，在【媒体】组中单击【视频】按钮，在弹出的列表中选择【PC上的视频】选项。打开【插入视频文件】对话框，选中一个视频文件后，单击【插入】按钮，在幻灯片中插入图3-94左图所示的视频。

02 选择【播放】选项卡，在【编辑】组中单击【剪裁视频】按钮，打开【剪裁视频】对话框，调整视频开始的播放进度，然后单击【确定】按钮，剪裁视频，如图3-95所示。

03 在【视频选项】组中单击【音量】下拉按钮，在弹出的下拉列表中选择【中等】选项，如图3-96所示。

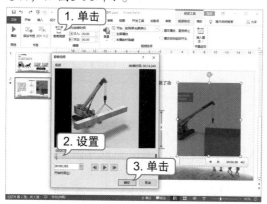

图3-95　剪裁视频

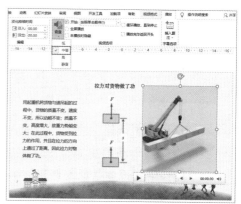

图3-96　设置视频音量

04 选择【视频格式】选项卡，在【视频样式】组中选择一个样式并将其应用于幻灯片中的视频上，如图3-97所示。

05 选择【动画】选项卡，在【高级动画】组中单击【触发】按钮，在弹出的列表中选择【通过单击】|【图片4】选项，如图3-98所示，设置视频通过页面中的图片触发播放。

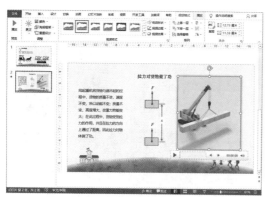

图3-97　设置视频样式

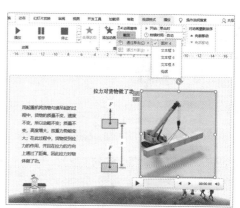

图3-98　设置视频触发器

06 按下Ctrl+S快捷键保存课件文件。此时，按下F5键播放课件，单击幻灯片中的图片即可播放视频。

3.2.5 添加动画

在制作课件时，教师可以通过在课件中插入动画来丰富课件的效果，帮助学生快速掌握课件所要表达的内容。

【练习3-16】在英语课件中插入Flash动画。 🔵视频

01 打开素材文件，选择【文件】选项卡，在显示的界面中单击【选项】选项，打开【PowerPoint选项】对话框，选择【自定义功能区】选项，在显示的选项区域中选中【开发工具】复选框，然后单击【确定】按钮，如图3-99所示。

02 选择【开发工具】选项卡，在【控件】组中单击【其他控件】按钮 🔧，如图3-100所示。

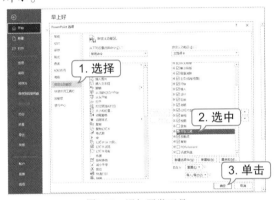

图3-99 添加开发工具

图3-100 【控件】组

03 打开【其他控件】对话框，选择Shockwave Flash Object选项，单击【确定】按钮，如图3-101左图所示。

04 按住鼠标左键，在幻灯片中绘制一个矩形区域作为播放Flash动画的区域，如图3-101右图所示。

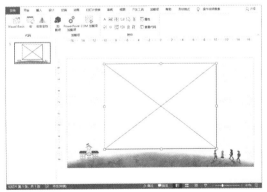

图3-101 在幻灯片中插入Flash控件

05 在【控件】组中单击【属性】按钮，打开【属性】对话框，在Movie选项后的文

本框中输入计算机中Flash动画文件的路径,如图3-102所示。

06 按下F5键播放课件,在打开的【警告】对话框中选中【我可以识别此内容。允许播放。】单选按钮,然后单击【确定】按钮即可播放课件中的Flash动画,如图3-103所示。

图3-102 设置Flash动画文件的路径

图3-103 【警告】对话框

在多媒体课件中添加音频、视频、动画等素材,其具体的素材对象是独立于课件之外的。在复制课件到其他计算机时,必须要将其中添加的视频、音频、动画等素材文件一起复制到该计算机中,并且保持课件中设置的路径关系。否则,课件在其他计算机上播放时,会因为素材文件的路径错误而无法正常播放。

另外,要使PowerPoint能够播放MOV、MP3、SWF和FLV等格式的音视频文件,用户需要对计算机进行以下设置:

- 在Windows系统中安装QuickTime Player或"狸窝全能视频转换器"软件,再安装K-Lite Codec Pack解码包,解决MOV和MP4格式文件的播放问题。
- 在Windows系统中安装Adobe Flash Player 10以上版本插件,解决SWF和FLV格式文件的播放问题。

3.3 设置课件动画

在PowerPoint中为课件设置动画包括设置各个幻灯片之间的切换动画与在幻灯片中为某个对象设置动画。通过设定与控制动画效果,可以使PPT的视觉效果更加突出,重点内容更加生动。

3.3.1 设置切换动画

幻灯片切换动画是指一张幻灯片如何从屏幕上消失,以及另一张幻灯片如何显示在屏幕上的方式。幻灯片切换方式可以是简单地以一个幻灯片代替另一个幻灯片,也可以是幻灯片以特殊的效果出现在屏幕上,如图3-104所示。

在PowerPoint中,用户可以为一组幻灯片设置同一种切换方式,也可以为每张幻灯片设置不同的切换方式。

图3-104 放映PPT时常见的幻灯片切换动画效果

要为幻灯片添加切换动画，可以选择【切换】选项卡，在【切换到此幻灯片】组中进行设置。在该组中单击 按钮，将打开如图3-105左图所示的幻灯片动画效果列表。单击选中某个动画后，当前幻灯片将应用该切换动画，并可立即预览动画效果，如图3-105右图所示。

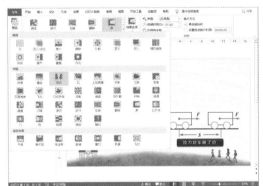

图3-105 在PPT中设置切换动画

此外，若幻灯片中设置了切换动画，在【切换】选项卡的【预览】组中单击【预览】按钮，也可以预览当前幻灯片中设置的切换动画效果。

完成幻灯片切换动画的选择后，在PowerPoint的【切换】选项卡中，用户除了可以选择各类动画的"切换方案"外，还可以为所选的切换效果配置音效、改变切换速度和换片方式。

【练习3-17】在语文课件中为幻灯片添加切换动画。 视频

01 打开素材文件后选中需要设置切换动画的幻灯片，选择【切换】选项卡，在【切换到此幻灯片】组中选择【悬挂】选项。在【计时】组中单击【声音】下拉按钮，在弹出的下拉列表中选择【风铃】选项，为幻灯片应用该声音效果，如图3-106所示。

02 在【计时】组的【持续时间】微调框中输入"00.50"。为幻灯片设置持续时间的目的是控制幻灯片的切换速度，以便查看幻灯片的内容。

03 在【计时】组中取消选中【单击鼠标时】复选框，选中【设置自动换片时间】复选框，并在其后的微调框中输入"00:05.00"，如图3-107所示。

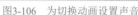

图3-106　为切换动画设置声音　　　　　　　　图3-107　设置幻灯片自动换片时间

04 单击【应用到全部】按钮，将设置好的计时选项应用到每张幻灯片中。

05 单击状态栏中的【幻灯片浏览】按钮 ，切换至幻灯片浏览视图，查看设置后的自动换片时间，如图3-108所示。

选中幻灯片，打开【切换】选项卡，在【切换到此幻灯片】组中单击【其他】按钮 ，从弹出的【细微型】切换效果列表框中选择【无】选项，即可删除该幻灯片的切换动画，如图3-109所示。

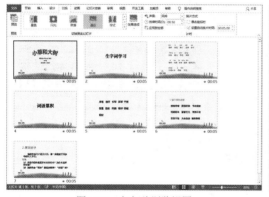

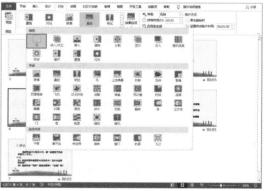

图3-108　幻灯片浏览视图　　　　　　　　　图3-109　删除幻灯片的切换动画

3.3.2　设置对象动画

所谓对象动画，是指为幻灯片内部的某个对象设置的动画效果。对象动画的设计在幻灯片中起着至关重要的作用，具体体现在三个方面：一是清晰地表达事物关系，如以滑轮的上下滑动来进行数据的对比，是由动画的配合体现的；二是更能配合演讲，当幻灯片进行闪烁和变色时，观众的目光就会随演讲内容而移动；三是增强效果表现力，如设置不断闪动的光影、漫天飞雪、落叶飘零、亮闪闪的效果等。

在PowerPoint中选中一个对象(图片、文本框、图表等)，在【动画】选项卡的【动画】组中单击【其他】按钮 ，在弹出的列表中即可为选中的对象选择一个动画效果，如图3-110所示。

此外，在【高级动画】组中单击【添加动画】按钮，在弹出的列表中也可以为对象添加动画效果，如图3-111所示(在对象上添加动画，可以为一个对象设置多种动画效果)。

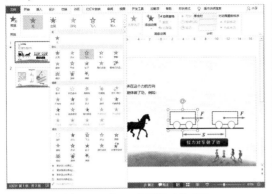

图3-110　在PPT中设置对象动画

图3-111　为对象添加动画

　　PPT中的对象动画包含进入、强调、退出和动作路径4种效果。其中"进入"是指通过动画方式让效果从无到有；"强调"是指本来就有，到合适的时间就显示一下；"退出"是指在已存在的幻灯片中，实现从有到无的过程；"动作路径"指本来就有的动画，沿着指定路线发生位置移动。

　　下面将通过几个具体的动画制作练习示例，介绍综合利用以上几种动画类型制作各类PPT对象动画的技巧。

　　【练习3-18】在数学课件中设置一个拉幕效果的对象动画。 ▶视频

　　01 打开素材文件后，利用文本框在幻灯片中输入图3-112所示的文本内容。

　　02 选择【插入】选项卡，在【插图】组中单击【形状】按钮，在弹出的列表中选择【矩形】选项，在幻灯片中绘制一个矩形图形，遮挡住一部分内容，如图3-113所示。

图3-112　在幻灯片中输入文本

图3-113　绘制矩形图形

　　03 选择【格式】选项卡，在【形状样式】组中设置图形的【形状填充】颜色为【白色】，设置【形状轮廓】颜色为【黑色】。

　　04 选择【动画】选项卡，在【高级动画】组中单击【添加动画】按钮，在弹出的列表中选择【更多退出动画】选项，打开【添加退出效果】对话框，选中【切出】选项，然后单击【确定】按钮，如图3-114所示。

　　05 选中幻灯片中的矩形图形，按下Ctrl+D快捷键复制图形，然后拖动鼠标将复制后的图形移到图3-115所示的位置。

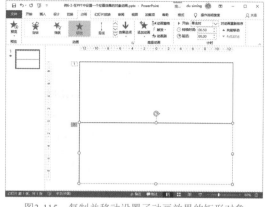

图3-114 【添加退出动画】对话框

图3-115 复制并移动设置了动画效果的矩形对象

06 在【动画】选项卡的【高级动画】组中单击【动画窗格】按钮,打开【动画窗格】窗格,按住Ctrl键选中该窗口中的两个动画,右击,在弹出的快捷菜单中选择【计时】选项。

07 打开【切出】对话框的【计时】选项卡,单击【开始】下拉按钮,在弹出的下拉列表中选择【单击时】选项;单击【期间】下拉按钮,在弹出的下拉列表中选择【非常慢(5秒)】选项;然后单击【确定】按钮,如图3-116所示。

08 完成以上设置后,幻灯片中动画的效果如图3-117所示。

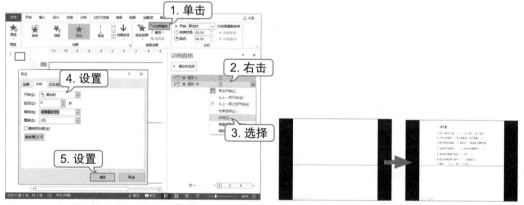

图3-116 设置动画播放速度

图3-117 拉幕动画效果

【练习3-19】在语文课件中制作一个模拟汉字书写的动画。 🎬视频

01 选择【插入】选项卡,在【文本】组中单击【文本框】下拉按钮,在弹出的下拉列表中选择【绘制横排文本框】选项,在幻灯片中插入一个文本框并在其中输入文字"汉"。

02 在【插图】组中单击【形状】下拉按钮,在弹出的下拉列表中选择【矩形】选项,在幻灯片中绘制一个矩形图形。

03 选中矩形图形,在【格式】选项卡的【形状样式】组中单击【形状轮廓】下拉按钮,在弹出的下拉列表中选择【无轮廓】选项。

04 将幻灯片中的矩形图形拖动至文本"汉"的上方,然后按下Ctrl+A快捷键,同时选中幻灯片中的文本框和矩形图形。

05 选择【格式】选项卡,在【插入形状】组中单击【合并形状】下拉按钮,在弹出的下拉列表中选择【拆分】选项,如图3-118左图所示,得到如图3-118右图所示的效果。

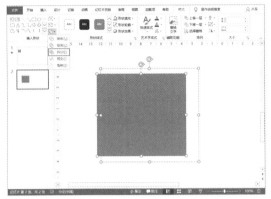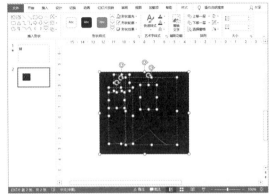

图3-118 拆分图形

06 矩形图形和汉字将被拆分合并,删除其中多余的图形,如图3-119左图所示。

07 此时,幻灯片中的文字将被拆分为以下4个部分,如图3-119右图所示。

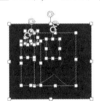

图3-119 删除图形中多余的部分后,文字将被拆分成4个部分

08 选中汉字右侧的"又"图形,按下Ctrl+D快捷键,将其复制两份,如图3-120所示。

09 选中并右击左侧的"又"图形,在弹出的快捷菜单中选择【编辑顶点】命令,通过拖动控制点对图形进行编辑(右击不需要的控制点,在弹出的快捷菜单中选择【删除顶点】命令),使其效果如图3-121所示。

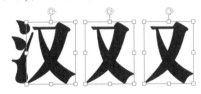

图3-120 复制"又"图形两份　　　　　　　　图3-121 编辑图形顶点

10 使用同样的方法,编辑中间和右侧的两个"又"图形,使其效果如图3-122所示。

11 将拆分后的笔画组合在一起,效果如图3-123所示。

图3-122 通过编辑顶点制作撇和捺图形　　　　　　图3-123 组合图形

12 选中"汉"字的第一笔"、",选择【动画】选项卡,在【动画】组中选择【擦除】选项,然后单击【效果选项】下拉按钮,在弹出的下拉列表中根据该笔画的书写顺序选择【自左侧】选项,如图3-124所示。

13 选中"汉"字的第二笔"、",选择【动画】选项卡,在【动画】组中选择【擦除】选项,然后单击【效果选项】下拉按钮,在弹出的下拉列表中根据该笔画的书写顺序选择【自左侧】选项。

14 重复以上操作,为"汉"字的其他笔顺设置"擦除"动画,并根据笔画的书写顺序设置【效果选项】参数。

15 在【动画】选项卡的【高级动画】组中单击【动画窗格】按钮,在打开的窗格中按住Ctrl键选中所有动画,然后在【计时】组中设置动画的"持续时间"和"延迟",如图3-125所示。

图3-124 设置"擦除"动画的显示方向　　　　　　图3-125 设置动画的持续时间和延迟

16 最后,按下F5键放映PPT,即可在幻灯片中浏览汉字书写动画效果。

【练习3-20】为课件的结尾页设计一个文本浮入画面的动画效果。●▶视频

01 选择【插入】选项卡,在【文本】组中单击【文本框】下拉按钮,在弹出的下拉列表中选择【横排文本框】选项,在幻灯片中插入一个文本框,并在其中输入一个汉字。

02 选中幻灯片中的文本框,选择【动画】选项卡,在【高级动画】组中单击【添加动画】下拉按钮,在弹出的下拉列表中选择【浮入】进入动画,如图3-126所示。

03 按下Ctrl+D快捷键,将其复制多份,然后修改复制的文本框中的内容,如图3-127所示。

04 选中幻灯片中的第2个"谢"字和"看"字文本框,在【动画】选项卡的【动画】组中单击【效果选项】下拉按钮,在弹出的下拉列表中选择【下浮】选项,如图3-128所示。

图3-126 为文本框设置"浮入"动画

图3-127 设置文本框内容

05 在【高级动画】组中单击【动画窗格】按钮，在打开的窗格中按住Ctrl键选中所有动画。在【动画】选项卡的【计时】组中单击【开始】下拉按钮，在弹出的下拉列表中选择【与上一动画同时】选项，在【持续时间】文本框中输入00.75，如图3-129所示。

图3-128 设置"下浮"动画的效果

图3-129 设置动画的持续时间和开始方式

06 在【动画窗格】窗格中选中第2个"谢"字上的动画，在【计时】组中将【延迟】设置为01.00。

07 在【动画窗格】窗格中选中"观"字上的动画，在【计时】组中将【延迟】设置为02.00；选中"看"字上的动画，将动画的【延迟】设置为03.00。

08 按下F5键放映课件，即可在幻灯片中预览浮入动画的效果(参见本练习的配套视频)。

3.3.3 控制动画时间

对很多人来说，在PPT教学课件中添加动画是一件非常麻烦的工作：要么动画效果冗长拖沓，喧宾夺主；要么演示时手忙脚乱，难以和演讲精确配合。之所以会这样，很大程度是他们不了解如何控制PPT动画的时间。

文本框、图形、照片的动画时间多长？重复几次？各个动画如何触发？是单击鼠标后直接触发，还是在其他动画完成之后自动触发？触发后是立即执行，还是延迟几秒钟后再执行？这些虽然是基本设置，但却是课件动画制作的核心。

1. 对象动画的时间控制

下面将从触发方式、动画时长、动画延迟和动画重复这4个方面介绍如何设置对象动画的控制时间。

(1) 动画的触发方式。PPT课件对象的动画有三种触发方式,一是通过单击鼠标的方式触发,一般情况下添加的动画默认就是通过单击鼠标来触发的;二是与上一动画同时触发,指的是上一个动画触发的时候,也会同时触发这个动画;三是上一动画之后触发,是指上一个动画结束之后,这个动画就会自动被触发。

选择【动画】选项卡,单击【高级动画】组中的【动画窗格】选项显示【动画窗格】窗格,然后单击该窗格中动画后方的倒三角按钮,从弹出的菜单中选择【计时】选项,可以打开动画设置对话框,如图3-130所示。

图3-130　打开动画设置对话框

不同动画,打开的动画设置对话框的名称各不相同,以上图所示的【下浮】对话框为例,在该对话框的【计时】选项卡中单击【开始】下拉按钮,在弹出的下拉列表中可以修改动画的触发方式,如图3-131所示。其中,通过单击鼠标的方式触发又可分为两种,一种是在任意位置单击鼠标即可触发,一种是必须单击某一个对象才可以触发。前者是PPT动画默认的触发类型,后者就是我们常说的触发器了。单击图3-131所示对话框中的【触发器】按钮,在显示的选项区域中,用户可以对触发器进行详细的设置,如图3-132所示。

图3-131　设置动画触发方式　　　　图3-132　设置动画触发器

下面以A和B两个对象动画为例，介绍几种动画触发方式的区别。

○ 设置为【单击时】触发：当A、B两个动画都是通过单击鼠标的方式触发时，相当于分别为这两个动画添加了一个开关。单击一次鼠标，第一个开关打开；再单击一次鼠标，第二个开关打开。

○ 设置为【与上一动画同时】触发：当A、B两个动画中B动画的触发方式设置为"与上一动画同时"时，则意味着A和B动画共用了同一个开关，当鼠标单击打开开关后，两个对象的动画就同时执行。

○ 设置为【上一动画之后】触发：当A、B两个动画中B动画的触发方式设置为"上一动画之后"时，A和B动画同样共用了一个开关，所不同的是，B动画只有在A动画执行完毕之后才会执行。

○ 设置触发器：当用户把一个对象设置为对象A动画的触发器时，意味着该对象变成了动画A的开关，单击对象，意味着开关打开，A动画开始执行。

(2) 动画时长。动画时长就是动画的执行时间，PowerPoint在动画设置对话框中(以图3-133所示的【下浮】对话框为例)预设了6种时长，分别为非常快、快速、中速、慢速、非常慢、20秒，分别对应0.5~20秒不等。实际上，动画的时长可以设置为0.01秒和59.00秒之间的任意数字。

(3) 动画延迟。延迟时间是指动画从被触发到开始执行所需的时间。为动画添加延迟时间，就像是把普通炸弹变成了定时炸弹。与动画时长一样，延迟时间也可以设置为0.01秒和59.00秒之间的任意数字。

以图3-134中所设置的动画选项为例。图中的【延迟】参数设置为2.5，表示动画被触发后，将再过2.5秒才执行(若将【延迟】参数设置为0，则表示动画被触发后将立即开始执行)。

图3-133 设置动画时长

图3-134 设置动画延迟

(4) 动画重复。动画的重复次数是指动画被触发后连续执行几次。值得注意的是，重复次数未必非要是整数，小数也可以。当重复次数为小数时，动画执行到一半就会戛然而止。换言之，当为一个退出动画的重复次数设置为小数时，这个退出动画实际上就相当于一个强调动画。在图3-134所示的动画设置对话框中，单击【重复】下拉按钮，即可在弹出的下拉列表中为动画设置重复次数。

2. 课件页面切换时间的控制

与对象动画相比，页面切换的时间控制就简单得多。页面切换的时间控制是通过【计时】组中的两个参数完成的(如图3-135所示)，一个是持续时间，也就是翻页动画执行的时间；另一个是换片方式。当幻灯片切换被设置为自动换片时，所有对象的动画将会自动播放。如果这一页幻灯片里所有对象动画执行的总时间小于换片时间，那么换片时间一到，PPT就会自动翻页；如果所有对象动画执行的总时间大于换片时间，那么幻灯片就会等到所有对象自动执行完毕后再翻页。

图3-135 在【切换】选项卡的【计时】组中控制切换动画

3.3.4 动画设置技巧

在PPT课件中制作各种动画效果时，如果用户能够掌握并熟练应用一些动画设置技巧，不仅会事半功倍，还可以使课件的演示效果更加精彩。

1. 一次性设置课件切换动画

在为PPT课件设置切换动画时，用户可以参考以下方法，快速为PPT中的所有幻灯片同时设置相同的动画效果。

01 选择课件中的任意一个幻灯片后，在【切换】选项卡的【切换到此幻灯片】组中为该幻灯片设置切换动画。

02 在【计时】组中单击【全部应用】按钮，即可将设置的切换动画一次性地应用到PPT中的所有幻灯片。

2. 自定义切换动画持续时间

为PPT中的幻灯片添加切换动画后，用户可以调整切换动画的播放速度。具体方法是：选择【切换】选项卡，在【计时】组中的【持续时间】文本框中输入动画的持续时间。

一般情况下，为了保持PPT整体播放效果的统一，我们会为所有的切换动画设置相同的切换速度。

3. 设置动画自动切换时间

切换PPT幻灯片通常有两种方法，一种是单击鼠标，另一种是通过设置自动切换时间来实现幻灯片的自动切换。后者适用于阅读型的PPT，其具体设置方法如下。

(1) 为幻灯片设置切换动画后，选择【切换】选项卡，在【计时】组中选中【设置自动换片时间】复选框，并在其后的文本框中输入自动换片时间。

(2) 按F5键预览PPT，幻灯片将按设置的时间自动切换。

4.让动画对象按路径运动

路径动画是PPT课件中非常有趣的动画效果，用户可以通过设置路径让幻灯片中的某个对象进行上、下、左、右移动，或者沿着路径移动。这种一般只能在Flash软件中实现的特殊效果，利用PowerPoint也可以在PPT中实现，具体设置方法如下。

01 选中幻灯片中的对象后，单击【动画】选项卡中的【更多】按钮，在弹出的列表中选择【其他动作路径】选项。

02 打开【更改动作路径】对话框，选择一种路径，例如【向右】选项，然后单击【确定】按钮，如图3-136所示。

03 此时，PowerPoint将默认在幻灯片中添加一条运动路径，该路径不一定能够满足PPT制作的需求，因此用户需要对其进行调整，如图3-137所示。

04 将鼠标指针放置在运动路径红色的"结束"图标上，按住鼠标左键将其拖动(此时"结束"图标变为)至需要的位置。按下F5键放映PPT时，对象将沿着设置的路径进行运动。

图3-136 为对象添加"向右"路径动画

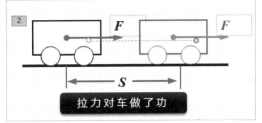

图3-137 添加并调整运动路径

5.重新调整动画的播放顺序

在放映PPT课件时，默认放映顺序是按照用户制作幻灯片内容时设置动画的先后顺序进行的。在对PPT完成所有动画的添加后，如果在预览时发现效果不佳，可以参考以下方法调整动画的播放顺序。

01 选择【动画】选项卡，在【高级动画】组中单击【动画窗格】按钮，显示【动画窗格】窗格。

02 在【动画窗格】窗格中选中需要调整的动画，单击【向上移动】按钮或【向下移动】按钮，即可调整该动画在幻灯片中的播放顺序，如图3-138所示。

图3-138 调整动画的播放顺序

6. 设置某个对象始终运动

在PPT课件中播放动画时，通常情况下动画播放一次就会停止，为了突出显示幻灯片中的某个对象，用户可以设置让其始终保持播放动画状态，具体方法如下。

01 选中PPT中设置动画的对象后，单击【动画】选项卡中的【动画窗格】按钮，显示【动画窗格】窗格。

02 在【动画窗格】窗格中单击动画后的倒三角按钮，从弹出的列表中选择【效果选项】选项，如图3-139所示。

03 在打开的对话框中选择【计时】选项卡，单击【重复】下拉按钮，从弹出的下拉列表中选择【直到幻灯片末尾】选项，然后单击【确定】按钮，如图3-140所示。

图3-139　设置动画效果选项

图3-140　设置动画的【重复】选项

04 此后，在播放课件时，幻灯片中的动画将反复播放。

7. 设置多个动画同时播放

在为课件设计动画时，将多个动画设置为同时播放可以获得更强的视觉冲击效果。通过PowerPoint设置多个动画同时播放的操作方法如下。

01 选择【动画】选项卡，在【高级动画】组中单击【动画窗格】按钮显示【动画窗格】窗格。

02 在【动画窗格】窗格中按住Ctrl键选中需要同时播放的动画，然后单击动画右侧的倒三角按钮，从弹出的列表中选择【从上一项开始】选项，如图3-141所示。

03 此后，被选中的动画将会在幻灯片中同时播放。

8. 设置对象在运动后隐藏

在播放PPT对象动画时，动画播放后会显示对象的原始状态。如果用户希望对象在动画播放完毕后自动隐藏，可以参考以下方法进行设置。

01 选中需要在播放动画后隐藏的对象，单击【高级动画】组中的【动画窗格】按钮，显示【动画窗格】窗格。

02 在【动画窗格】窗格中单击动画后的倒三角按钮，从弹出的列表中选择【效果选项】选项。在打开的对话框中选择【效果】选项卡，单击【动画播放后】下拉按钮，从弹出的下拉列表中选择【播放动画后隐藏】选项，如图3-142所示，然后单击【确定】按钮。

图3-141 设置多个动画同时播放

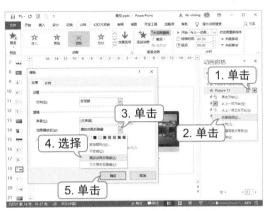

图3-142 设置对象在播放动画后隐藏

03 此时，预览动画播放效果，即可看到对象已在动画播放结束后自动隐藏。

3.4 控制课件交互

PowerPoint 是一款功能强大的PPT课件制作软件，在该软件中用户除了可以对课件的结构和页面进行设计与排版外，还可以通过设置"超链接"和"动作"，使课件内容按照授课的顺序来演示，从而更好地展示课件，达到比较理想的教学效果。

3.4.1 使用超链接设置交互

在PowerPoint中，可以为幻灯片中的文本、图像等对象添加超链接或者动作。当放映幻灯片时，可以在添加了超链接的文本或动作的按钮上单击，程序将自动跳转到指定的页面，或者执行指定的程序。演示文稿不再是从头到尾地线性播放，而是具有一定的交互性，能够按照预先设定的方式，在适当的时候放映需要的内容，或做出相应的响应。

1. 为页面元素添加超链接

下面通过几个简单的练习示例，介绍在PPT幻灯片页面中添加超链接的方法。

【练习3-21】在语文课件的目录页中添加内部链接(内部用于在放映课件时，切换PPT的各个幻灯片页面)。 ●视频

01 打开素材文件后，选中其中目录页中的文本，右击，在弹出的快捷菜单中选择【超链接】命令，如图3-143左图所示。

02 打开【插入超链接】对话框，选择【本文档中的位置】选项，在【请选择文档中的位置】列表框中选择【3. 幻灯片 3】选项，单击【屏幕提示】按钮。打开【设置超链接屏幕提示】对话框，在【屏幕提示文字】文本框中输入文本，单击【确定】按钮，如图3-143右图所示。

图3-143 为幻灯片中的文本设置内部链接

03 返回【插入超链接】对话框，单击【确定】按钮，此时页面中设置了超链接的文字将变为蓝色，且下方会出现横线。

04 按下F5键放映课件，将鼠标指针移到设置超链接的文本上时，鼠标指针会变为手形，并弹出提示框，显示屏幕提示信息。单击文本超链接，PPT将自动跳转到第3张幻灯片。

【练习3-22】 在物理课件中添加文件或网页链接(文件或网页链接用于放映PPT时，打开一个现有的文件或网页)。 ●视频

01 打开PPT课件后，选中文本所在的文本框，选择【插入】选项卡，单击【链接】组中的【链接】按钮，如图3-144左图所示。

02 打开【插入超链接】对话框，在【链接到】列表框中选择【现有文件或网页】选项，在【地址】栏中输入文件或网页在当前计算机中的路径，在【当前文件夹】列表中选中一个文件或网页，然后单击【确定】按钮，如图3-144右图所示。

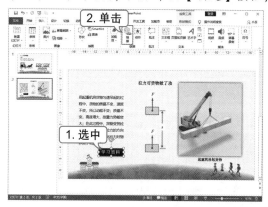

图3-144 为文本框设置链接文件的超链接

03 返回页面后，单击页面空白处取消文本框的选中状态，页面中将没有任何变化，但文本框对象上已经被设置了超链接。

04 按下F5键预览网页，单击文本框超链接，将打开指定的文件(各类文档、图片、网页等)。

【练习3-23】 在课件中添加电子邮件链接(电子邮件链接常用于"阅读型"课件，学生可以通过单击设置了链接的形状、图片、文本或文本框等元素，向指定的邮箱发送电子邮

件)。视频

01 选中PPT中的图片后，右击，在弹出的快捷菜单中选择【超链接】命令。打开【插入超链接】对话框，在【链接到】列表框中选择【电子邮件地址】选项，在【电子邮件地址】文本框中输入收件人的邮箱地址，在【主题】文本框中输入邮件主题，然后单击【确定】按钮，如图3-145所示。

02 按下F5键播放PPT，单击页面中设置了超链接的图片，如图3-146所示。将打开邮件编写软件，自动填入邮件的收件人地址和主题，用户撰写邮件内容后，单击【发送】按钮即可向PPT中设置的收件人邮箱发送电子邮件。

图3-145　设置电子邮件链接

图3-146　邮件链接

2. 编辑超链接

用户在幻灯片中添加超链接后，如果对超链接的效果不满意，可以对其进行编辑与修改，让链接更加完整和美观。

在PowerPoint中，用户可以通过【编辑超链接】对话框对PPT中的超链接进行更改，该对话框和【插入超链接】对话框的选项和功能是完全相同的。

打开【编辑超链接】对话框的方法如下。

01 选中PPT中设置了超链接的对象后，右击，在弹出的快捷菜单中选择【编辑链接】命令，如图3-147左图所示。

02 打开【编辑超链接】对话框，用户可以根据PPT的设计需求，更改超链接的类型或链接地址。完成设置后，单击【确定】按钮即可，如图3-147右图所示。

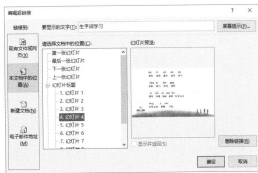

图3-147　通过右键菜单编辑超链接

3. 删除超链接

如果要删除课件中的超链接，用户可以使用以下两种方法。

○ 选择幻灯片中添加了超链接的对象，打开【插入】选项卡，在【链接】组中单击【超链接】按钮，然后在打开的【编辑超链接】对话框中单击【删除链接】按钮。

○ 右击幻灯片中的超链接，在弹出的快捷菜单中选择【取消超链接】命令。

4. 设置超链接颜色

在制作课件的过程中，可以在PowerPoint的母版视图中为超链接设置颜色，使其外观效果更加美观，具体设置方法如下。

01 选择【视图】选项卡，单击【母版视图】组中的【幻灯片母版】按钮。进入幻灯片母版视图，选择【幻灯片母版】选项卡，在【背景】组中单击【颜色】下拉按钮，在弹出的下拉列表中选择【自定义颜色】选项，如图3-148左图所示。

02 打开【新建主题颜色】对话框，单击【超链接】和【已访问的超链接】按钮，设置超链接和已访问的超链接的颜色，在【名称】文本框中输入"更改超链接颜色"，然后单击【保存】按钮，如图3-148右图所示。

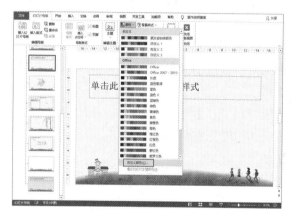
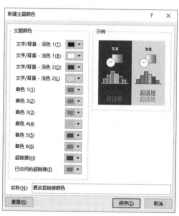

图3-148　在母版视图中自定义超链接文本的颜色

03 在【背景】组中再次单击【颜色】按钮，在弹出的下拉列表中选择【更改超链接颜色】选项。

04 单击【幻灯片母版】选项卡中的【关闭母版视图】按钮，关闭母版视图，PPT中所有设置了超链接的文本颜色都将发生变化。

3.4.2　使用动作按钮设置交互

在课件中添加动作按钮，用户可以很方便地对幻灯片的播放进行控制。在一些有特殊要求的演示场景中，使用动作按钮能够使演示过程更加便捷。

1. 创建动作按钮

在PowerPoint中，创建动作按钮与创建形状的命令是同一个。

【练习3-24】在语文课件的目录页中通过添加动作按钮来控制幻灯片的播放。 视频

01 打开素材文件后选中合适的幻灯片页面，选择【插入】选项卡，在【插图】组中单击【形状】下拉按钮，从弹出的下拉列表中选择【动作按钮】栏中的一种动作按钮(如"前进或下一项")，如图3-149左图所示。

02 按住鼠标指针，在PPT页面中绘制一个大小合适的动作按钮。打开【操作设置】对话框，单击【超链接到】下拉按钮，从弹出的下拉列表中选择一个动作(本例选择"下一张幻灯片"动作)，然后单击【确定】按钮，如图3-149右图所示。

图3-149　在PPT页面中创建动作按钮

03 此时，将在页面中添加一个执行"前进或下一项"动作的按钮。

04 保持动作按钮的选中状态，选择【形状格式】选项卡，在【大小】组中记录该动作按钮的高度和宽度值，如图3-150所示。

05 重复以上步骤的操作，再在页面中添加一个执行"后退或前一项"动作的按钮，并通过【形状格式】选项卡的【大小】组设置该动作按钮的高度和宽度，使其与图3-150中设置的值保持一致。该动作按钮的效果如图3-151所示。

图3-150　设置动作按钮的大小　　　　　图3-151　添加"后退或前一项"按钮

06 按下F5键预览网页，单击页面中的【前进】按钮▶将跳过页面动画直接放映下一张幻灯片，单击【后退】按钮◀则会返回上一张幻灯片。

07 按住Ctrl键，同时选中【前进】和【后退】按钮，选择【格式】选项卡，单击【形状样式】组右侧的【其他】按钮，从弹出的列表中可以选择一种样式，将其应用于动作按钮上，如图3-152所示。

08 按下Ctrl+C快捷键复制创建的动作按钮，选择【视图】选项卡，在【母版视图】组中单击【幻灯片母版】按钮，进入幻灯片母版视图，按下Ctrl+V快捷键将剪切的动作按钮"粘贴"至PPT母版的某个版式(如"空白"版式)中，如图3-153所示。

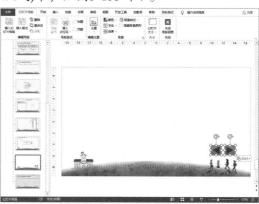

图3-152　设置动作按钮的样式　　　　图3-153　将动作按钮复制到空白版式中

09 单击【幻灯片母版】选项卡右侧的【关闭母版视图】按钮，退出幻灯片母版视图，然后按住Ctrl键选中PPT中的多张幻灯片，右击，从弹出的快捷菜单中选择【版式】|【空白】选项，可以为所有选中的幻灯片添加动作按钮。

2. 应用动作按钮

除了【练习3-24】中介绍的【前进】和【后退】功能外，动作按钮还可以在幻灯片中实现如"跳转到PPT第一页" 🔳、"跳转到PPT最后一页" 🔳、"打开最近一次观看的页面" 🔳等功能，下面将分别进行介绍。

(1) 跳转到PPT第一页。选择【插入】选项卡，在【插图】组中单击【形状】下拉按钮，从弹出的下拉列表中选择【动作按钮：开始】选项 🔳，然后按住鼠标左键在PPT页面中拖动绘制按钮，释放鼠标左键后，在打开的【操作设置】对话框中单击【确定】按钮，即可绘制一个用于跳转至PPT第一页的动作按钮，如图3-154所示

(2) 跳转到PPT最后一页。选择【插入】选项卡，在【插图】组中单击【形状】下拉按钮，从弹出的下拉列表中选择【动作按钮：结束】选项 🔳，然后按住鼠标左键在PPT页面中拖动绘制按钮，释放鼠标左键后，在打开的【操作设置】对话框中单击【确定】按钮，即可绘制一个用于跳转至PPT最后一页的动作按钮，如图3-155所示。

图3-154　添加跳转到PPT第一页的按钮　　　图3-155　添加跳转到PPT最后一页的按钮

(3) 打开最近一次观看的页面。选择【插入】选项卡，在【插图】组中单击【形状】下拉按钮，从弹出的下拉列表中选择【动作按钮：上一张】选项，然后按住鼠标左键在课件页面中拖动绘制按钮，释放鼠标左键后，在打开的【操作设置】对话框中单击【确定】按钮，即可绘制一个用于跳转至最近一次观看的页面的动作按钮，如图3-156所示。

(4) 获取信息。选择【插入】选项卡，在【插图】组中单击【形状】下拉按钮，从弹出的下拉列表中选择【动作按钮：获取信息】选项，然后按住鼠标左键在PPT页面中拖动，可以绘制"获取信息"动作按钮。释放鼠标左键后，打开【操作设置】对话框，选中【超链接到】单选按钮，并单击该单选按钮下的下拉按钮，从弹出的下拉列表中选择【其他文件】选项，如图3-157所示。打开【超链接到其他文件】对话框，在其中选中一个PPT说明文档(如.doc格式的文件)，然后单击【确定】按钮，如图3-158左图所示。

图3-156　添加跳转至最近一次观看的页面的动作按钮

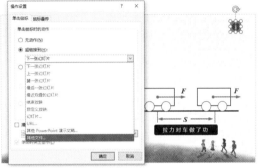

图3-157　设置链接其他文件

返回【操作设置】对话框，单击【确定】按钮，按下F5键放映PPT，单击页面中的"信息"按钮，如图3-158右图所示，将打开指定的文档。

图3-158　设置动作按钮链接到一个文件

使用同样的方法，我们可以在PPT课件中插入播放视频、音频或文档(Excel/Word)的按钮。

(5) 打开自定义放映。选择【幻灯片放映】选项卡，单击【设置】组中的【自定义幻灯片放映】下拉按钮，从弹出的下拉列表中选择【自定义放映】选项，可以打开如图3-159左图所示的【自定义放映】对话框。单击该对话框中的【新建】按钮，用户可以通过弹出的【定义自定义放映】对话框在当前PPT中设置一个自定义幻灯片播放片段，如图3-159右图所示，只播放PPT中指定的几个页面(选中页面前的复选框，然后单击【添加】和【确定】按钮即可)。

图3-159   在PPT中创建一个自定义放映

此时，当用户在页面中创建动作按钮时，就可以设置动作按钮执行自定义放映。例如，选择【插入】选项卡，在【插图】组中单击【形状】下拉按钮，从弹出的下拉列表中选择【动作按钮：自定义】选项□，然后按住鼠标左键在PPT页面中拖动，可以绘制如图3-160左图所示的"自定义"动作按钮，释放鼠标左键后，打开【操作设置】对话框，选中【超链接到】单选按钮，并单击该单选按钮下的下拉按钮，从弹出的下拉列表中选择【自定义放映】选项，打开【自定义放映】对话框。在该对话框中选中需要放映的自定义放映名称"自定义放映1"，选中【放映后返回】复选框，单击【确定】按钮，如图3-160右图所示。

图3-160   设置动作按钮链接自定义放映

之后，返回【操作设置】对话框，单击【确定】按钮即可在PPT页面中定义一个可以放映指定幻灯片页面的按钮。右击该按钮，在弹出的快捷菜单中选择【编辑文字】命令，在按钮上输入文本，如图3-161所示。

按下F5键放映PPT，单击页面中的动作按钮(如图3-162所示)就会自动播放指定的PPT页面，并且在播放结束后返回动作按钮所在的页面。

图3-161   定义动作按钮上的文本   图3-162   动作按钮链接特定的PPT片段

(6) 跳转到指定幻灯片。动作按钮除了可以用于播放自定义放映外，还可以用于在PPT中跳转到指定的幻灯片页面。下面仍以图3-162所示的自定义动作按钮为例，在创建该按钮时，如果在【操作设置】对话框中的【超链接到】下拉列表中选择【幻灯片...】选项，将打开图3-163所示的【超链接到幻灯片】对话框。

在【超链接到幻灯片】对话框中选中PPT中的某一张幻灯片，单击【确定】按钮，即可设置动作按钮被单击后立即放映指定的幻灯片，并从该幻灯片开始继续放映。

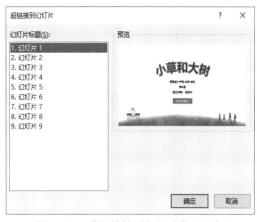

图3-163 【超链接到幻灯片】对话框

(7) 放映其他PPT。利用动作按钮，用户可以实现两个PPT课件之间相互切换放映的效果。下面将通过一个练习示例具体介绍。

【练习3-25】利用动作按钮实现两个PPT课件相互切换放映的效果。 视频

01 打开素材文件后，按下F12键，打开【另存为】对话框，将【文件类型】设置为【PowerPoint放映】，单击【保存】按钮将该PPT保存为放映文件。

02 打开另一个PPT，选择【插入】选项卡，在【插图】组中单击【形状】下拉按钮，从弹出的下拉列表中选择【动作按钮：自定义】选项□，然后按住鼠标左键在PPT页面中拖动，绘制一个"自定义"动作按钮。

03 打开【操作设置】对话框，选中【超链接到】单选按钮，并单击该单选按钮下的下拉按钮，从弹出的下拉列表中选择【其他PowerPoint演示文稿】选项，如图3-164所示。

04 打开【链接到其他PowerPoint演示文稿】对话框，选中步骤**01**中保存的放映文件，单击【确定】按钮。

05 打开【超链接到幻灯片】对话框，选择链接到PPT放映文件的具体幻灯片页面，然后单击【确定】按钮，如图3-165所示。

图3-164 设置自定义动作按钮链接到其他PPT

图3-165 【超链接到幻灯片】对话框

06 返回【操作设置】对话框，单击【确定】按钮。

07 右击PPT中创建的自定义动作按钮，在弹出的快捷菜单中选择【编辑文字】命

令，在按钮上输入文本。

08 按下F5键放映PPT，单击页面中的自定义动作按钮，将切换到另外一个PPT放映中开始放映，该PPT放映结束后，按下Esc键将返回自定义动作按钮所在的页面。

3. 修改动作按钮

在PPT中应用动作按钮后，如果用户需要对动作按钮所执行的动作进行修改，可以右击该按钮，在弹出的快捷菜单中选择【编辑链接】命令。此时，将重新打开【操作设置】对话框，在该对话框中用户可以对动作按钮的功能重新设定。

3.4.3 在放映课件时设置交互

使用PowerPoint时，除了在课件中设计制作超链接、动作按钮等对象实现交互效果外，还可以在放映课件的过程中，利用快捷键和右键菜单进行动态交互，这非常自由方便。

1. 放映课件时按 Ctrl+P 快捷键激活激光笔

在按下F5键放映PPT课件的过程中，按下Ctrl+P快捷键，将激活PowerPoint的"激光笔"功能。应用该功能用户可以在幻灯片放映页面中对内容进行涂抹或圈示，如图3-166所示。

2. 按 E 键取消激光笔涂抹的内容

当用户在PPT中使用激光笔涂抹了线条后，按下E键可以将线条快速删除。

3. 停止 PPT 课件放映并显示幻灯片列表

在放映PPT时，按下【-】键将立即停止放映，并在PowerPoint中显示如图3-167所示的幻灯片列表。单击幻灯片列表中的某张幻灯片，PowerPoint将快速切换到该幻灯片页面中。

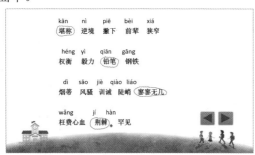

图3-166 用激光笔标注放映内容

图3-167 幻灯片列表

4. 按 W 键进入空白页状态

在使用课件的过程中，如果临时需要和学生就某一个论点或内容进行讨论，可以按下W键进入PPT空白页状态。

如果用户先按下Ctrl+P快捷键激活激光笔，再按下W键进入空白页状态，在空白页中，用户可以在投影屏幕中通过涂抹画面对演讲内容进行说明。如果要退出空白页状态，按下键盘上的任意键即可。在空白页上涂抹的内容将不会留在PPT课件中。

5. 按 B 键进入黑屏页状态

在放映PPT课件时，有时需要学生自行讨论演讲的内容。此时，为了避免PPT中显示的内容对学生产生影响，可以按下B键，使PPT进入黑屏模式。当学生讨论结束后，再次按下B键即可恢复播放。

6. 指定播放 PPT 的特定页面

在PPT课件正在放映的过程中，如果需要马上指定从PPT的某一张幻灯片(如第5张)开始放映，可以按下该张幻灯片的数字键+Enter键(如5+Enter键)。

7. 隐藏与显示鼠标指针

在放映PPT课件时，如果在特定环境下需要隐藏鼠标的指针，可以按下Ctrl+H快捷键，如果要重新显示鼠标指针，按下Ctrl+A快捷键即可。

8. 快速返回 PPT 课件的第一张幻灯片

在PPT课件放映的过程中，如果需要使放映页面快速返回第一张幻灯片，只需要同时按住鼠标的左键和右键两秒钟左右即可。

9. 暂停或重新开始 PPT 自动放映

在放映PPT课件时，如果要暂停放映或重新恢复幻灯片的自动放映，按下S键或【+】键即可。

10. 从当前选中的幻灯片开始放映

在PowerPoint中，用户可以通过按下Shift+F5快捷键，从当前选中的幻灯片开始放映PPT。

11. 查看【上一张】或【下一张】幻灯片

在放映PPT课件的过程中，右击幻灯片，在弹出的快捷菜单中选择【上一张】或【下一张】命令(如图3-168所示)，可以跳过动画直接放映当前幻灯片的上一张或下一张幻灯片。

12. 放大页面中的某个区域

如果用户需要在放映PPT时，将页面中的某个区域放大显示在投影设备上，可以右击幻灯片页面，在弹出的快捷菜单中选择【放大】命令，然后将鼠标移至需要放大的页面位置，单击即可，如图3-169所示。

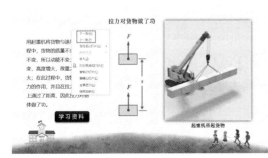

图3-168　查看上一张/下一张幻灯片

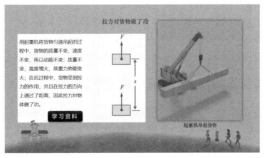

图3-169　放大幻灯片的局部

13. 快速停止 PPT 放映

在PPT放映时按下Esc键将立即停止放映，并在PowerPoint中选中当前正在放映的幻灯片。

3.5 打包与输出PPT课件

有时，为了让课件可以在不同的教学环境下正常放映，可以将制作好的PPT演示文稿输出为不同的格式，以便播放。

3.5.1 将课件保存为视频

在使用PPT课件的过程中，为了让没有安装PowerPoint软件的计算机也能够正常放映PPT课件，或是需要将制作好的PPT课件放到其他设备平台(如手机、平板计算机等)进行播放，就需要将PPT转换成其他格式。而我们最常用的格式是视频格式，PPT在输出为视频格式后，其效果不会发生变化。依然会播放动画效果、嵌入的视频、音乐或语音旁白等内容。

【练习3-26】通过【另存为】对话框，将制作好的PPT课件保存为视频。 视频

图3-170 【另存为】对话框

01 打开素材文件后按下F12键，打开【另存为】对话框，将【文件类型】设置为"MPEG-4视频"，然后单击【保存】按钮，如图3-170所示。

02 此时，PowerPoint将把PPT输出为视频格式，并在软件工作界面底部显示输出进度。稍等片刻后，双击输出的视频文件，即可启动视频播放软件查看PPT内容。

3.5.2 将课件保存为图片

除了可以将PPT课件转换为视频格式外，在PowerPoint中用户还可以将PPT中的每一张幻灯片作为GIF、JPEG或PNG格式的图片文件保存。

【练习3-27】通过【另存为】对话框，将PPT课件保存为图片。 视频

01 打开PPT后按下F12键打开【另存为】对话框，将【文件类型】设置为"JPEG文件交换格式"，然后单击【保存】按钮。

02 在打开的提示对话框中单击【所有幻灯片】按钮。

03 此时，PowerPoint将新建一个与PPT同名的文件夹，用于保存输出的图片文件。

3.5.3 将课件文件打包

在制作PPT课件时，如果为课件中的内容设置了外部链接(例如，为文本设置了打开图

片文件的链接，或者为图片设置了打开一个Word文档的链接)，当需要将课件在其他计算机中演示时，就需要将课件及其素材文件打包，具体方法如下。

01 选择【文件】选项卡，在弹出的菜单中选择【导出】选项，在显示的【导出】选项区域中选择【将演示文稿打包成CD】选项，并单击【打包成CD】按钮。

02 打开【打包成CD】对话框，单击【添加】按钮，如图3-171左图所示。

03 打开【添加文件】对话框，选中需要一次性打包的PPT文件路径，按住Ctrl键选中需要打包的PPT及其附属文件，然后单击【添加】按钮。

04 返回【打包成CD】对话框，单击【复制到文件夹】按钮，打开【复制到文件夹】对话框，在其中设置"文件夹名称"和"位置"，然后单击【确定】按钮，如图3-171右图所示。

05 在打开的提示对话框中单击【是】按钮，即可复制文件到文件夹。

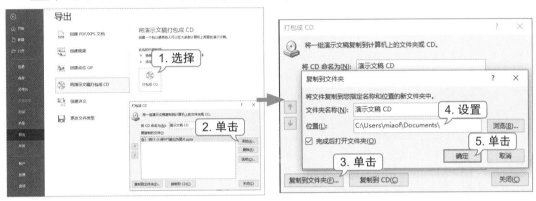

图3-171　将PPT文件打包为CD

3.6　PPT课件制作实例

本章前面的内容分知识点介绍了PowerPoint的基本功能和使用方法，下面将通过一个综合实例，贯穿这些内容，展示制作一个完整PPT课件的过程。通过本例体验PowerPoint课件制作的方法，可以帮助用户进一步提高课件的制作水平。

3.6.1　设计课件母版

在使用PowerPoint制作课件之前，首先要根据课件内容的制作需要，设计课件母版。

1. 创建并保存课件文档

启动PowerPoint后，按下Ctrl+N快捷键创建一个空白的PPT文档，然后按下F12键打开【另存为】对话框，将该文档保存为"声音的利用.pptx"。

2. 为课件设置统一的图片背景

选择【视图】选项卡，在【母版视图】组中单击【幻灯片母版】选项，进入幻灯片母版，在版式预览窗格中选中幻灯片主题页，然后在版式编辑窗口中右击，从弹出的快捷菜单中选择【设置背景格式】命令，打开【设置背景格式】窗格，选中【图片或纹理填充】单选按钮，为课件中所有的幻灯片设置图3-172右图所示的图片背景。

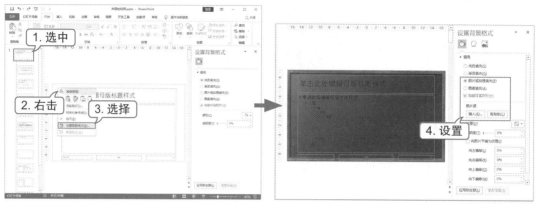

图3-172　设置背景图片

3. 为课件设置统一的文本格式

在主题页选中标题占位符，在【开始】选项卡的【字体】组中设置字体为"方正小标宋简体"，字号为36，字体颜色为白色，如图3-173左图所示。在主题页选中内容占位符，在【字体】组中设置字体为"方正细圆简体"，字体颜色为白色，如图3-173右图所示。

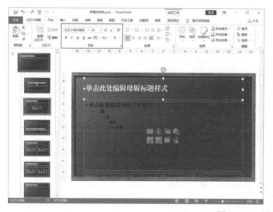

图3-173　设置字体格式

4. 设置幻灯片版式

在版式预览窗格中选中"仅标题"版式页，调整其中的标题占位符位置，然后选择【插入】选项卡，在【图像】组中单击【图片】按钮，在版式页中插入图3-174所示的图片，然后在版式预览窗格中选中"仅标题"版式页，按下Ctrl+D快捷键将其复制3份。

选中复制的第1个版式页，选择【幻灯片母版】选项卡，然后单击【插入占位符】按钮，在版式页中插入图3-175所示的3个图片占位符。

选中复制的第2个版式页，然后调整其中的图片占位符位置，如图3-176所示。

图3-174 插入图片

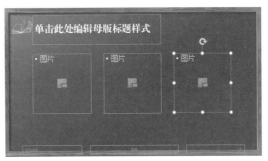

图3-175 制作新的版式页

选中复制的第3个版式页,然后删除其中的图片占位符,并插入一个图3-177所示的媒体占位符。

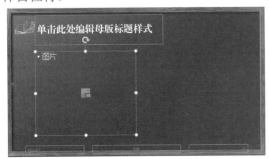

图3-176 调整版式页结构

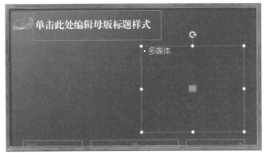

图3-177 插入媒体占位符

完成以上设置后,在【幻灯片母版】选项卡中单击【关闭母版视图】按钮。此时,课件中默认生成如图3-178所示的幻灯片页面。

3.6.2 制作课件封面

在为课件设计好母版版式后,我们可以利用版式方便地制作出幻灯片封面。

1. 为课件封面设置标题

将鼠标指针分别置于幻灯片页面中的标题和副标题占位符中,输入文本"声音的利用"和"人教版物理八年级上第2章第3节",如图3-179所示。

2. 在封面中插入艺术字

调整幻灯片页面中标题占位符和副标题占位符的位置,然后单击【插入】选项卡

图3-178 幻灯片效果

图3-179 在占位符中输入标题文本

【文本】组中的【艺术字】按钮，在弹出的列表中选择一种艺术字样式，在页面中插入一行艺术字，并输入文字"新学期教师说课试讲教学课件"，如图3-180所示。

3. 设置艺术字轮廓颜色

选择【形状格式】选项卡，在【艺术字样式】组中单击【文本轮廓】下拉按钮，在弹出的下拉列表中设置艺术字的轮廓颜色，如图3-181所示。

图3-180　插入艺术字

图3-181　设置艺术字轮廓颜色

4. 使用文本框添加文本

单击【插入】选项卡【文本】组中的【文本框】按钮，在幻灯片中插入一个横排文本框，在其中输入文本，然后在【开始】选项卡的【字体】组中设置文本框中的文本颜色为"白色"，如图3-182所示。

5. 制作封面导航菜单

单击【插入】选项卡【文本】组中的【文本框】按钮，在幻灯片中插入一个横排文本框，在其中输入文本"声音与信息"后，右击文本框，在弹出的快捷菜单中选择【设置图片格式】命令，打开【设置图片格式】窗格。在该窗格中展开【填充】组为文本框设置一个图3-182所示的图片填充。

接下来按住Ctrl键拖动所创建的文本框，将其复制3份，并在其中分别输入文本，制作图3-183所示的封面导航菜单效果。

图3-182　为文本框中的文本设置颜色

图3-183　封面导航菜单效果

3.6.3　制作课件内容

制作好课件的封面页后，下面需要制作课件的内容幻灯片。一般课件的内容有数张到数十张幻灯片不等。由于内容幻灯片的结构大致相同，因此为了制作方便，我们需要使用前面制作好的幻灯片版式。

1. 应用幻灯片版式

在PowerPoint预览窗格中连续按下Enter键创建课件所需数量的幻灯片，然后依次右击每张新建的幻灯片预览图，在弹出的菜单中为其应用本节前面设置的版式页，如图3-184所示。

2. 添加文本内容

在版式的内容占位符中输入标题后，使用文本框在幻灯片中添加图3-185所示的文本。

图3-184　应用版式

图3-185　在幻灯片中添加文本

3. 添加图像内容

单击版式页中的图像占位符，在打开的对话框中选择图像文件，并单击【插入】按钮，如图3-186左图所示，即可将图片以版式固定的大小插入幻灯片中。

使用文本框为版式中的图片添加文本说明，可以制作出图文并茂的课件页面，如图3-186右图所示。

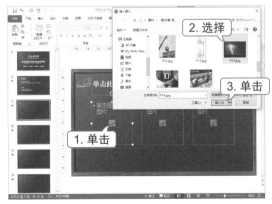

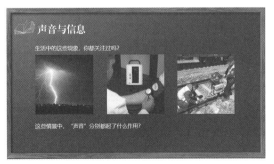

图3-186　利用占位符在幻灯片中插入图像

4.添加视频内容

可以为幻灯片应用带媒体占位符的版式。单击媒体占位符中的媒体图标，在打开的对话框中选择一个视频文件，然后单击【插入】按钮，可以在幻灯片中插入设定好大小尺寸的视频，如图3-187左图所示。

使用文本框在视频页面中添加文本，制作如图3-187右图所示的视频播放幻灯片。

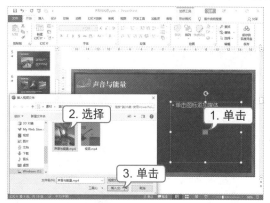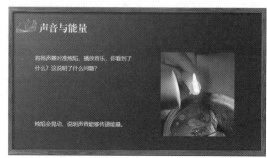

图3-187　利用媒体占位符在幻灯片中插入视频

5.为视频设置触发器

选择【插入】选项卡，单击【插图】组中的【形状】按钮，在幻灯片中绘制一个矩形，然后双击绘制的矩形，在其中输入图3-188所示的文本。

选中幻灯片中的视频，选择【动画】选项卡，在【高级动画】组中单击【触发】选项，从弹出的列表中选择【通过单击】|【矩形 8】选项，设置幻灯片中的视频通过矩形形状触发，如图3-189所示。

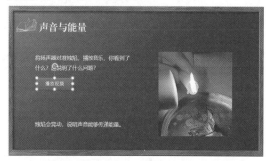

图3-188　插入矩形形状并在其中输入文本　　　　图3-189　设置视频播放触发器

6.快速制作课件图文内容

重复以上操作，利用设计好的母版版式，可以快速制作出课件的大部分图文内容，如图3-190所示。

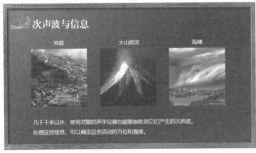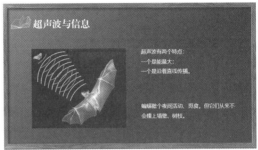

图3-190 利用版式快速制作出大量结构类似的课件页面

3.6.4 设置课件动画

课件中一般会使用一些形状来绘制自定义图形(如结构图、分析图、示意图等)来配合课堂讲解。为自定义图形中的形状设置动画，则可以通过逐步分析展示，使学生对所要讲授的内容有更透彻的理解。

1. 使用形状制作自定义图形

在【开始】选项卡的【绘图】组中单击【形状】按钮，在弹出的列表中选择【双大括号】选项，在幻灯片中绘制一个双大括号形状，然后右击该形状，在弹出的快捷菜单中选择【编辑顶点】命令，如图3-191所示。

在顶点编辑模式下，依次右击形状右侧的各个顶点，在弹出的快捷菜单中选择【删除顶点】命令，如图3-192所示，删除双大括号形状右侧的括号。

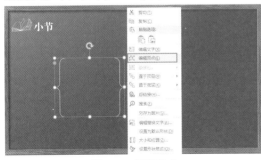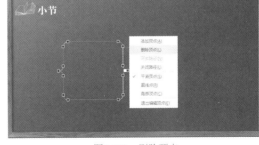

图3-191 编辑顶点　　　　　　　图3-192 删除顶点

接下来，将创建的形状复制几份，并调整复制形状的大小，如图3-193所示。

在幻灯片中添加文本、形状，制作图3-194所示的幻灯片效果。

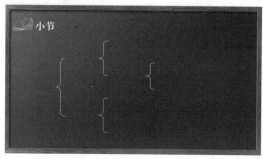

图3-193　复制形状

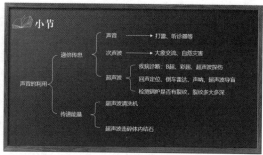

图3-194　幻灯片效果

2. 设置进入动画效果

选中幻灯片中的所有文本框和形状对象，选择【动画】选项卡，在【动画】组中选中【淡化】选项，在【计时】组中设置持续时间和延迟都为"00.50"，设置【开始】为【单击时】，如图3-195所示。

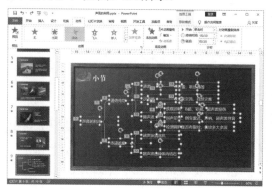

图3-195　为幻灯片中的文本框和形状对象设置进入动画的效果

3. 设置动画播放顺序

在图3-195右图所示的【高级动画】组中单击【动画窗格】按钮，显示【动画窗格】窗格。在该窗格中调整幻灯片中各个对象的播放顺序，使动画从左至右播放。同时，在【动画窗格】中按住Ctrl键选中幻灯片中同类的对象，在【计时】组中单击【单击】按钮，从弹出的列表中选择【与上一动画同时】选项，设置幻灯片中的动画分批同时放映，如图3-196所示。

4. 添加强调动画效果

选中幻灯片中需要强调显示的文本框，在【动画】选项卡的【高级动画】组中单击【添加动画】按钮，在弹出的列表中选择【更多强调效果】选项，打开图3-197左图所示的【添加强调效果】对话框。在该对话框中选择【填充颜色】选项，然后单击【确定】按钮。

在【动画】组中单击【效果选项】按钮，在弹出的颜色选择器中选择一种动画填充颜色，在【计时】组中设置动画与"与上一动画同时"播放，如图3-197右图所示。

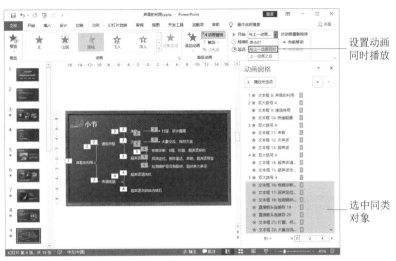

图3-196 设置幻灯片中的动画分批同时播放

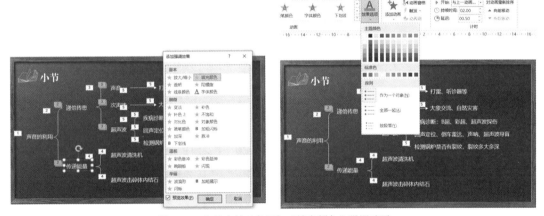

图3-197 为选中的对象添加"填充颜色"强调动画

5. 测试课件动画效果

按下F5键播放动画，观察动画放映效果，并根据实际需要对其进行修改。

3.6.5 设置课件交互

本节所制作课件的封面中设置了导航菜单按钮，下面将为这些按钮添加超链接，帮助教师可以通过单击按钮来访问相应的幻灯片页面，并在幻灯片中的一部分内容页面中添加大小、位置相同的动作按钮，使教师可以通过动作按钮，在课件的各个页面中快速切换。

1. 为课件目录设置超链接

选中课件封面导航菜单中的按钮，右击，在弹出的快捷菜单中选择【超链接】命令，如图3-198左图所示，打开【插入超链接】对话框。在该对话框中选中【本文档中的位置】选项，在显示的列表中选择要链接的幻灯片，然后单击【确定】按钮，如图3-198右图所示。

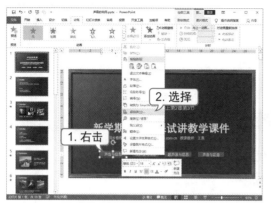

图3-198　为文本框设置超链接

重复以上操作，为导航菜单中的其他按钮设置超链接。

2. 为课件统一设置动作按钮

进入幻灯片母版视图，在【插入】选项卡中单击【形状】按钮，从弹出的列表中选择要插入的动作按钮，打开【操作设置】对话框，在幻灯片主题页中插入图3-199所示的动作按钮。

图3-199　在版式页中插入动作按钮

退出幻灯片母版视图，课件的所有页面都将添加统一效果和大小的动作按钮。

3.6.6　打包课件文件

在完成课件的制作后，为了保证课件在其他计算机中也能够正常放映，我们需要对PPT执行打包操作，具体如下。

按下F12键，打开【另存为】对话框，将制作的课件保存在其素材文件夹中。

选择【文件】选项卡，在弹出的菜单中选择【导出】选项，在显示的【导出】选项区域中选择【将演示文稿打包成CD】选项，并单击【打包成CD】按钮。在打开的【打包成CD】对话框中，选择课件及其附属文件后单击【复制到CD】按钮，如图3-200左图所示。

打开【添加文件】对话框，选择需要一次性打包的PPT文件路径，按住Ctrl键选中需要打包的PPT及其附属文件，然后单击【添加】按钮，如图3-200右图所示。

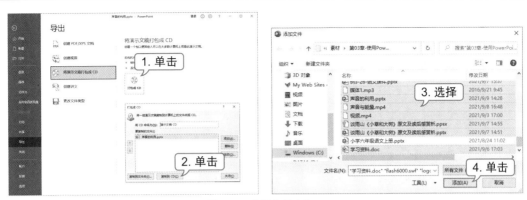

图3-200 将课件导出为CD

返回【打包成CD】对话框，单击【复制到文件夹】按钮，打开【复制到文件夹】对话框。在该对话框中设置"文件夹名称"和"位置"，然后单击【确定】按钮，在打开的提示对话框中单击【是】按钮即可。

第4章

使用Animate制作动画型课件

Adobe Animate是由Adobe公司开发的一款多媒体与计算机动画制作软件，该软件由Flash Professional更名而来，除了维持原有Flash开发工具支持以外，新增了HTML5等制作工具，可以替代Flash制作动画型课件或课件中的动画素材。

4.1 Animate动画制作入门

Animate是Flash的升级版本，其功能基本相同。要使用Animate制作出令人满意的动画效果，我们首先需要熟悉该软件的工作界面以及基于工作界面的各种基本操作。

4.1.1 Animate工作界面

在计算机中安装并启动Animate软件后，将打开图4-1所示的主屏界面，通过该界面可以快速创建Animate文件或打开相关项目。

图4-1　Animate主屏界面

其中，常用选项的功能说明如下。

○ 【打开】按钮：用于打开已有的动画项目文件。

○ 【新建】按钮：单击该按钮将打开【新建文档】对话框，在该对话框中可以创建
【角色动画】【社交】【游戏】【教育】【广告】【Web】【高级】等类型的动
画文件，并可以设置动画文件的详细信息，如宽度、高度、帧速率等。

○ 【快速创建新文件】选项区域：用于快速创建适用于不同设备的动画文件。

○ 【在应用中查看】按钮：单击该按钮可以打开Animate动画制作简介和学习
视频。

在图4-1所示的主屏界面中单击【新建】按钮(或者【快速创建新文件】选项区域中的
选项)，创建一个新的动画文件后，Animate将打开图4-2所示的工作界面，该界面由菜单
栏、【工具】面板、【时间轴】面板、面板集、舞台和标题栏等部分组成。

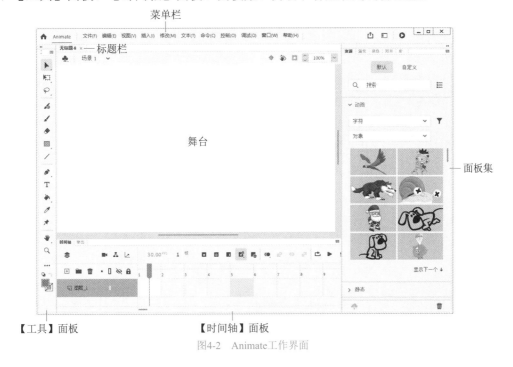

图4-2 Animate工作界面

1. 菜单栏

Animate软件的菜单栏位于其工作界面的顶部，包括【主屏】切换按钮、【工作
区】切换按钮 Animate、菜单命令等部分，其右侧还包含【快速共享发布】按钮、【工作
区】按钮、【测试影片】按钮和窗口控制按钮(【最大化】【最小化】和【关闭】按
钮)。其中，【主屏】切换按钮和【工作区】切换按钮 Animate 用于在图4-1所示的主屏界
面和图4-2所示的工作界面之间相互切换；菜单命令则提供Animate软件中大部分的操作命
令，具体如下。

○ 【文件】菜单：用于文件操作，如创建、打开、保存等，如图4-3所示。

○ 【编辑】菜单：用于动画内容的编辑操作，如复制、粘贴等，如图4-4所示。

○　【视图】菜单：用于设置开发环境的外观和版式，如放大、缩小视图等，如图4-5所示。

○　【插入】菜单：用于插入性质的操作，如新建元件、插入场景等，如图4-6所示。

图4-3 【文件】菜单　　　　图4-4 【编辑】菜单　　　　图4-5 【视图】菜单　　　　图4-6 【插入】菜单

○　【修改】菜单：用于修改动画中的对象、场景等动画本身的特性，如修改属性等，如图4-7所示。

○　【文本】菜单：用于设置文本的属性和样式，如图4-8所示。

○　【命令】菜单：用于管理命令，如图4-9所示。

○　【控制】菜单：用于播放、控制和测试动画，如图4-10所示。

图4-7 【修改】菜单　　　　图4-8 【文本】菜单　　　　图4-9 【命令】菜单　　　　图4-10 【控制】菜单

【调试】菜单：用于对动画进行调整操作，如图4-11所示。

【窗口】菜单：用于打开、关闭、组织和切换各种窗口面板，如图4-12所示。

【帮助】菜单：用于快速获取帮助信息，如图4-13所示。

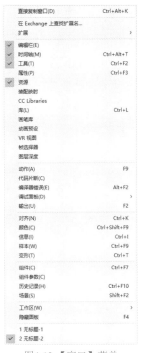

图4-11 【调试】菜单 　　　　图4-12 【窗口】菜单 　　　　图4-13 【帮助】菜单

2.【工具】面板

Animate软件的【工具】面板包含了用于创建和编辑图像、图稿、页面元素的所有工具。使用这些工具可以进行绘图、选取对象、喷涂、修改及编排文字等操作，如图4-14所示。其中，一部分工具按钮的右下角包含 图标，表示该工具中包含一组同类型的工具。

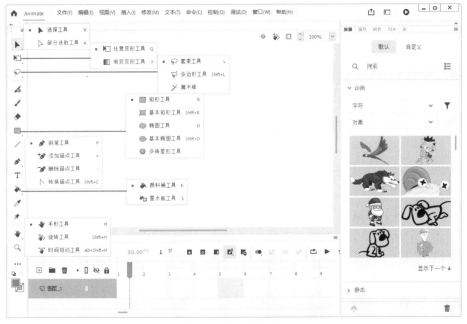

图4-14 【工具】面板

3.【时间轴】面板

【时间轴】面板(如图4-15所示)用于组织和控制动画内容在一定时间内播放的层数和帧数,动画影片将时间长度划分为帧。图层相当于层叠的幻灯片,每个图层都包含一个显示在舞台中的不同图像。

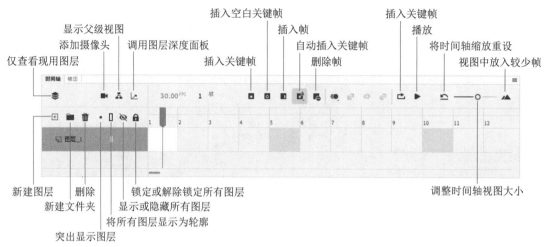

图4-15 【时间轴】面板

【时间轴】面板左侧上方的几个按钮用于调整图层的状态和创建图层。在帧区域中,顶部的标识号是帧的编号,播放头指示了舞台中当前显示的帧。【时间轴】面板帧上面显示的按钮用于改变帧的显示状态,指示当前帧的编号、帧数和到当前帧为止动画的播放时间等。

4. 面板集

面板集用于管理Animate中的各种面板,它将所有面板都嵌入软件工作界面右侧的同一个面板中(如图4-16所示)。通过面板集,教师可以对Animate中面板的布局进行重新组合,以适应不同类型课件的制作需要。

5. 舞台和标题栏

舞台是进行动画制作的可编辑区域,教师可以在其中直接绘制插图,也可以导入为课件准备的各种插图、媒体文件等素材。舞台默认显示状态为图4-2所示的白色画布。

舞台的上方为标题栏,其中显示正在编辑对象的名称,其下包含【编辑元件】按钮♣、【编辑场景】按钮✓、【舞台居中】按钮⊕、【旋转工具】按钮🐾、【剪切掉舞台范围以外的内容】按钮▢、【缩放比例】按钮↕ 100% 等,如图4-16所示。

在制作动画的过程中,舞台的属性可以根据动画设计的要求进行设置。在菜单栏中选择【修改】|【文档】命令,打开【文档设置】对话框,在该对话框中可以对舞台的大小、颜色、帧频等信息进行设置(后面将通过实例详细介绍)。

图4-16　面板集、舞台和标题栏

4.1.2　Animate基本操作

在熟悉了Animate软件的工作界面之后，要使用该软件制作课件动画，还需要进一步掌握软件的一些基本操作(例如使用Animate新建、打开、保存动画文档的操作)，以及使用模板、舞台等的方法。

1. 创建动画文档

创建动画文档是制作动画型课件的第一步。在Animate中，可通过新建空白文档和新建模板文档两种方法来创建动画文档。下面将分别举例介绍。

【练习4-1】使用Animate创建一个空白动画文档。 ⊙视频

01 启动Animate后，选择【文件】|【新建】命令(或者在【主屏】界面中单击【新建】按钮)，打开【新建文档】对话框，选择【高级】选项卡，在显示的选项区域中选择【HTML5 Canvas】文档类型，并设置【宽】和【高】的像素值分别为600和400，然后单击【创建】按钮，如图4-17所示。

02 此时，将创建一个名为"无标题-1(Canvas)"的空白文档，其舞台大小为步骤01中设置的参数值，如图4-18所示。

【练习4-2】在Animate中利用软件内容模板创建动画文档。 ⊙视频

01 选择【文件】|【从模板新建】命令，打开【从模板新建】对话框，在【类别】列表框中选择一个要创建的模板文档类别，在显示的列表中选择一个模板样式，然后单击【确定】按钮，如图4-19左图所示。

02 此时，将创建一个具有模板内容的动画文档，如图4-19右图所示。

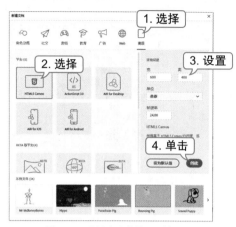

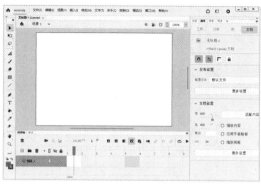

图4-17　【新建文档】对话框　　　　　　　　图4-18　创建空白动画文档

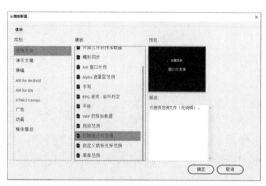

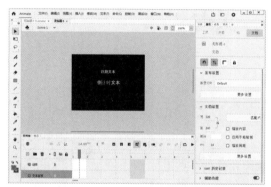

图4-19　从Animate模板创建动画文档

2. 保存动画文档

在Animate中创建动画文档后，需要对其进行保存。保存动画文档的具体操作方法是：选择【文件】|【保存】命令(或者选择【文件】|【另存为】命令)，打开【另存为】对话框，在该对话框中设置动画文档的保存路径、文件名和文件类型，然后单击【保存】按钮即可，如图4-20所示。

此外，还可以将动画文档保存为模板以便重复使用，具体方法是：选择【文件】|【另存为模板】命令，打开【另存为模板】对话框，在该对话框中设置模板的名称、类别和描述信息后，单击【保存】按钮即可，如图4-21所示。

图4-20　保存动画文档　　　　　　　　　图4-21　将动画文档保存为模板

3. 打开和关闭动画文档

在Animate工作界面中选择【文件】|【打开】命令，打开【打开】对话框，选择要打开的动画文档后，单击【打开】按钮即可将其打开，如图4-22所示。

在Animate中打开或创建多个动画文档后，如果要关闭其中某个文档，可以在舞台上方单击标题栏右侧的"×"按钮将该文档关闭，如图4-23所示。此外，在菜单栏中选择【文件】|【关闭】命令，也可以关闭当前舞台中显示的动画文档。

图4-22　打开动画文档

图4-23　关闭动画文档

4. 设置舞台

舞台是Animate中创建动画文档时放置各种素材对象的一块矩形区域。在制作动画的过程中，经常需要对舞台执行放大、缩小、旋转等操作。若要在舞台中定位项目，还需要使用网格、辅助线和标尺等舞台工具。

(1) 缩放舞台。要在计算机屏幕中查看整个Animate舞台，或以高缩放比例查看绘图的特定区域，可以更改舞台的缩放比例。舞台最大的缩放比例取决于计算机显示器的分辨率和动画文档的大小。

在制作动画课件时，教师可以参考表4-1所介绍的操作，对舞台执行缩放操作。

表4-1　Animate舞台的缩放操作

操作	说明
放大/缩小某个元素	选择【工具】面板中的【缩放工具】 🔍 ，然后单击该元素。若按住Ctrl单击元素，则可以缩小该元素
使特定区域填充整个舞台	选择【工具】面板中的【缩放工具】 🔍 ，然后在舞台上拖动，画出一个矩形选取框，选中某个区域
放大/缩小整个舞台	选择【视图】|【放大】命令，或选择【视图】|【缩小】命令
放大/缩小指定的百分比	选择【视图】|【缩放比例】命令，然后在弹出的子菜单中选择一个百分比，或者在舞台右上角单击【缩放比例】按钮 ⌃ 100% ⌄ ，在弹出的列表中选择一个百分比选项
缩放舞台使其适合应用程序	选择【视图】|【缩放比例】|【符合窗口大小】命令
显示整个舞台	选择【视图】|【缩放比例】|【显示帧】命令

(2) 旋转舞台。在Animate中使用软件提供的旋转工具，可以临时旋转舞台视图，从而实现旋转舞台的效果，其具体操作方法是：长按【手形工具】🖐，在弹出的列表中选择

【旋转工具】 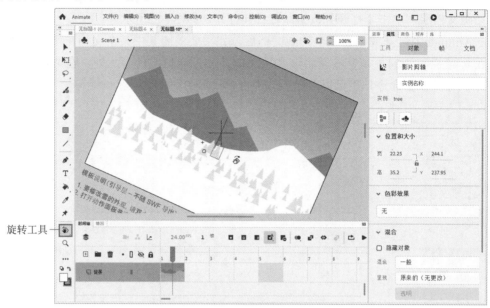，然后调整舞台中显示的十字形旋转轴心点，即可通过更改轴心点的位置来旋转舞台，如图4-24所示。

图4-24　使用【旋转工具】旋转舞台

(3) 使用标尺工具。标尺显示在舞台设计区的上方和左侧，用于显示尺寸值。选择【视图】|【标尺】命令，可以在舞台中显示或隐藏标尺。

在Animate中显示标尺后，移动舞台中的元素时将在标尺上显示几条红线，表示该元素的尺寸，如图4-25所示。

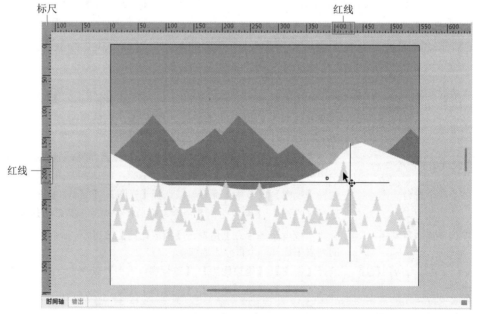

图4-25　移动舞台中的元素时显示红线

标尺的单位默认为"像素"。若需要更改其默认单位，可以选择【修改】|【文档】命令，打开【文档设置】对话框，然后在【单位】下拉列表中选择一个新的度量单位，并单击【确定】按钮。

(4) 使用辅助线工具。Animate中的辅助线用于对齐文档中的各个元素。在舞台中显示标尺后，将鼠标指针置于标尺上方，然后按住鼠标左键拖动到舞台内，即可添加辅助线，如图4-26所示。

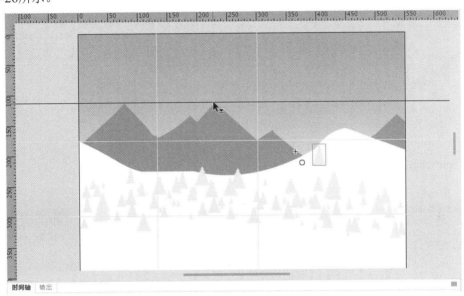

图4-26　在舞台中显示辅助线

在Animate中对辅助线的各种操作说明如表4-2所示。

表4-2　辅助线的常见操作

操作	说明
显示/隐藏辅助线	选择【视图】|【辅助线】|【显示辅助线】命令
移动辅助线	使用【工具】面板中的【选择工具】 ▶ 单击标尺上的任意位置，然后按住鼠标左键将辅助线拖动至舞台内
锁定辅助线	选择【视图】|【辅助线】|【锁定辅助线】命令
清除辅助线	选择【视图】|【辅助线】|【清除辅助线】命令。此时，如果在文档编辑模式下，将会清除文档中所有的辅助线；如果在元件编辑模式下，仅会清除元件中使用的辅助线
删除辅助线	在辅助线处于解除锁定状态时，使用【选择工具】 ▶ 将辅助线拖动至水平或垂直标尺上
设置辅助线参数	选择【视图】|【辅助线】|【编辑辅助线】命令，在打开的对话框中可以设置辅助线的颜色、显示、锁定等参数

(5) 使用网格工具。网格是用来对齐图像的网状辅助工具。在Animate中选择【视图】|【网格】|【显示网格】命令，即可在舞台中显示图4-27所示的网格线。

选择【视图】|【网格】|【编辑网格】命令，打开【网格】对话框，在该对话框中可以设置网格的各种属性，如图4-28所示。

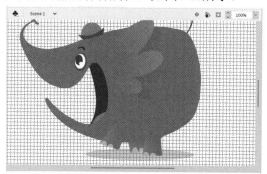

图4-27　显示网格线

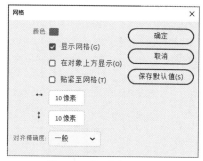

图4-28　【网格】对话框

在Animate中对网格的各种操作说明如表4-3所示。

表4-3　网格的常见操作

操作	说明
设置贴紧辅助线	选择【视图】|【贴紧】|【贴紧至辅助线】命令后，当辅助线处于网格之间时，贴紧至辅助线优先贴紧至网格
设置贴紧至网格	选择【视图】|【贴紧】|【贴紧至网格】命令
设置贴紧至像素	选择【视图】|【贴紧】|【贴紧至像素】命令
设置贴紧至对象	选择【视图】|【贴紧】|【贴紧至对象】命令

5. 撤销、重做与重复操作

在用Animate制作课件时，使用撤销、重做和重复命令，可以方便地编辑课件内容，大大提高课件的制作效率。

(1) 撤销与重做。要在文档中撤销或重做对个别对象或所有对象施加的操作，可执行对象层级或文档层级的【重做】和【撤销】命令(选择【编辑】|【重做】命令和【编辑】|【撤销】命令)。Animate默认为对文档层级执行【撤销】和【重做】操作。如果要在文档层级和对象层级之间切换，可以选择【编辑】|【首选参数】|【编辑首选参数】命令，打开【首选参数】对话框，在【常规】选项卡中选择【撤销】下拉列表中需要的选项，如图4-29所示。

(2) 重复。如果要将某个操作步骤重复应用于同一个对象，可以执行【重复】命令。例如，在舞台中移动了某个对象后，可以选择【编辑】|【重复移动】命令，再次移动该对象；或者选择另一个对象，选择【编辑】|【重复移动】命令，对该对象执行相同的移动操作，如图4-30所示。

图4-29　【首选参数】对话框　　　　　　图4-30　执行【重复移动】命令

 4.2　添加Animate动画内容

在使用Animate制作课件时会用到各种媒体素材，如文本、图像、图形、视频、音频等。掌握将这些媒体素材内容添加到动画文档中，是学习制作动画的第一步。

4.2.1　添加文本

文本是动画中最常见也是最重要的组成元素，它在动画中可以起到帮助动画表述内容以及美化动画效果的作用。在Animate中，可以使用【工具】面板中的【文本工具】T创建文本对象，从而在动画中添加文本。

1. 文本的类型

在Animate中使用【文本工具】T可以创建静态文本、动态文本、输入文本3种类型的文本对象。

○ 静态文本：默认状态下创建的文本对象均为静态文本，此类文本在影片的播放过程中不会发生动态改变，常常被用于课件中的内容说明文本。

○ 动态文本：此类文本对象中的内容可以动态改变，甚至可以随着影片的播放自动更新，例如用于比分或者计时器等方面的文字。

○ 输入文本：此类文本对象在影片的播放过程中用于在用户与动画之间产生互动，例如在表单中输入用户姓名等信息。

以上3种文本类型，可以在Animate【文本工具】T的【属性】面板中进行选择和设置，如图4-31所示。

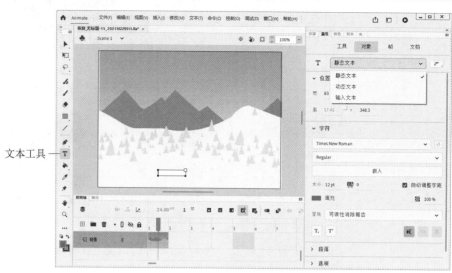

文本工具

图4-31　通过【属性】面板设置文本类型

2. 创建静态文本

要创建静态文本，首先应在【工具】面板中选择【文本工具】 T，然后在舞台中单击即可创建一个可扩展的静态水平文本框。该文本框右上角具有一个方形手柄标识，其输入区域可随着需要自动延长，如图4-32所示。

如果在选择【文本工具】 T 后，在舞台中按住鼠标左键拖动，则可以创建一个具有固定宽度的静态水平文本框。该文本框的右上角具有方形手柄标识，其输入区域的宽度是固定的，当输入文本超出宽度时将自动换行，如图4-33所示。

输入静态水平文本

输入一段
会自动换
行的静态
水平文本

图4-32　可扩展的静态水平文本框　　　　　　图4-33　可自动换行的静态水平文本框

此外，还可以在动画中输入垂直方向的静态文本，具体方法如下。

【练习4-3】在动画中输入一段垂直静态文本。 ▶视频

01 启动Animate后创建一个新文档，选择【文件】|【导入】|【导入到舞台】命令，打开【导入】对话框，选择一个图像文件，然后单击【打开】按钮，如图4-34所示，在舞台中导入图像。

02 选择【修改】|【文档】命令，打开【文档设置】对话框，单击【匹配内容】按钮，然后单击【确定】按钮，如图4-35所示。将舞台大小设置为与舞台中的图像一致。

03 在【工具】面板中选择【文本工具】 T，打开其【属性】面板，选择【静态文本】选项，然后单击【改变文字方向】下拉按钮 ，在弹出的下拉列表中选择【垂直】选项，在【字符】选项组中设置文本的字体为【方正大标宋简体】，大小为40，间距为20，颜色为红色，如图4-36左图所示。

04 在舞台上拖动鼠标，创建一个文本框，然后输入静态文本，如图4-36右图所示。

图4-34　在舞台中导入图像　　　　　　　　　图4-35　【文档设置】对话框

图4-36　在舞台中输入垂直文本

3. 创建动态文本

　　若要在舞台中创建动态文本，可以在Animate【工具】面板中选择【文本工具】T，然后在打开的【属性】面板中选择【动态文本】选项。此时，在舞台中单击可以创建一个具有固定宽度和高度的动态文本输入框(在舞台中按住鼠标左键拖动则可以创建一个自定义固定宽度的动态水平文本框)，在该文本框中输入文本，即可创建动态文本，如图4-37所示。

图4-37　在舞台中输入动态文本

　　在舞台中创建动态文本后，还可以进一步在舞台中创建可滚动的动态文本。具体创建方法有以下3种。

○ 按住Shift键的同时双击动态文本框右下角的方形手柄，将其变为黑色实心矩形手柄，如图4-38所示。

动态文本 ➤ 动态文本

图4-38　将动态文本设置为可滚动的动态文本

○ 使用【选择工具】▶.选中舞台中的动态文本框，然后选择【文本】|【可滚动】命令。
○ 使用【选择工具】▶.选中舞台中的动态文本框，然后右击动态文本框，在弹出的快捷菜单中选择【可滚动】命令。

4. 创建输入文本

输入文本可以在动画中创建一个允许用户填充的文本区域，因此它主要出现在一些交互性比较强的动画中，如有些动画需要用到内容填写、用户名或者密码输入等操作，就需要添加输入文本。

在Animate中选择【文本工具】T，在【属性】面板中选择【输入文本】类型后，单击舞台中合适的位置，可以创建一个具有固定宽度和高度的动态水平文本框；在舞台中拖动可以创建一个自定义固定宽度的动态水平文本框。

【练习4-4】在动画中制作可以输入文字的信纸。 ◉视频

☐1 启动Animate后创建一个新文档，选择【文件】|【导入】|【导入到舞台】命令，打开【导入】对话框，选择一个图像文件，然后单击【打开】按钮，在舞台中导入信纸图像。

☐2 选择【修改】|【文档】命令，打开【文档设置】对话框，单击【匹配内容】按钮，然后单击【确定】按钮。将舞台大小设置为与舞台中的图像一致，如图4-39左图所示。

☐3 在【工具】面板中选择【文本工具】T，打开【属性】面板，选择【静态文本】选项，并设置文本的字体、大小、颜色等参数。

☐4 在舞台中信纸图像的第1行创建文本框并输入文本，如图4-39右图所示。

图4-39　设置文档大小并在文本框中输入静态文本

☐5 在【工具】面板中选择【文本工具】T，打开【属性】面板，选择【输入文本】选项。在舞台中拖动鼠标，绘制一个文本区域，如图4-40所示。

06 按下Ctrl+Enter快捷键，将文件导出并预览动画，然后在其中输入文字测试动画效果，如图4-41所示。

图4-40　绘制文本框

图4-41　输入文本测试动画效果

5.设置文本属性

在课件中创建文本后，为了使文本的效果能够满足课件设计的要求，经常需要设置文本的属性。在Animate中选中文本后，可以通过【属性】面板对文本的字符、段落等属性进行设置。

(1) 设置文本的字符属性。在【属性】面板中展开【字符】组后，可以设置文本的字体、大小、颜色等属性，如图4-42所示。其中重要选项的功能说明如下。

- 【系列】：用于设置文本的字体。
- 【样式】：用于设置文本的字体样式，如加粗、倾斜等。
- 【大小】：用于设置文本的大小。
- 【填充】：用于设置文本的颜色。
- 【呈现】：用于设置消除文本锯齿的模式。
- 【字母间距】：用于设置文本字符间距。
- 【自动调整字距】：选中该复选框，系统将自动调整文本内容的合适间距。

(2) 设置文本的段落属性。在【属性】面板中展开【段落】组后，可以在其中设置文本的格式、边距、行为和间距等属性，如图4-43所示。

图4-42　【字符】组

图4-43　【段落】组

○ 【格式】▤▤▤▤：用于设置段落文本的对齐方式。

○ 【间距】▤和▤：用于设置段落边界和首行开头之间的距离以及段落中相邻行之间的距离。

○ 【边距】▤和▤：用于设置文本框的边框和文本段落之间(左侧和右侧)的距离。

○ 【行为】：用于为动态文本和输入文本提供单行或多行的输入设置。

6. 分离文本

在Animate中使用【选择工具】▶选取一段文本后，选择【修改】|【分离】命令，可以将文本分离1次，使该段文本中的文字成为单个字符。如果执行两次【修改】|【分离】命令，可将文本分离2次，可以使其成为填充图形，如图4-44所示。

诗词欣赏   诗词欣赏   诗词欣赏

选中一段文本   分离1次   分离2次

图4-44　分离文本

【练习4-5】在课件中通过分离文本制作多彩文字。🔘视频

01 启动Animate后创建一个新文档，在【工具】面板中选择【文本工具】T，在【属性】面板中设置文本的字体、大小和颜色属性，然后在舞台中创建一个文本框，并输入"诗词欣赏"，如图4-44左图所示。

02 选中步骤01中创建的文本，连续执行两次【修改】|【分离】命令，将文本分离为图4-44右图所示的填充图形。

03 打开【颜色】面板，选择【线性渐变】选项，设置填充颜色为彩虹色，如图4-45所示。

04 在【工具】面板中选取【颜料桶工具】◇，在各个文字上按住鼠标左键拖动，释放鼠标左键后，可以得到各种颜色效果不同的多彩文字，如图4-46所示。

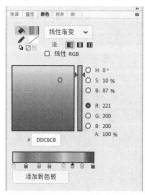

图4-45　【颜色】面板

诗词欣赏

图4-46　多彩文字效果

7. 变形文本

将文本分离为填充图形后，使用【工具】面板中的【选择工具】▶或【部分选取工具】▷，可以对文本执行各种变形操作，具体如下。

01 使用【选择工具】 ▶ 编辑分离文本的形状时，可以在未选中分离文本的情况下将光标靠近分离文本的边界，当光标变为 ↳ 或 ↳ 形状时，按住鼠标左键拖动，即可改变分离文本的形状，如图4-47左图所示。

02 使用【部分选取工具】 ▷ 对分离文本进行编辑操作时，可以先使用该工具选取要修改的分离文本，使其显示出节点，然后选中节点进行拖动或编辑曲线调整柄，得到想要的变形文本效果，如图4-47右图所示。

诗词欣赏　诗词欣赏

图4-47　设置变形文本

8. 设置文本滤镜

滤镜是一种应用于对象上的图形效果，Animate允许对文本添加滤镜效果，使文字表现效果更加多样。

在Animate中选中文本后，打开【属性】面板展开【滤镜】组，单击【添加滤镜】按钮 +，在弹出的列表中可以选择要添加的滤镜选项，也可以删除、启用和禁止滤镜效果，图4-48显示了在选中文本上设置"投影"滤镜后的效果。

图4-48　为文本设置"投影"滤镜效果

除了图4-48所示的"投影"滤镜效果外，在Animate中还提供了【模糊】【发光】【斜角】【渐变发光】【渐变斜角】等滤镜效果。教师在制作课件时，可以根据课件制作需求自行选择合适的滤镜效果。

9. 制作上下标文本

在制作课件时，常常需要输入一些公式。此时就需要将文本的内容转换为上下标类型。在Animate中，可以通过【属性】面板进行此类设置。

【练习4-6】在课件中制作上下标文本。 视频

01 启动Animate后创建一个新文档，在【工具】面板中选择【文本工具】T，然后在其【属性】面板中选择【静态文本】选项，并设置文本的字体、字号、颜色等属性。

02 在舞台中输入"a2-b2=(a-b)(a+b)"，然后选中字母"a"后的数字2，在【属性】面板中单击【切换上标】按钮T，如图4-49所示。

03 使用相同的方法设置公式中的其他数字，然后在文本框中继续输入另一组公式"C+H2O=CO+H2"。

04 选中第2组公式中字母"H"后的数字2，在【属性】面板中单击【切换下标】按钮T，将该数字设置为下标文本，如图4-50所示。

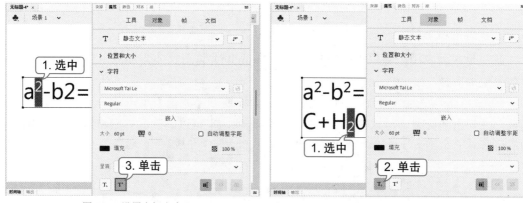

图4-49 设置上标文本   图4-50 设置下标文本

4.2.2 绘制矢量图形

Animate软件提供了很多简单而强大的绘图工具来帮助使用者绘制矢量图形。矢量图形由笔触线段和填充图形两部分组成，其中笔触线段是绘制图形的轮廓线，填充图形则是图形内部的填充颜色。由于笔触线段和填充图形是相互独立的，因此在课件中可以任意修改或删除图形中的一部分而不会影响其他部分。

下面将通过几个练习示例来介绍在Animate中绘制图形的具体方法。

【练习4-7】在"圆柱体表面积的计算"课件中绘制矢量图形。 视频

01 启动Animate后创建一个新文档，在【工具】面板中选择【椭圆工具】 ●，在舞台中按住鼠标左键拖动，绘制一个图4-51所示的椭圆。

02 选中绘制的椭圆，按下Ctrl+D快捷键将其复制一份作为圆柱体的另一底面，如图4-52所示。

03 在【工具】面板中选择【线条工具】 ，然后在舞台中拖动，绘制图4-53所示的线条。

04 选中绘制的线条，在【属性】面板中将笔触样式设置为虚线，如图4-54所示。

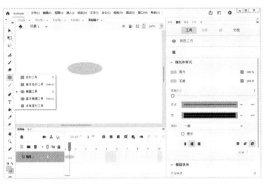

图4-51　使用【椭圆工具】绘制椭圆

图4-52　复制椭圆

图4-53　绘制线条

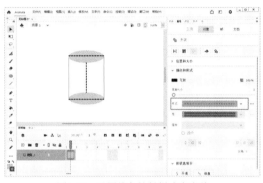

图4-54　设置线条笔触样式为虚线

05 在【工具】面板中选择【矩形工具】 ，在【属性】面板中设置矩形的填充(白色)和笔触颜色(黑色)后，在舞台中按住鼠标左键拖动，绘制一个矩形，如图4-55所示。

06 在【工具】面板中选择【椭圆工具】 ，在【属性】面板中设置矩形的填充和笔触颜色后，按住Shift键的同时在舞台中拖动鼠标，绘制一个正圆形，并按下Ctrl+D快捷键将其复制一份。

07 在【工具】面板中选择【文本工具】 T ，在舞台中输入图4-56所示的文本。

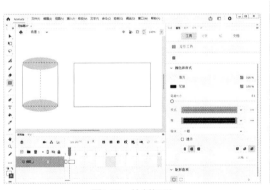

图4-55　绘制矩形

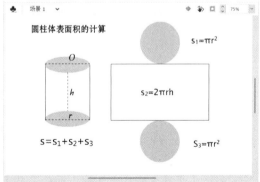

图4-56　输入文本

1. 使用辅助绘图工具

在制作动画课件的过程中，教师可以根据课件的制作需求，使用Animate的【工具】面板中的辅助绘图工具，辅助制作课件内容。常用的辅助绘图工具如表4-4所示。

表4-4 Animate的常用辅助绘图工具

操作	说明
【选择工具】	用于选取舞台中的操作对象
【部分选取工具】	用于显示绘图对象的路径或路径的锚点标记，并可以对锚点标记进行选择、删除、移动、调节等操作
【任意变形工具】	用于转动和缩放舞台中的对象
【套索工具】	用于在舞台中选取一个不规则的区域
【手形工具】	用于在不改变舞台缩放比例的情况下，查看对象的不同区域
【缩放工具】	用于缩小或放大视图
【颜料桶工具】	用于填充图形内部的颜色
【墨水瓶工具】	用于更改矢量线条或图形的边框颜色，更改封闭区域的填充颜色，吸取颜色等
【滴管工具】	用于吸收现有图形的线条或填充上的颜色及风格等信息，并将这些信息应用于其他图形
【橡皮擦工具】	用于快速擦除物体中的任何矢量对象，包括笔触和填充区域
【宽度工具】	用于针对舞台中的绘图加入不同形式粗细的宽度

【练习4-8】使用表4-4介绍的部分辅助绘图工具在课件中绘制"烧瓶"图形。 ▶ 视频

01 启动Animate后创建一个新文档，选择【视图】|【网格】|【显示网格】命令，在舞台中显示网格。

02 在【工具】面板中选择【椭圆工具】 ●，然后在舞台中按住Shift键的同时拖动鼠标，绘制一个图4-57所示的正圆形。

03 在【工具】面板中选择【矩形工具】 ■，在舞台中绘制矩形，然后选择【选择工具】 ▶，选中绘制的矩形如图4-58左图所示的部分，然后按下Delete键将其删除，效果如图4-58右图所示。

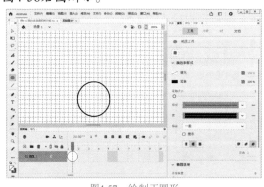

图4-57 绘制正圆形

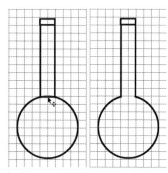

图4-58 删除图形中的一部分

04 在【工具】面板中选择【缩放工具】 Q 放大视图，然后选择【任意变形工具】 ▥，调整舞台中烧瓶图形口部的矩形，如图4-59所示。

05 在【工具】面板中选择【矩形工具】 ■，绘制图4-60所示的矩形。

图4-59　使用【任意变形工具】调整矩形

图4-60　绘制矩形

06 在【工具】面板中选择【选择工具】▶，然后按住鼠标左键调整舞台中绘制的矩形，制作烧瓶的"瓶塞"部分，如图4-61左图所示。

07 选中"瓶塞"底部多余的线条，按下Delete键将其删除，如图4-61右图所示。

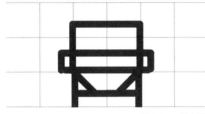

图4-61　绘制烧瓶的"瓶塞"部分

08 在【工具】面板中选择【颜料桶工具】◥，在【属性】面板中设置【填充】颜色，然后给舞台中烧瓶的"瓶塞"部分填充颜色，如图4-62所示。

09 在【工具】面板中选择【手形工具】✋，放大视图查看"烧瓶"图形的底部，然后选择【线条工具】╱，绘制图4-63所示的线条。

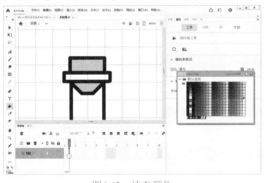

图4-62　填充颜色

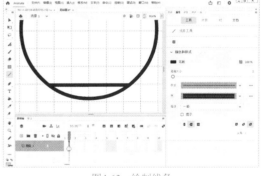

图4-63　绘制线条

10 在【工具】面板中选择【选择工具】▶，然后选中图形底部图4-64左图所示的线条，按下Delete键将其删除，效果如图4-64右图所示。绘制烧瓶图形的底部。

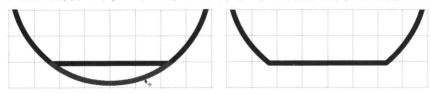

图4-64　绘制烧瓶的底部

11 在【工具】面板中选择【手形工具】🖐，按住Alt键在舞台中单击缩小视图，然后选择【选择工具】▶选中烧瓶图形底部的区域，按下Ctrl+D快捷键将其复制一份，如图4-65所示。

12 在【工具】面板中选择【任意变形工具】▦，复制图形的大小和位置，使其效果如图4-66所示。

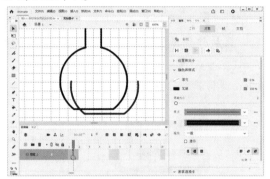

图4-65　复制选中的图形对象　　　　　　　　图4-66　使用【任意变形工具】调整图形

13 在【工具】面板中选择【线条工具】╱，绘制图4-67左图所示的直线。绘制烧瓶内部的液体部分。

14 选择【手形工具】🖐，然后按住Alt键在舞台中单击缩小视图。选择【颜料桶工具】🎨，给舞台中烧瓶内部的液体部分填充颜色，如图4-67右图所示。

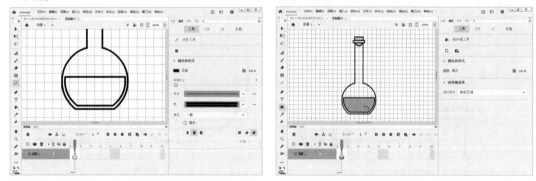

图4-67　绘制烧瓶内部的液体部分并填充颜色

2. 拖动鼠标改变图形形状

在Animate中选择【选择工具】▶，将鼠标指针移至图形的顶点，此时鼠标指针将变为⌐，拖动鼠标可以移动顶点的位置，如图4-68左图所示；若将鼠标指针移到图形的线段处，鼠标指针将变为⌐，拖动鼠标可以改变线段的弯曲程度，如图4-68中图所示；若按住Ctrl键，拖动鼠标可以创建一个新的顶点，如图4-68右图所示。

图4-68　通过拖动鼠标改变图形

【练习4-9】在Animate中通过调整图形绘制树。视频

[01] 启动Animate后创建一个新文档，在【工具】面板中选择【椭圆工具】⬭，在舞台中绘制一个椭圆，如图4-69左图所示。

[02] 在【工具】面板中选择【选择工具】▶，将鼠标指针置于椭圆图形的线段处，当指针变为↳状态后，按住鼠标左键拖动，改变线段的弯曲度，如图4-69中图和右图所示。

图4-69 调整椭圆图形线段的弯曲度

[03] 在【工具】面板中选择【矩形工具】▢，在舞台中绘制图4-70左图所示的矩形图形。

[04] 将鼠标指针移到矩形图形的顶点位置，当指针变为↳时，按住鼠标左键拖动，移动顶点的位置，如图4-70中图所示。

[05] 再绘制一个矩形，将鼠标指针放置在其线段位置，按住Ctrl键的同时拖动，创建一个顶点，将创建的顶点拖动至其他顶点，自动删除其中一个顶点，从而改变矩形的形状，绘制出"树枝"图形。

[06] 使用同样的方法，绘制树枝图形，完成后的效果如图4-70右图所示。

图4-70 调整矩形顶点

3. 对齐 / 旋转 / 组合图形

在Animate中绘制矢量图形后，可以在【工具】面板中选择【任意变形工具】▦，或者在菜单栏中选择【修改】|【变形】子菜单中的命令对图形执行旋转操作。除此之外，还可以通过【对齐】面板中的按钮，设置舞台中图形对象的对齐方式，并选择【修改】|【合并对象】|【联合】命令，将多个独立的图形组合成一个图形。

【练习4-10】通过旋转图形制作小学《数学》二年级的"找规律"课件内容。视频

[01] 继续【练习4-9】的操作，选中树图形后按下Ctrl+D快捷键将图形复制多份，然后按下Ctrl+A快捷键选中所有对象，如图4-71所示，选择【窗口】|【对齐】命令显示【对齐】面板。

02 在【对齐】面板中依次单击【水平平均间隔】按钮和【底对齐】按钮，设置所有对象均匀对齐舞台底部，如图4-72所示。

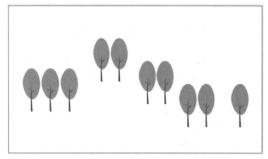

图4-71　选中所有对象

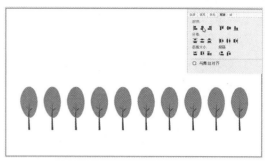

图4-72　设置所有对象均匀对齐舞台底部

03 在【工具】面板中选择【颜料桶工具】，为舞台中的一部分树形状填充"红色"，然后分别选中这些形状，选择【修改】|【变形】|【水平翻转】命令，将树图形水平翻转，效果如图4-73所示。

04 在【工具】面板中选择【文本工具】，在舞台中输入文本。选中舞台中所有的树图形，选择【修改】|【合并对象】|【联合】命令，将树图形组合，如图4-74所示。

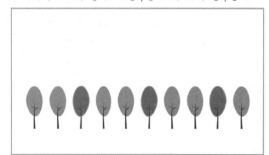

图4-73　设置水平翻转树图形

图4-74　组合树图形

05 最后，选择【文件】|【保存】命令，将动画文件保存。

4. 复制和粘贴图形

在前面的练习示例中，曾介绍过使用Ctrl+D快捷键可以快速将当前选中的图形复制一份，并粘贴在当前图形的附近。除此之外，在Animate中还可以采用以下几种方法复制和粘贴图形对象。

○ 使用菜单命令：选中要复制的对象后，选择【编辑】|【复制】命令可以复制该对象，选择【编辑】|【粘贴】命令则可以粘贴所复制的对象；选择【编辑】|【粘贴到当前位置】命令，可以在保证所复制对象的坐标不发生变化的情况下粘贴该对象。

○ 使用【变形】面板：选中舞台中的对象后，选择【窗口】|【变形】命令，打开【变形】面板。在该面板中可以设置旋转或倾斜角度，单击【重制选区和变形】按钮可以复制对象，如图4-75所示。

○ 使用组合键：在移动图形对象的过程中，按住Alt键拖动鼠标，此时鼠标光标将带有+号形状。此时拖动并复制对象，即可将其复制，如图4-76所示。

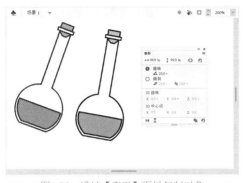

图4-75 通过【变形】面板复制对象

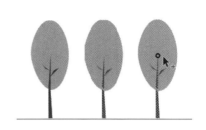

图4-76 通过拖动鼠标复制对象

5.锁定图形对象

在舞台中创建图形对象后，为了防止因误操作而移动了对象的位置，可以选择【修改】|【排列】|【锁定】命令，或者按下Ctrl+Alt+L组合键，将对象锁定。锁定后的图形对象将无法移动。如果要解除对象的锁定状态，可以选择【修改】|【排列】|【解除全部锁定】命令，或者按下Ctrl+Alt+Shift+L组合键。

4.2.3 导入图片

在Animate菜单栏中选择【文件】|【导入】|【导入到舞台】命令，打开【导入】对话框，在其中选择需要导入的图像文件后，单击【打开】按钮即可将其导入当前舞台中。

【练习4-11】在人教版七年级《历史》课件中导入图像。📹视频

01 启动Animate后创建一个新文档，选择【文件】|【导入】|【导入到舞台】命令，打开【导入】对话框，在其中选中一个图像文件后，单击【打开】按钮，将图像导入舞台中。

02 选择【修改】|【文档】命令，打开【文档设置】对话框，单击【匹配内容】按钮，然后单击【确定】按钮。将舞台大小设置为与舞台中的图像一致。

03 重复步骤01的操作，在舞台中再导入一个图像文件，然后在【工具】面板中选择【任意变形工具】㉧，拖动舞台中图片四周的控制点，调整图片的大小和位置，如图4-77所示。

04 在工具栏中选择【文本工具】T，在舞台中输入图4-78所示的文本。

图4-77 调整图片

图4-78 添加文本

05 选择【文件】|【保存】命令，将动画文件保存。选择【控制】|【测试影片】命令，或按下Ctrl+Enter快捷键预览动画效果。

在舞台中导入图像文件后，可以对其进行各种编辑操作，例如设置位图属性、将位图分离或者将位图转换为矢量图等。

1. 设置位图属性

要设置舞台中位图图像的属性，可以选择【窗口】|【库】命令显示【库】面板，然后在该面板中的位图图像的名称处右击鼠标，从弹出的快捷菜单中选择【属性】命令，打开【位图属性】对话框进行设置，如图4-79所示。

图4-79　设置位图属性

在图4-79右图所示的【位图属性】对话框中，主要参数选项的功能说明如下。

○ 【图片名称】：在【选项】选项卡下方第一行的文本框中显示的是位图图像名称，可以在该文本框中更改位图图像在动画文档中的显示名称。

○ 【允许平滑】：选中该复选框，可以使用消除锯齿功能平滑位图的边缘。

○ 【压缩】：在该选项的下拉列表中可以选择【照片(JPEG)】选项，以JPEG格式压缩图像，对于具有复杂颜色或色调变化的图像(如具有渐变填充的照片或图像)，常使用【照片(JPEG)】压缩格式；选择【无损(PNG/GIF)】选项，可以使用无损压缩格式压缩图像，这样不会丢失该图像中的任何数据；对形状简单和颜色相对较少的图像，则常使用【无损(PNG/GIF)】压缩格式。

○ 【品质】：提供【使用导入的JPEG数据】和【自定义】单选按钮。在【自定义】单选按钮后输入数值可以调节压缩位图的品质，其值越大，图像越完整，同时产生的文件也越大。

○ 【更新】：单击【更新】按钮，可以按照设置对位图图像进行更新。

○ 【导入】：单击【导入】按钮，打开【导入位图】对话框，在该对话框中可选择导入新的位图图像，以替换原有的位图图像。

○ 【测试】：单击【测试】按钮，可以对位图属性的设置效果进行测试。

2. 分离位图

分离位图可以将位图图像中的像素点分散到离散的区域中，这样可以分别选取这些区域并进行编辑修改。

在舞台中选中位图图像后，选择【修改】|【分离】命令(或者按下Ctrl+B快捷键)即可对位图图像进行分离操作。在使用【选择工具】▶选择分离后的位图图像时，位图图像上将被均匀地蒙上一层细小的白点，这表明该位图图像已完成了分离操作。此时，可以使用【工具】面板中的图形编辑工具对位图进行修改。

【练习4-12】在课件中通过分离位图快速切割图片。 ▶视频

01 启动Animate后创建一个新文档，选择【文件】|【导入】|【导入到舞台】命令，打开【导入】对话框，在舞台中导入位图图像。

02 选中舞台中的位图图像，选择【修改】|【分离】命令(或者按下Ctrl+B快捷键)，分离位图图像，得到图4-80所示的填充形状。

03 在【工具】面板中选择【线条工具】 ╱，在【属性】面板中单击【对象绘制模式】按钮 ▣，打开对象绘制模式，然后在舞台中的图片上绘制直线，如图4-81所示。

图4-80 分离位图

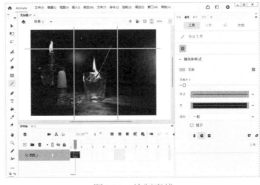

图4-81 绘制直线

04 在舞台中按下Ctrl+A快捷键选中其中的所有对象，然后再次选择【修改】|【分离】命令，执行【分离】操作切割位图图像。

05 在【工具】面板中选择【选择工具】▶，即可调整切割后的图像位置，如图4-82所示。

06 删除舞台中多余的对象。在【工具】面板中选择【文本工具】T，在舞台中输入课件文本内容，效果如图4-83所示。然后选择【文件】|【保存】命令，保存动画文件。

图4-82 调整切割后的图像位置

图4-83 添加文本

3. 将位图转换为矢量图

如果需要对导入舞台的位图图像进行更多的编辑修改，可以将其转换为矢量图。

要将位图转换为矢量图，可以在舞台中选中位图后，选择【修改】|【位图】|【转换位图为矢量图】命令，然后在打开的【转换位图为矢量图】对话框中单击【确定】按钮。

【练习4-13】通过将位图转换为矢量图提取图像中的对象。🔘视频

01 启动Animate后创建一个新文档，在舞台中导入位图图像，然后选中图像对象，选择【修改】|【位图】|【转换位图为矢量图】命令，在打开的【转换位图为矢量图】对话框中保持默认设置，单击【确定】按钮，如图4-84左图所示。

02 此时，舞台中的位图将被转换为矢量图，可以使用【工具】面板中的绘图工具对其进行编辑处理，如图4-84右图所示。

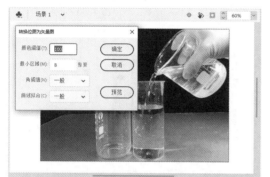

图4-84　将位图转换为矢量图

在图4-84左图所示的【转换位图为矢量图】对话框中，比较重要选项的功能说明如下。

- ○ 【颜色阈值】：可以在该文本框中输入1~500的值。当【颜色阈值】越大时转换后的颜色信息丢失越多，但是位图转换矢量图的速度会比较快。
- ○ 【最小区域】：可以在该文本框中输入1~1000的值。【最小区域】用于设置在指定像素颜色时要考虑的周围像素的数量。【最小区域】文本框中的值越小，位图转换矢量图的精度就越高，但是相应所需的转换时间也越长。
- ○ 【角阈值】：用于选择保留锐边还是进行平滑处理。
- ○ 【曲线拟合】：用于选择绘制轮廓的平滑程度，包括【像素】【非常紧密】【紧密】【一般】【平滑】和【非常平滑】等几个选项。

4.2.4　插入视频和音频

视频和音频也是动画型课件中重要的元素，它们可以增添动画的表现力，使动画效果更加丰富。

1. 插入视频

视频在多媒体CAI课件中经常被用到，它可以将一些现象直观地反映出来，并且给人

的感觉比较真实。在使用Animate制作动画的过程中，可以选择【文件】|【导入】|【导入视频】命令，将视频文件直接插入舞台中。

【练习4-14】在"春夜洛城闻笛"课件中导入视频。

01　启动Animate后打开动画文件，选中"视频"图层，选择【文件】|【导入】|【导入视频】命令，打开【导入视频】对话框，选中【使用播放组件加载外部视频】单选按钮，然后单击【浏览】按钮，如图4-85所示。

02　打开【打开】对话框，选择计算机中保存的视频文件，单击【打开】按钮。

03　返回【导入视频】对话框，单击【下一步】按钮。

04　打开【设定外观】对话框，在【外观】下拉列表中选择视频的播放样式，单击【颜色】按钮，在弹出的颜色选择器中选择播放样式的颜色，然后单击【下一步】按钮，如图4-86所示。

图4-85　【导入视频】对话框

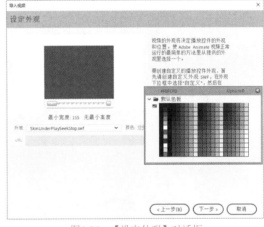

图4-86　【设定外观】对话框

05　打开【完成视频导入】对话框，单击【完成】按钮，即可在舞台中导入如图4-87所示的视频。

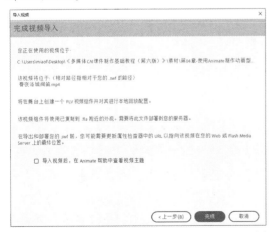

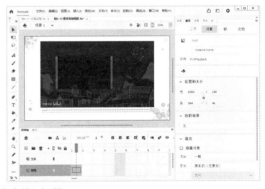

图4-87　在舞台中导入视频

2. 插入音频

在Animate动画中插入音频,可以为按钮添加音效,也可以将音频导入时间轴上,作为整个动画型课件的背景音乐。

【练习4-15】在《泊秦淮》课件中导入课文朗读音频文件。 ◉视频

01 启动Animate后打开课件文件,选择【文件】|【导入】|【导入到库】命令,打开【导入到库】对话框,选中课文朗读音频文件,然后单击【打开】按钮。将音频文件导入【库】面板。

02 单击【图层1】图层的第1帧,打开【属性】面板,在【声音】组中单击【名称】下拉按钮,从弹出的下拉列表中选择音频文件,如图4-88所示。

图4-88 选择音频文件

03 选择【控制】|【测试影片】命令(或按下Ctrl+Enter快捷键),预览动画效果,然后选择【文件】|【保存】命令,保存课件文件。

【练习4-16】在《泊秦淮》课件中为按钮设置声音。 ◉视频

01 启动Animate后打开课件文件,选择【文件】|【导入】|【导入到库】命令,打开【导入到库】对话框,选中课文朗读音频文件,然后单击【打开】按钮。将音频文件导入【库】面板。

02 选中舞台中作为按钮的对象,右击,从弹出的快捷菜单中选择【转换为元件】命令,如图4-89左图所示。

03 打开【转换为元件】对话框,将【类型】设置为【按钮】,然后单击【确定】按钮,如图4-89右图所示。

04 双击舞台中的元件,进入元件编辑模式,在该模式中可以看到4个汉字帧,分别是【弹起】【指针经过】【按下】【点击】,分别对应鼠标指针在按钮上的4种状态。右击【点击】帧,在弹出的快捷菜单中选择【插入关键帧】命令,如图4-90所示。

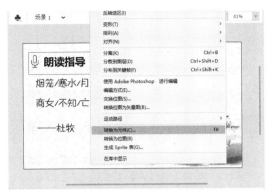

图4-89 将对象转换为元件

05 在【属性】面板的【声音】组中单击【名称】下拉按钮，从弹出的下拉列表中选择【泊秦淮.mp3】选项，然后设置【同步】为【开始】，如图4-91所示。

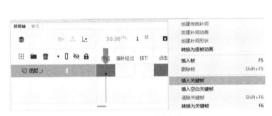

图4-90 插入关键帧

图4-91 设置声音

06 在舞台窗口中单击场景按钮 场景1 返回场景。选择【控制】|【测试影片】命令(或按下Ctrl+Enter快捷键)，预览动画效果，然后选择【文件】|【保存】命令，保存课件文件。

在图4-91所示的【声音】组中，单击【同步】下拉按钮，在弹出的下拉列表中可以设置声音的不同播放方式，包括【事件】【停止】【数据流】【开始】等，其各自的功能说明如表4-5所示。

表4-5 【同步】下拉列表中各选项的功能说明

选项	说明
事件	使声音与事件的发生合拍。当动画播放到声音的开始关键帧时，事件音频开始独立于时间轴播放，即使动画结束，声音也要继续播放直至播放完毕。此外，如果在场景中添加了多个声音文件，则听到的将是最终的混合效果
停止	停止播放指定的声音
数据流	该选项将同步声音，以便在网上播放，即Animate自动调整动画和音频，使它们同步。与事件声音不同，声音随着SWF文件的停止而停止，并且声音的播放时间不会超过帧的播放时间。当发布SWF文件时，声音与动画混合在一起输出
开始	【开始】方式与【事件】方式类似，其与【事件】方式的区别是，如果正在播放声音，使用【开始】选项则不会播放新的声音实例

4.2.5 导入动画

在Animate中可以手动制作动画，也可以导入动画文件(如GIF动画、SWF动画等)。将外部动画文件导入【库】面板后，将自动形成一个影片剪辑元件，并且保留其原有的动画效果。

【练习4-17】在Animate中导入动画文件。 ▶视频

01 启动Animate后创建一个新文档，选择【文件】|【导入】|【导入到库】命令，打开【导入到库】对话框，选择一个动画文件后单击【打开】按钮，导入动画文件。

02 选择【窗口】|【库】命令，打开【库】面板，将动画文件拖动至舞台中，并将其调整至合适的位置，如图4-92所示。

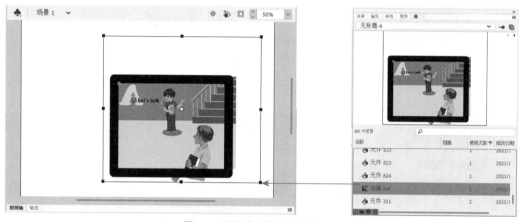

图4-92 调用【库】面板中的动画

03 选择【控制】|【测试影片】命令(或按下Ctrl+Enter快捷键)，预览动画效果，然后选择【文件】|【保存】命令，保存课件文件。

4.3 制作Animate课件动画

使用Animate可以制作的动画类型很多，下面将通过实例详细介绍。

4.3.1 制作逐帧动画

帧是Animate动画的基本组成部分。Animate动画由不同的帧组合而成，时间轴是排列和控制帧的地方，帧在时间轴上的排列顺序将决定动画的播放顺序。

图4-93所示为Animate的【时间轴】面板，反映了动画时间轴的状态，其主要由图层、播放头和帧组成。在播放动画时，播放头沿着时间轴从左向右滑动，而图层和帧中的内容则随着时间的变化而变化。

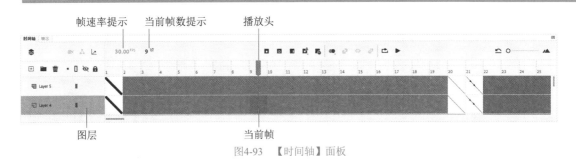

图4-93　【时间轴】面板

逐帧动画也称为帧帧动画，是一种最常见的动画形式。逐帧动画是一种在时间轴的每个帧上都有关键性变化的动画，它由许许多多的单个关键帧(即用来定义动画变化的帧)组合而成，当连续播放这些帧时，就形成了动画，如图4-94所示。

关键帧

图4-94　逐帧动画由许多的单个关键帧组合而成

下面通过一个练习示例来介绍在Animate中创建逐帧动画的方法。

【练习4-18】使用Animate制作一个"人物行走"的逐帧动画。🔴视频

01 启动Animate后选择【文件】|【新建】命令，新建一个动画文档，然后在【时间轴】面板中单击【新建图层】按钮⊞创建一个新图层。

02 在【时间轴】面板中将"图层_1"命名为"背景层"，将"图层_2"命名为"动画层"，如图4-95所示。

03 选中"背景层"图层，选择【文件】|【导入】|【导入到舞台】命令，在舞台中导入一个背景图片，然后选择【修改】|【文档】命令，打开【文档设置】对话框，单击【匹配内容】按钮，在【帧频】文本框中输入5，单击【确定】按钮，如图4-96所示。

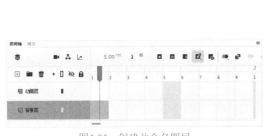

图4-95　创建并命名图层

图4-96　【文档设置】对话框

04 在【时间轴】面板中依次右击"动画层"的第2~8帧，在弹出的快捷菜单中选择【插入关键帧】命令，在第2~8帧插入关键帧，如图4-97所示。

05 在【时间轴】面板中选中第1帧，选择【文件】|【导入】|【导入到舞台】命令，

打开【导入】对话框选中准备好的动画素材的第1张图片，然后单击【打开】按钮，如图4-98所示。

图4-97　插入关键帧

图4-98　导入素材图片

06 在打开的提示对话框中单击【是】按钮，将图像素材文件夹中相似的图片一次性导入【时间轴】面板的第2~8帧，如图4-99所示。

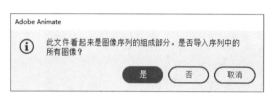

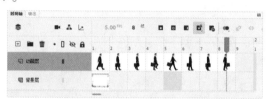

图4-99　自动导入相似的图片

07 在【时间轴】面板中选择【背景层】图层，然后右击第8帧，在弹出的快捷菜单中选择【插入帧】命令。

08 在【时间轴】面板中的【动画层】图层中分别调整第2~8帧中动画对象的位置，如图4-100所示。

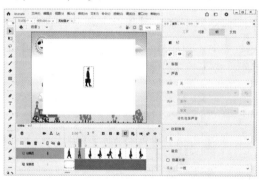

图4-100　调整动画对象的位置

09 选择【文件】|【保存】命令保存文档，然后按下Ctrl+Enter快捷键测试影片，将显示"人物行走"的动画效果。

在制作逐帧动画的过程中，需要反复修改各个关键帧中的内容。只有关键帧中的内容才可以编辑，Animate【时间轴】面板中提供了"洋葱皮"工具，可以方便地显示和编辑多个帧的内容。在【时间轴】面板中单击【绘图纸外观】按钮，将在舞台中显示当前动画前后数帧的变化，如图4-101所示。

图4-101　查看逐帧动画各帧的变化

此外，在逐帧动画中帧的速度(帧频)是指动画的播放速度，其单位是fps(帧/秒)，即每秒钟播放的帧数。帧频决定了动画播放的连贯性。用户可以通过选择【修改】|【文档】命令，在打开的【文档设置】对话框中设置动画的帧频。一般电影的帧频是24fps，如果设置的帧频值较小，动画就会播放得较慢，反之则会播放得较快。

4.3.2　制作补间形状动画

补间形状动画是指通过在时间轴的某个帧中绘制一个对象，在另一个帧中修改该对象或重新绘制其他对象，然后由Animate计算出两帧之间的差距并插入过渡帧，从而创建出的动画效果。

最简单的补间形状动画至少应包括两个关键帧(一个起始帧和一个结束帧)，在起始帧和结束帧上至少各有一个不同的形状，Animate根据两个形状之间的差别生成补间形状动画。

【练习4-19】使用Animate制作"镜面反射"动画。 视频

01 启动Animate后选择【文件】|【新建】命令，新建一个动画文档。

02 在【时间轴】面板中单击【新建图层】按钮⊞创建一个新图层，然后将"图层_1"重命名为"镜面"，选择【线条工具】╱，在舞台中绘制图4-102左图所示的图形；将"图层_2"重命名为"光线"，选择【线条工具】╱，在舞台中绘制图4-102右图所示的直线。

03 在【时间轴】面板中选中【镜面】图层的第5帧，然后右击，在弹出的快捷菜单中选择【插入帧】命令，插入一个普通帧；选中【光线】图层的第5帧，右击鼠标，在弹出的快捷菜单中选择【插入关键帧】命令，插入一个关键帧。

04 在【光线】图层的第5帧中通过拖动鼠标调整舞台中直线的长度，如图4-103所示。

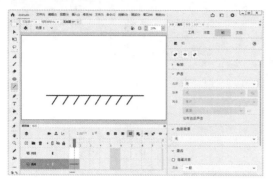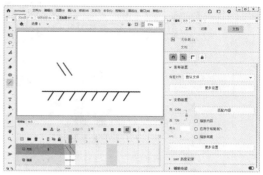

图4-102 绘制镜面和光线

05 右击【光线】图层第1帧和第5帧之间的任意一帧，在弹出的快捷菜单中选择【创建补间形状】命令，如图4-104所示，在第1帧和第5帧之间创建补间形状动画。

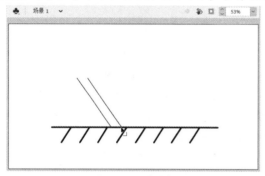

图4-103 调整线条　　　　　　　　　　　　　图4-104 创建补间形状动画

06 按下Ctrl+Enter快捷键测试影片，将显示两条线段延长的动画效果。

07 在【时间轴】面板中单击【新建图层】按钮⊞，在【光线】图层之下创建一个名为"光线_2"的图层，然后在该图层的第5帧插入一个关键帧。

08 选择【线条工具】 ，在【光线_2】图层的第5帧中绘制图4-105所示的直线。

09 在【光线】和【镜面】图层的第10帧插入普通帧，在【光线_2】图层的第10帧插入关键帧，然后在【光线_2】图层第10帧中调整舞台中的直线，使其如图4-106所示。

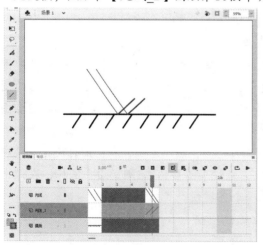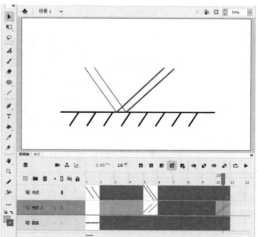

图4-105 在第5帧绘制直线　　　　　　　　　　图4-106 在第10帧调整直线

[10] 右击【光线_2】图层第5帧和第10帧之间的任意一帧，从弹出的快捷菜单中选择
【创建补间形状】命令，创建补间形状动画。

[11] 在【光线_2】图层和【镜面】图层的第11帧插入普通帧，在【光线】图层的第11
帧插入关键帧，然后选中【光线】图层的第11帧，在【工具】面板中选择【线条工具】／，
在【属性】面板中单击【样式选项】按钮…，在弹出的列表中选择【画笔库】选项，如
图4-107左图所示。

[12] 在【画笔库】对话框中，展开Arrows | Arrows Standard选项，在显示的笔触列表中
选择一种箭头样式，然后双击应用该样式，如图4-107右图所示。

图4-107　设置画笔

[13] 关闭【画笔库】对话框，在舞台中绘制如图4-108所示的箭头。这些箭头将在补间
形状动画播放结束后显示在动画中。

[14] 在【时间轴】面板中单击【新建图层】按钮⊞，创建一个【文本】图层，然后在
工具栏中选择【文本工具】T，在舞台中添加文本，如图4-109所示。

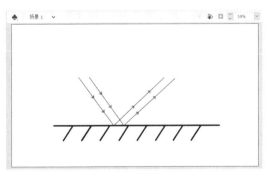

图4-108　绘制箭头

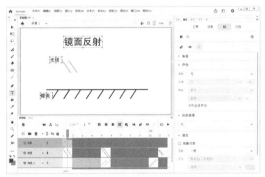

图4-109　添加文本

[15] 选择【文件】|【保存】命令保存文档，然后按下Ctrl+Enter快捷键测试影片。

当创建补间形状动画后，可以进行适当的编辑操作。具体方法是：选中补间形状动画
中的某一帧，打开【属性】面板，在【补间】组中设置动画参数，如图4-110所示。

○　【缓动】：用于设置补间形状动画缓动的速度。用户可以设置缓动类型、缓动强
度等选项，单击【编辑缓动】按钮╱将打开图4-111所示的【自定义缓动】对话
框，在该对话框中可以自定义缓动的补间时间。

图4-110　【补间】组

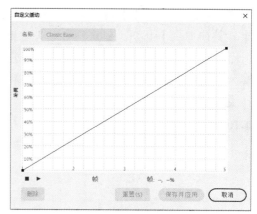

图4-111　【自定义缓动】对话框

○　【混合】：单击【混合】按钮，在弹出的下拉列表中选择【角形】选项，在创建的动画中形状会保留明显的角和直线(适合具有锐化转角和直线的混合形状)；选择【分布式】选项，在创建的动画中形状会比较平滑和不规则。

此外，在创建补间形状动画时，如果要控制较为复杂的动画，可以使用形状提示。选择补间形状动画的起始帧，选择【修改】|【形状】|【添加形状提示】命令，即可添加形状提示。形状提示会标识动画起始形状和结束形状中相对应的点，以控制形状的变化，从而达到更加精确的动画效果。

【练习4-20】在Animate中利用补间形状动画制作一个"文字变化"动画。🔘视频

01　启动Animate后选择【文件】|【新建】命令，创建一个动画文件。选择【文件】|【导入】|【导入到库】命令，打开【导入到库】对话框，选中本例素材图片文件后，单击【打开】按钮，如图4-112所示。

02　选中【图层1】图层的第1帧，打开【库】面板，将一个图片素材拖动至舞台中，然后选择【修改】|【位图】|【转换位图为矢量图】命令，将图片转换为矢量图，如图4-113所示。

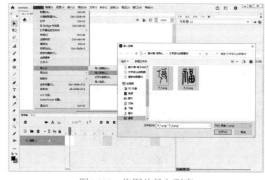

图4-112　将图片导入到库

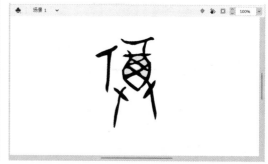

图4-113　将位图转换为矢量图

03　选中【图层1】图层的第10帧，右击鼠标，在弹出的快捷菜单中选择【空白关键帧】命令，插入空白关键帧，如图4-114所示。

04　选中第10帧，将【库】面板中的图片拖动到舞台上，并选择【修改】|【位图】|【转换位图为矢量图】命令，将图片转换为矢量图，如图4-115所示。

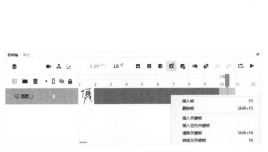

图4-114　插入空白关键帧

图4-115　在第10帧插入矢量图

05 右击第1帧和第10帧之间的任意帧，在弹出的快捷菜单中选择【创建补间形状】命令，创建补间形状动画。

06 选中第1帧，选择【修改】|【形状】|【添加形状提示】命令，拖动舞台中的提示符，添加几个形状提示符，如图4-116左图所示。

07 选中第10帧，添加图4-116右图所示的形状提示符。在第15帧插入关键帧。

08 在第20帧处右击鼠标，在弹出的快捷菜单中选择【插入帧】命令，插入普通帧，延长帧动作，如图4-117所示。

图4-116　添加形状提示符

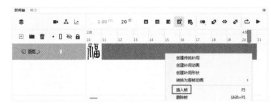

图4-117　添加普通帧

09 选择【文件】|【保存】命令保存文档，然后按下Ctrl+Enter快捷键测试影片。

4.3.3　制作传统补间动画

传统补间动画又称为中间帧动画或渐变动画。在Animate中制作传统补间动画时，只需要创建起始和结束画面，动画的中间部分由软件自动生成动作补间效果。

Animate不仅可以对实例、组合类型的位置、大小、旋转和倾斜进行补间，还可以对实例和类型的颜色进行补间、创建渐变的颜色切换或使实例淡入或淡出。若要补间组合或类型的颜色，可以将其转换为元件。若要使文本块中的单个字符分别动起来，可以将每个字符放在独立的文本框中。如果应用传统补间，更改两个关键帧之间的帧数，或移动任一关键帧中的元件，Animate会自动重新对帧进行补间。

【练习4-21】使用Animate为"英语"课件的开头部分制作传统补间动画。 📹视频

01 启动Animate后选择【文件】|【新建】命令，创建一个动画文件。在【时间轴】面板中单击【新建图层】按钮田，新建一个图层。

02 在【时间轴】面板中将【图层_1】图层和【图层_2】图层分别重命名为【背景】图层和【汽车】图层，然后选中【背景】图层的第1帧，选择【文件】|【导入】|【导入到

舞台】命令，在舞台中导入一个背景图片。

03 选择【修改】|【文档】命令，打开【文档设置】对话框，单击【匹配内容】按钮后单击【确定】按钮。

04 选中【汽车】图层的第1帧，选择【文件】|【导入】|【导入到舞台】命令，在舞台中导入一个汽车图片，然后右击该图片，在弹出的快捷菜单中选择【转换为元件】命令，如图4-118左图所示。

05 打开【转换为元件】对话框，在【名称】文本框中输入"汽车"，将【类型】设置为【影片剪辑】，然后单击【确定】按钮，如图4-118右图所示。将图片转换为元件。

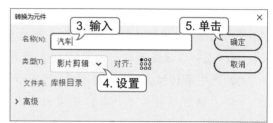

图4-118　将图片转换为元件

06 调整舞台中汽车的位置，使其位于舞台之外，如图4-119所示。

07 在【背景】图层的第5帧插入普通帧，在【汽车】图层的第5帧插入关键帧，然后调整【汽车】图层第5帧中汽车的位置，如图4-120所示。

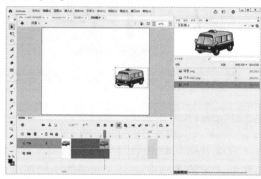

图4-119　第1帧汽车的位置　　　　　　图4-120　第5帧汽车的位置

08 使用同样的方法，分别设置汽车在第10、15、20、25帧的位置。

09 右击【汽车】图层第1~5帧中的任意帧，在弹出的快捷菜单中选择【创建传统补间】命令，创建传统补间动画，如图4-121所示。

10 使用同样的方法，分别在第5~10帧、第10~15帧、第15~20帧、第20~25帧中创建传统补间动画。

11 此时，按下Ctrl+Enter快捷键测试影片，动画中的汽车将从右向左移动，如图4-122所示。

12 在【时间轴】面板中单击【新建图层】按钮⊞，新建一个图层，并将该图层重命名为"文本"图层。

图4-121　创建传统补间动画

图4-122　测试动画效果

13 在【工具】面板中选择【文本工具】**T**，在舞台中添加一段文本，然后选中添加的文本，选择【修改】|【分离】命令，将文本分离，如图4-123所示。

14 将分离后的每一个字母都转换为元件，然后删除舞台中的所有字母。

15 在【文本】图层的第5~25帧分别插入一个关键帧，然后在【库】面板中将转换为元件后的字母拖动至【文本】图层的第5~25帧中，并在每一个关键帧中使用【任意变形工具】，调整每个字母的旋转角度，如图4-124所示，制作一个逐帧动画。

图4-123　分离文本

图4-124　制作逐帧动画

16 按下Ctrl+Enter快捷键测试影片，动画中的汽车在从左向右移动的同时，字母会跟着汽车进入画面。选择【文件】|【保存】命令，保存动画文件。

在创建传统补间动画之后，可以通过【属性】面板对动画进一步编辑。选中传统补间动画的任意一帧，打开图4-125所示的【属性】面板，其中主要选项的功能说明如下。

○ 【缓动】可以设置传统补间动画的缓动速度。单击【编辑缓动】按钮，将会打开【自定义缓动】对话框，在该对话框中可以调整缓动的变化速率，以此调节缓动速度，如图4-126所示。

图4-125　【属性】面板

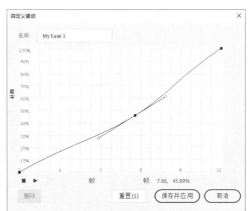

图4-126　【自定义缓动】对话框

- ○ 【旋转】：单击该按钮，在弹出的下拉列表中可以选择对象在运动的同时产生旋转效果，在其后的文本框中可以设置旋转的次数。
- ○ 【贴紧】：选中该复选框，可以将对象自动对齐到路径上。
- ○ 【调整到路径】：选中该复选框，可以保证动画中的运动元件首尾帧与运动路径方向一致。
- ○ 【同步元件】：选中该复选框，可以对实例进行同步校准。
- ○ 【缩放】：选中该复选框，可以将对象进行缩放。

4.3.4 制作补间动画

补间动画是通过为一个帧中的对象属性指定一个值，然后为另一个帧中相同属性的对象指定另一个值而创建的动画。

【练习4-22】使用Animate制作一个"小球绕线做曲线运动"的补间动画。

01 启动Animate后选择【文件】|【新建】命令，创建一个动画文件，然后在【时间轴】面板中单击【新建图层】按钮⊞，新建一个图层。

02 在【时间轴】面板中将【图层_1】图层和【图层_2】图层分别重命名为【线】图层和【球】图层，然后选中【线】图层的第1帧，使用【线条工具】，在舞台中绘制一条直线。

03 选中【球】图层的第1帧，使用【椭圆】工具在舞台中绘制一个圆形形状，如图4-127所示。

04 在【线】图层的第25帧右击鼠标，在弹出的快捷菜单中选择【插入帧】命令创建一个普通帧。选中【球】图层的第1帧，在舞台中右击圆形形状，从弹出的快捷菜单中选择【转换为元件】命令，将圆形形状转换为【球】元件。

05 在【球】图层的第1帧右击鼠标，从弹出的快捷菜单中选择【创建补间动画】命令，此时【球】图层添加了补间动画。

06 在【球】图层的第5帧右击鼠标，从弹出的快捷菜单中选择【插入关键帧】|【位置】命令，插入属性关键帧，如图4-128所示。

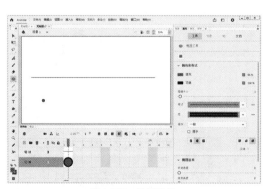

图4-127　绘制形状

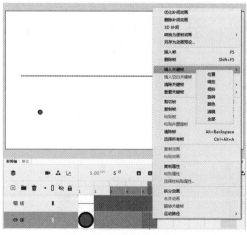

图4-128　插入属性关键帧

07 使用【选择工具】▶调整【球】元件实例在舞台中的位置，改变其运动路径，如图4-129所示。

08 使用同样的方法，分别在第10、15、20、25帧插入属性关键帧，并调整【球】元件在舞台中的位置。

09 使用【选择工具】▶，拖动调整运动路径，使其变为弧形，如图4-130所示。

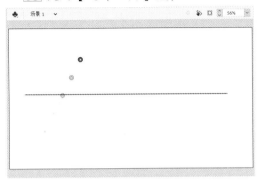
图4-129　调整元件位置

图4-130　调整运动路径

10 按下Ctrl+Enter快捷键测试影片，动画中的球将绕着直线从左向右移动。

在Animate中，还可以使用动画预设来创建补间动画。动画预设是预先配置的补间动画，将这些动画应用到舞台中的对象上，可以快速创建出所选的动画效果。

【练习4-23】使用动画预设在课件中快速创建动画效果。📹视频

01 启动Animate后打开素材文件，选中物体中的图片对象，右击鼠标，在弹出的快捷菜单中选择【转换为元件】命令，将其转换为元件。

02 选中舞台中的元件实例，选择【窗口】|【动画预设】命令，显示【动画预设】面板，选中一种预设动画(如"从底部飞入"动画)，然后单击【应用】按钮，如图4-131所示。

03 此时，将在【时间轴】面板中创建一个图层并应用预设的动画，如图4-132所示。

图4-131　选中并应用预设动画

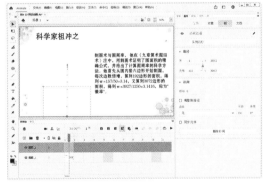
图4-132　创建预设动画

04 在新建图层中调整动画的效果，在【图层_1】图层中创建普通帧，然后按下Ctrl+Enter快捷键测试影片即可观察动画的效果。

在Animate中可以将创建的补间动画保存为动画预设，也可以修改【动画预设】面板中应用的补间动画，再将其另存为新的动画预设(新的预设显示在【动画预设】面板的

【自定义预设】文件夹中),具体操作方法详见下面的【练习4-24】。

【练习4-24】将创建的补间动画保存为动画预设。 🔘视频

01 继续【练习4-23】的操作,在【时间轴】面板中选中补间动画的范围,然后单击【动画预设】面板中的【将选区另存为预设】按钮⊞。

02 打开【将预设另存为】对话框,在【预设名称】文本框中输入预设动画的名称,然后单击【确定】按钮,如图4-133所示。

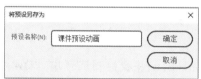

图4-133 保存动画预设

4.3.5 制作遮罩层动画

使用Animate的遮罩层可以制作更加复杂的动画,在动画中只需要设置一个遮罩层,就能遮掩一些对象,从而制作出灯光移动或其他复杂的动画效果。

【练习4-25】使用Animate制作"卷轴展开"动画。 🔘视频

01 启动Animate后选择【文件】|【新建】命令,创建一个动画文件,然后选择【文件】|【导入到舞台】命令,将卷轴素材图片导入舞台中,如图4-134所示。

02 在【图层_1】图层的第80帧插入一个普通帧,如图4-135所示。

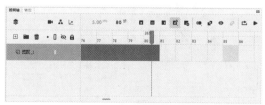

图4-134 将卷轴素材图片导入至舞台　　　　图4-135 在第80帧处插入普通帧

03 在【时间轴】面板中单击【新建图层】按钮⊞,新建一个图层并将其重命名为"遮罩层"。

04 选中【遮罩层】图层的第1帧,使用【矩形工具】▮,在舞台中绘制图4-136所示的矩形。

05 在【遮罩层】图层的第50帧右击，从弹出的快捷菜单中选择【关键帧】命令，插入一个关键帧，然后在舞台中调整矩形的大小和位置，使其效果如图4-137所示。

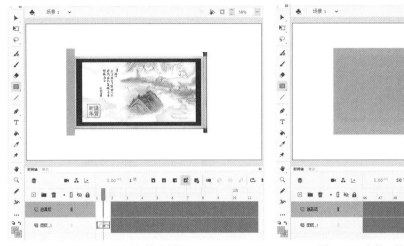

图4-136　在第1帧绘制矩形

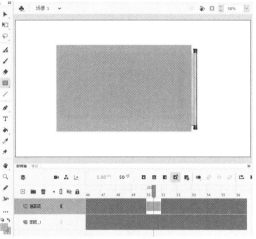

图4-137　在第50帧关键帧中调整矩形

06 在【遮罩层】图层的第1~50帧中的任意帧右击鼠标，从弹出的快捷菜单中选择【创建补间形状】命令，创建补间形状动画。

07 在【时间轴】面板中右击【遮罩层】图层，在弹出的快捷菜单中选择【遮罩层】命令，如图4-138所示。

08 在【时间轴】面板中单击【新建图层】按钮 ⊞，新建一个图层并将其重命名为"卷轴"，然后选中该图层的第1帧，在舞台中导入图4-139所示的图片。

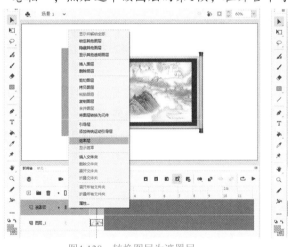

图4-138　转换图层为遮罩层

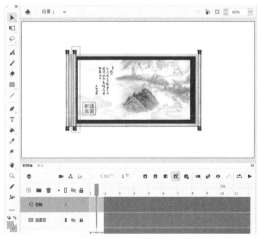

图4-139　插入卷轴图片

09 右击上一步插入舞台中的图片，在弹出的快捷菜单中选择【转换为元件】命令，将其转换为元件，然后右击【卷轴】图层的第5帧，在弹出的快捷菜单中选择【插入关键帧】命令，插入一个关键帧。

10 调整物体中【卷轴】元件实例的位置，使其位于卷轴的右侧，如图4-140所示。

11 右击【卷轴】图层第1~50帧中的任意一帧，在弹出的快捷菜单中选择【创建传统补间】命令，创建传统补间动画。

12 按Ctrl+Enter快捷键测试影片，动画中的卷轴将会缓缓地从左向右展开，如图4-141所示。

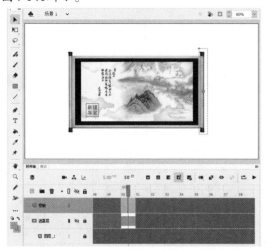
图4-140　调整元件实例的位置

图4-141　测试动画效果

在遮罩层中，与遮罩层相关联的图层中的实心对象将被视为一个透明的区域，透过这个区域可以看到遮罩层下面一层的内容；而与遮罩层没有关联的图层则不会被看到。其中，遮罩层中的实心对象可以是填充的形状、文本对象、图形元件的实例或影片剪辑等，而线条不能作为与遮罩层相关联的图层中的实心对象。

4.3.6　制作引导层动画

在Animate中，引导层是一种特殊的图层，在该图层中，同样可以导入图形和引入元件，但是最终发布动画时引导层中的对象不会显示出来。按照引导层发挥的功能不同，可以分为普通引导层和传统运动引导层两种类型。

- 普通引导层：普通引导层在【时间轴】面板的图层名称前会显示 ✕ 图标，该图层主要用于辅助静态对象的定位，并且可不产生引导层而单独使用。
- 传统运动引导层：传统运动引导层在时间轴上以 ⌒ 按钮表示，主要用于绘制对象的运动路径，可以将一个图层链接到一个传统运动引导层中，使图层中的对象沿引导层中的路径运动。此时，该图层将位于传统运动引导层下方并成为被引导层。

【练习4-26】利用引导层动画制作"小球沿正弦曲线做运动"动画。 ⬤视频

01 启动Animate后选择【文件】|【新建】命令，创建一个动画文件，然后在【工具】面板中选择【椭圆工具】 ●，在舞台中绘制一个椭圆形状。

02 选择【选择工具】 ▶，选取椭圆形状的下半部分，如图4-142所示，然后按下Delete键将选中的形状删除。

03 选中椭圆剩下的部分，按下Ctrl+D快捷键将其复制一份，然后选择【任意变形工具】 ▦，将复制的图形旋转180°并调整其位置，如图4-143所示。

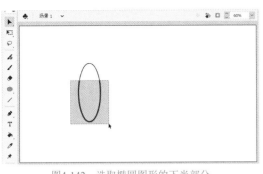

图4-142　选取椭圆图形的下半部分

图4-143　调整形状的位置

04 重复以上操作，在舞台中绘制如图4-144所示的波浪曲线。

05 在【时间轴】面板中单击【新建图层】按钮田，新建一个图层并将其重命名为"直线"图层，然后选择【线条工具】，在舞台中绘制一条直线，如图4-145所示。

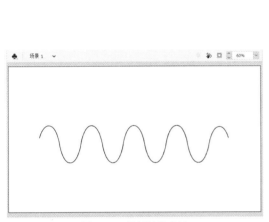

图4-144　绘制波浪曲线

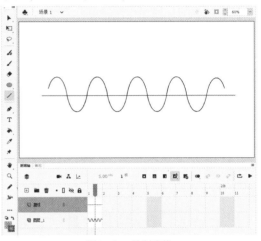

图4-145　绘制直线

06 在【时间轴】面板中单击【新建图层】按钮田，新建一个图层并将其重命名为"小球"图层。

07 选中【小球】图层，选择【椭圆工具】，按住Shift键在舞台中绘制一个圆形图形，如图4-146所示。

08 右击舞台中的圆形图形，在弹出的快捷菜单中选择【转换为元件】命令，将图形转换为元件。

09 在【直线】图层的第30帧右击，从弹出的快捷菜单中选择【插入帧】命令。

10 在【小球】图层上右击，从弹出的快捷菜单中选择【添加传统运动引导层】命令，为【小球】图层添加传统运动引导层，如图4-147所示。

11 选中【图层_1】图层中绘制的曲线，按下Ctrl+X快捷键将其剪切，然后选择【引导层】图层的第1帧，按下Ctrl+V快捷键将剪切的曲线粘贴至该帧。

12 选中并右击舞台中的曲线，在弹出的快捷菜单中选择【转换为位图】命令，将曲线转换为位图。

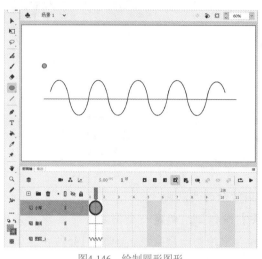
图4-146　绘制圆形图形

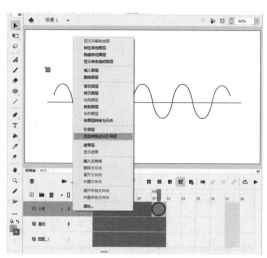
图4-147　添加传统运动引导层

13 右击转换为位图的曲线，在弹出的快捷菜单中选择【转换位图为矢量图】命令，将位图曲线转换为矢量图。

14 在【引导层】图层的第30帧插入一个关键帧。

15 在【小球】图层选中第1帧，调整舞台中小球的位置，如图4-148所示。

16 在【小球】图层的第30帧插入一个关键帧，然后调整舞台中小球的位置，如图4-149所示。

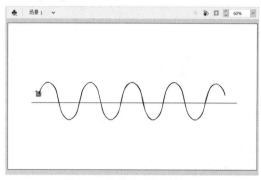

图4-148　调整小球的起始位置　　　　　　图4-149　调整小球结束运动的位置

17 在【小球】图层第1~30帧中的任意帧上右击，从弹出的快捷菜单中选择【创建传统补间】命令，创建传统补间动画。

18 按Ctrl+Enter快捷键测试影片，动画中的小球将沿着曲线运动。

4.4　设置课件交互

课件交互是指在动画型课件的基础上，教师能够根据教学情况，对课件内容进行控制，从而实现简单的人机交互。例如，单击按钮对课件的内容进行控制、单击目录选择课件内容、录入答案判断是否正确、拖动课件中的图形至合适的位置等。在动画中设置交互后，能够使多媒体CAI课件的辅助教学效果更加灵活、生动。

4.4.1 使用按钮实现交互

用户可以在课件中通过添加的按钮对课件进行交互控制(例如播放、暂停、跳转场景、访问网站等)，从而使课件在课堂教学中的应用更加灵活、方便。

1. 暂停 / 播放按钮

【练习4-27】在【练习4-26】制作的课件中添加【播放】和【暂停】按钮。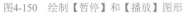视频

01 继续【练习4-26】的操作，选中【小球】图层，单击【新建图层】按钮⊞，新建一个图层并将其重命名为"按钮"图层。

02 选中【按钮】图层，在舞台中绘制图4-150所示的【暂停】和【播放】图形。

03 选中【暂停】图形，右击，在弹出的快捷菜单中选择【转换为元件】命令，打开【转换为元件】对话框，在【名称】文本框中输入"暂停按钮"，将【类型】设置为【按钮】，然后单击【确定】按钮，如图4-151所示。

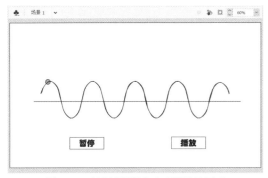

图4-150　绘制【暂停】和【播放】图形

图4-151　制作【暂停】按钮

04 选中【播放】图形，右击，在弹出的快捷菜单中选择【转换为元件】命令，打开【转换为元件】对话框，在【名称】文本框中输入"播放按钮"，将【类型】设置为【按钮】，然后单击【确定】按钮，如图4-152所示。

05 右击【按钮】图层的第1帧，在弹出的快捷菜单中选择【动作】命令，打开【动作】面板，输入以下代码：

```
btn_play.addEventListener(MouseEvent.CLICK,PlayEvent);
btn_stop.addEventListener(MouseEvent.CLICK,StopEvent);
function PlayEvent(e:MouseEvent):void
{
this.play();
}
function StopEvent(e:MouseEvent):void
{
this.stop();
}
```

输入代码后的【动作】面板如图4-153所示。

图4-152　制作【播放】按钮

图4-153　【动作】面板

06 在舞台中选中【暂停】元件实例，在【属性】面板的【实例名称】文本框中输入"btn_stop"，如图4-154左图所示；选中【播放】元件实例，在【属性】面板的【实例名称】文本框中输入"btn_play"，如图4-154右图所示。

图4-154　设置实例名称

07 按Ctrl+Enter快捷键测试影片，单击动画中的【暂停】按钮可以停止动画播放，单击【播放】按钮则可以继续播放动画。

2. 下一页 / 上一页按钮

【练习4-28】在动画型课件中添加可以跳转场景的【下一页】按钮。

01 启动Animate后打开素材文件，选择【文件】|【导入】|【导入到舞台】命令，在舞台中导入图4-155所示的【下一页】按钮(其中【下一页】按钮位于一个单独的图层中)。

02 选择【插入】|【场景】命令，插入【场景2】并在其中添加图4-156所示的内容(其中【上一页】按钮位于一个单独的图层中)。

图4-155　在【场景1】中导入按钮图片

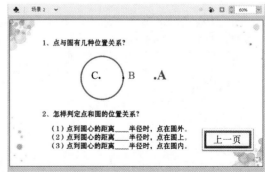

图4-156　插入【场景2】

03 选中【场景2】场景中的【上一页】按钮图片，右击，在弹出的快捷菜单中选择

【转换为元件】命令，将图片转换为按钮元件，并在【属性】面板中将【实例名称】设置为"btn0"，如图4-157所示。

04 在【时间轴】面板中右击【按钮】图层的第1帧，在弹出的快捷菜单中选择【动作】命令，打开【动作】面板，输入以下代码：

```
stop();
btn0.addEventListener(MouseEvent.CLICK,ChangeToSence2);
function ChangeToSence2(e:MouseEvent):void
{
    this.gotoAndStop(1,"场景 1");
}
```

输入代码后的【动作】面板如图4-158所示。

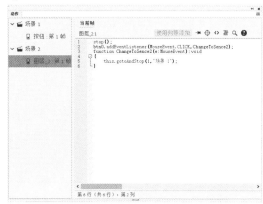

图4-157 设置【上一页】按钮实例名称　　　　　　图4-158 输入代码

05 单击舞台右上角的【场景】下拉按钮，在弹出的下拉列表中选择【场景1】选项，切换回【场景1】场景。

06 选中舞台中的【下一页】按钮图片，右击，在弹出的快捷菜单中选择【转换为元件】命令，将图片转换为按钮元件，并在【属性】面板中将【实例名称】设置为"btn1"。

07 在【时间轴】面板中右击【按钮】图层的第1帧，在弹出的快捷菜单中选择【动作】命令，打开【动作】面板，输入以下代码：

```
stop();
btn1.addEventListener(MouseEvent.CLICK,ChangeToSence1);
function ChangeToSence1(e:MouseEvent):void
{
    this.gotoAndStop(1,"场景 2");
}
```

08 按Ctrl+Enter快捷键测试影片，单击动画中的【下一页】按钮和【上一页】按钮，可以在两个动画场景中相互切换。

3. 访问网站按钮

【练习4-29】在动画型课件中添加可以访问指定网站的按钮。●视频

01 启动Animate后打开素材文件，选中物体中的文本"崔颢"，然后右击，在弹出的

快捷菜单中选择【转换为元件】命令，将文本转换为按钮类型的元件，并在【属性】面板中将其实例名称设置为"btn_url"，如图4-159所示。

图4-159　将文本转换为元件

02 在【时间轴】面板中单击【新建图层】按钮⊞，新建【图层_2】图层，然后右击该图层的第1帧，从弹出的快捷菜单中选择【动作】命令。

03 打开【动作】面板，输入以下代码：

```
btn_url.addEventListener(MouseEvent.CLICK,OpenURL);
function OpenURL(e:MouseEvent):void
{
var url:String = "http://www.chinapoesy.com/TangShiAuthor147_1.html";
var request:URLRequest = new URLRequest(url);
navigateToURL(request,"_blank");
}
```

04 按Ctrl+Enter快捷键测试影片，单击动画中的文本"崔颢"，将打开图4-160所示的网页。

图4-160　单击动画中的文本后所显示的网页

4.4.2　输入文本实现交互

让教师和学生在课件中输入文本内容、填写答案，可以实现简单的人机交互功能。

【练习4-30】制作《10以内的加法运算》动画课件。🔴视频

01 启动Animate后打开素材文件，在【工具】面板中选择【文本工具】Ⅱ，打开【属性】面板，设置文本类型为【动态文本】，然后在舞台中绘制一个图4-161所示的文本框。

图4-161 绘制动态文本框

02 选中舞台中的动态文本框,在【属性】面板中设置【实例名称】为"shu_1",【填充】为【白色】,【大小】为80pt,如图4-162所示。

03 在【工具】面板中选择【文本工具】T,在【属性】面板中设置文本类型为【静态文本】,然后在舞台中输入图4-163所示的"+"符号。

图4-162 设置动态文本框属性

图4-163 输入"+"符号

04 选择【文本工具】T,打开【属性】面板,设置文本类型为【动态文本】,使用步骤**01**和**02**中相同的方法,在舞台中再绘制一个动态文本框(其【实例名称】为"shu_2"),如图4-164所示。

05 选择【文本工具】T,在【属性】面板中设置文本类型为【静态文本】,然后在舞台中输入图4-165所示的"="符号。

图4-164 绘制第2个动态文本框

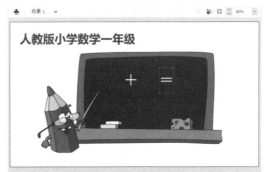

图4-165 输入"="符号

06 选择【文本工具】**T**，设置文本类型为【输入文本】，在舞台中绘制一个输入文本框，并在【属性】面板中设置其【字符】参数，如图4-166所示。

07 选择【插入】|【创建新元件】命令，打开【创建新元件】对话框，在【名称】文本框中输入"提示信息"，将【类型】设置为【影片剪辑】，然后单击【确定】按钮，如图4-167所示。

图4-166　绘制输入文本框

图4-167　【创建新元件】对话框

08 右击元件的第1帧，在弹出的快捷菜单中选择【动作】命令，打开【动作】面板，输入以下代码(如图4-168所示)：

```
stop();
```

09 右击第2帧，在弹出的快捷菜单中选择【插入关键帧】命令，插入关键帧，然后选择【文本工具】**T**，在舞台中输入静态文本"正确"。

10 右击第3帧，在弹出的快捷菜单中选择【插入关键帧】命令，插入关键帧，然后选择【文本工具】**T**，将舞台中的静态文本内容修改为"错误"，如图4-169所示。

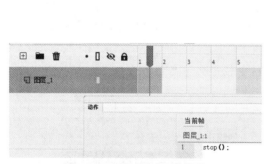

图4-168　在第1帧设置动作代码

图4-169　在第2、3帧制作提示信息

11 单击舞台右上角的←按钮返回场景，然后将【库】面板中的【提示信息】影片剪辑拖动至舞台中，如图4-170左图所示。

12 在【属性】面板中将【提示信息】元件实例的名称设置为"bj_mc"，如图4-170右图所示。

图4-170　将【提示信息】影片剪辑应用于舞台

13 在舞台中导入【出题】和【判断】按钮图片，如图4-171所示。

14 将上一步导入舞台的按钮图片转换为元件，并分别将其实例名称改为but1和but2，如图4-172所示。

图4-171　在舞台中的导入图片　　　　　　图4-172　设置元件的实例名称

15 右击【图层_1】图层的第1帧，打开【动作】面板，输入以下代码：

```
//定义3个变量
var s1:uint;
var s2:uint;
var s3:uint;
s1 = Math.floor(Math.random()*10);
s2 = Math.floor(Math.random()*10);
shu_1.text=String(s1);
shu_2.text=String(s2);
bj_mc.gotoAndStop(1);
//【出题】按钮开始
but1.addEventListener(MouseEvent.CLICK,xyt_MouseClickHandler);
function xyt_MouseClickHandler(event:MouseEvent):void
{
    s1 = Math.floor(Math.random()*10);
    s2 = Math.floor(Math.random()*10);

    shu_1.text=String(s1);
    shu_2.text=String(s2);
```

```
        shu_3.text=" ";
        bj_mc.gotoAndStop(1);
    }
//【判断】按钮开始
but2.addEventListener(MouseEvent.CLICK,da_MouseClickHandler);
function da_MouseClickHandler(event:MouseEvent):void
    {
        s3 = Number(shu_3.text)
        if(s1+s2 == s3)
        {
                bj_mc.gotoAndStop(2);
        }
        else
        {
                bj_mc.gotoAndStop(3);
        }
    }
```

16 按Ctrl+Enter快捷键测试影片，在动画中单击【出题】按钮，并作答后单击【判断】按钮即可得到相应的反馈，如图4-173所示。

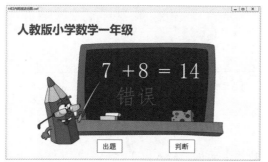

图4-173　测试动画效果

4.4.3　通过组件实现交互

如果制作的课件有较强的交互性需求，可以通过动作脚本来实现。若将组件与动作脚本配合使用，通过组件参数进行设置，并将组件所获取的信息传递给相应的脚本，然后再利用脚本来执行相应的操作，可以使课件根据教师授课的需要显示具体的内容。

【练习4-31】制作一个能够判断选择题答案是否正确的《章末复习》动画课件。 📹视频

01 启动Animate后打开素材文件，选择【文本工具】**T**，在舞台中输入图4-174所示的静态文本。

02 选择【窗口】|【组件】命令，打开【组件】面板，然后在该面板中展开User Interface选项组，将RadioButton组件拖动到舞台中，如图4-175所示。

图4-174　输入静态文本

图4-175　添加组件

03 在【属性】面板中设置单选按钮的【实例名称】为pd11，然后单击【显示参数】按钮 ，显示【组件参数】面板，在该面板中设置组件的参数，如图4-176所示。

图4-176　设置组件属性参数

04 重复以上操作，从【组件】面板中再拖入3个单选按钮至舞台，并设置其属性，如图4-177所示。

05 选择【插入】|【新建元件】命令，打开【新建元件】对话框，在【名称】文本框中输入"提示信息"，将【类型】设置为【影片剪辑】，然后单击【确定】按钮，如图4-178所示。创建【提示信息】影片剪辑。

图4-177　添加更多单选按钮

图4-178　制作提示信息

06 在【提示信息】影片剪辑的第2帧和第3帧插入关键帧，然后右击第1帧，在弹出的快捷菜单中选择【动作】命令，打开【动作】面板输入以下代码：

```
stop();
```

07 选中第2帧，选择【文本工具】**T**，在舞台中输入符号"√"，如图4-179左图所示。

08 选中第3帧，选择【文本工具】**T**，在舞台中输入符号"×"，如图4-179右图所示。

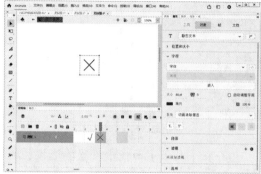

图4-179 设置【提示信息】影片剪辑的第2、3帧关键帧

09 单击舞台右上角的 ← 按钮，返回场景1。从【库】面板中将制作的【提示信息】影片剪辑拖动到舞台中，然后在【属性】面板将其【实例名称】设置为"dcl_mc"。

10 在【时间轴】面板中单击【新建图层】按钮 ⊞，创建一个名为"按钮"的图层，然后选中该图层的第1帧，选择【文件】|【导入】命令，在舞台中导入【提交】按钮图片。

11 选中上一步导入舞台的【提交】按钮图片，右击鼠标，在弹出的快捷菜单中选择【转换为元件】命令，将其转换为【按钮】类型的元件，并在【属性】面板中将该元件的【实例名称】设置为but。

12 选中【图层_1】图层的第1帧，右击鼠标，从弹出的快捷菜单中选择【动作】命令，打开【动作】面板，输入以下代码：

```
stop();

but.addEventListener(MouseEvent.CLICK,pddc);
function pddc(e:MouseEvent) {
    if (pd12.selected) {
            dcl_mc.gotoAndStop(2);
    } else {
            dcl_mc.gotoAndStop(3);
    }
}
```

13 按Ctrl+Enter快捷键测试影片，在动画中选择B选项后单击【提交】按钮，将显示图4-180左图所示的结果，否则将显示图4-180右图所示的结果。

图4-180　测试动画效果

4.5　动画课件的导出和发布

完成动画课件的制作后，可以将其导出或发布。在发布影片前，可以根据课件使用场景的需要，对影片进行适当的优化处理。还可以设置多种发布格式，以保证影片与其他应用程序相兼容。下面将主要介绍测试、优化、导出、发布动画型课件的具体方法。

4.5.1　测试课件

Animate提供了测试影片的环境，用户可以在该环境中对动画型课件进行一些简单的测试。在测试时需要注意以下几点：

- 测试影片与测试场景实际上是指生成SWF文件，并将它放置在与编辑文件相同的目录下。如果测试文件运行正常，且希望它用作最终文件，那么可以将它保存在硬盘中。
- 用户可以在Animate中选择【控制】|【测试影片】命令中的子命令或者选择【控制】|【测试场景】命令进行影片测试，在影片测试的过程中，虽然仍然在Animate环境中，但界面已经发生了改变(此时为测试环境而非编辑环境)。
- 在测试影片期间，应当完整地观看作品并对场景中所有的互动元素进行测试，查看动画有无遗漏、错误或不合理的地方。

在Animate中制作课件时，可以测试以下内容。

- 选择【控制】|【启用简单按钮】命令，可以测试按钮动画在弹起、指针经过、按下以及单击等状态下的外观。
- 选择【控制】|【播放】命令，或者在【时间轴】面板上单击【播放】按钮，可以在编辑状态下查看时间轴上的动画效果或声音效果。
- 若需要查看课件动画效果而不想听课件中的声音，可以选择【控制】|【静音】命令，然后再选择【控制】|【播放】命令测试动画效果。
- 若想多次观察动画的效果，可以选择【控制】|【循环播放】命令，然后再选择【控制】|【播放】命令测试动画效果。

○ 若课件包含多个场景。在测试时可以选择【控制】|【播放所有场景】命令，然后再选择【控制】|【播放】命令测试课件动画效果。此时Animate将按场景顺序播放课件中的所有场景。

Animate内置了测试影片和场景的选项，默认情况下完成测试会生成SWF文件，该文件将自动存放在当前编辑文件的文件夹中。

1. 测试影片

要测试课件的整个动画效果，可以选择【控制】|【调整】命令，或者按下Ctrl+Enter快捷键打开调试窗口，测试动画(此时，Animate将自动导出当前动画)。

2. 测试场景

要测试当前课件的场景，可以选择【控制】|【测试场景】命令，使Animate自动导出当前动画的当前场景，并在打开的新窗口中进行动画测试。

4.5.2 优化课件

优化动画型课件主要是为了缩短影片的下载和回放时间，动画影片的下载和回放时间与影片文件的大小成正比。

1. 优化课件文档元素

在发布动画型课件时，Animate会自动对影片进行优化处理。在导出课件之前，可以在总体上优化其影片效果，也可以优化具体的元素、文本和颜色等。

(1) 优化影片整体。对于整个动画文档，可以对其进行整体优化，包括：

○ 对于重复使用的元素，尽量使用元件、动画或者其他对象。

○ 在制作动画时，尽量使用补间动画形式。

○ 对于动画序列，使用影片剪辑而不使用图形文件。

○ 限制每个关键帧中的改变区域，在尽可能小的区域中执行动作。

○ 尽量避免使用位图图像作为背景或静态元素。

○ 尽可能使用MP3这种文件小的声音格式。

(2) 优化元素和线条。在Animate中优化动画元素和线条的方法有以下几种：

○ 尽量将元素组合在一起。

○ 对于随动画过程改变的元素和不随动画过程改变的元素，可以使用不同的图层分开。

○ 使用【优化】命令，减少线条中分隔线段的数量。

○ 尽可能少地使用虚线、点状线、锯齿状线之类的特殊线条。

○ 尽量使用【铅笔工具】 ✐ 绘制线条。

(3) 优化文本和字体。优化动画型课件中文本和字体的方法有以下几种：

○ 在动画中尽量使用同一种字体和字形，减少嵌套字体的使用。

○ 对于【嵌入字体】选项只选中需要的字符，不要包括所有字体。

(4) 优化颜色。优化颜色的方法有以下几种：

○　使用【颜色】面板，匹配课件的颜色调色板与浏览器专用的调色板。

○　减少渐变色的使用。

○　减少Alpha透明度的使用。

(5) 优化动作脚本。优化动画动作脚本的方法有以下几种：

○　选择【文件】|【发布设置】命令，打开【发布设置】对话框，在该对话框的【Flash(.swf)】选项卡中，选中【省略trace语句】复选框，这样在发布影片时就不会使用【trace】动作。

○　将经常重复使用的代码定义为函数。

○　尽量使用本地变量。

2. 优化课件动画性能

在使用Animate制作动画型课件时，有些因素会影响影片的性能。教师可以根据实际授课条件，对这些因素进行最佳选择从而实现性能的优化。

(1) 使用位图缓存。在以下情况下使用位图缓存，可以优化动画型课件的性能。

○　在滚动文本字段中显示大量文本时，将文本字段放置在滚动框设置为可滚动的影片剪辑中，能够加快指定实例的像素滚动。

○　影片中若包含矢量数据的复杂背景图像，可以将内容存储在【影片剪辑】元件中，然后将opaqueBackground属性设置为true。此时，背景将呈现为位图，可以迅速地重新绘制，更快地播放动画。

(2) 使用滤镜。在文档中使用太多滤镜，会占用大量内容，从而影响动画性能。如果出现内存不足的提示，会出现以下情况：

○　忽略滤镜数组。

○　使用常规矢量渲染器绘制影片剪辑。

○　影片剪辑不缓存任何位图。

4.5.3　发布课件

Animate制作的动画一般为FLA格式，在默认情况下，使用【发布】命令可以创建SWF文件，也可以创建将Animate影片插入浏览器时所需的HTML文档。除此之外，Animate还提供了多种其他发布格式，用户可以根据课件的使用环境选择其发布参数。

1. 使用【发布设置】对话框

在发布Animate文档之前，首先需要确定发布的格式并设置格式的发布参数。在发布Animate文档的过程中，最好为要发布的文档创建一个文件夹，将需要发布的文件保存在该文件夹中，然后在Animate软件中选择【文件】|【发布设置】命令，打开图4-181所示的【发布设置】对话框，对文档的发布参数进行设置。

在【发布设置】对话框中提供了多种发布格式，当选择某种发布格式后，若该格式包含参数设置，则会显示相应的格式选项卡，用于设置具体发布格式的参数。图4-181左图所示为选择【Flash(.swf)】后显示的选项卡；图4-181中图所示为选择【HTML包装器】后显示的选项卡，图4-181右图所示为选择【GIF图像】后显示的选项卡。

图4-181　【发布设置】对话框

在默认情况下，发布Animate影片时会使用其文档的原有名称，若需要为文档命名新的名称，可以在【发布设置】对话框的【输出名称】文本框中输入新的文档名。

在【发布设置】对话框中完成发布设置后，单击【确定】按钮，可以保存设置但不发布文档。选择【文件】|【发布】命令，或按下Shift+F12快捷键，Animate会将动画文档发布到其源文件所在的文件夹中。若在【发布设置】对话框中单击【选择发布目标】按钮🗁，更改了文档的发布路径，Animate会将文档发布到设置路径所指向的文件夹中。

2. 设置 Flash 发布格式

Flash动画格式是Animate自身的动画格式，也是输出动画的默认格式。在【发布设置】对话框中设置输出动画文档时，选中【Flash(.swf)】复选框，在显示的选项区域中可以设定Flash动画的选项参数，如图4-181左图所示。其中主要选项的功能说明如下。

○ 【目标】：单击【目标】下拉按钮，在弹出的下拉列表中可以选择输出Flash动画的版本，如图4-182所示。由于Flash动画的播放需要依靠插件的支持，如果用户系统中没有安装高版本的插件，那么使用高版本输出的Flash动画在系统中就不能被正确地播放；如果系统使用低版本的插件，Flash动画所有的新增功能将无法正确地运行。因此，除非有必要，一般不提倡使用低版本插件输出Flash动画。

○ 【高级】：【高级】选项区域主要包括一组复选框。其中【防止导入】复选框可以防止Animate生成的动画文件被他人非法导入新的动画文件中继续编辑，选中【防止导入】复选框后，【密码】文本框将被激活，在其中可以设置导入动画的密码，设置密码后，当文档被再次导入Animate时，将会被要求输入正确的密码。选中【压缩影片】复选框可以在发布动画时对视频进行压缩处理，使动画文档便于在网络上快速传输。选中【允许调试】复选框后，允许在Animate的外部跟踪动画文件。选中【包括隐藏图层】复选框，可以将动画的隐藏图层导出。在【脚本时间限制】文本框中可以输入具体的数值，用于限制脚本的运行时间。

○ 【JPEG品质】：调整【JPEG品质】参数可以设置位图在Animate动画中的JPEG压缩比例和画质。

○ 【音频流】和【音频事件】：单击这两个选项可以打开图4-183所示的【声音设置】对话框，在该对话框中可以为影片中所有的音频流或事件声音设置比特率和品质。

图4-182 【目标】下拉列表

图4-183 【声音设置】对话框

3. 设置 HTML 发布格式

在默认情况下，HTML文档格式是随Animate文档格式一起发布的，要在Web浏览器中播放Flash动画，则必须创建HTML文档、激活电影和指定浏览器设置。在【发布设置】对话框中选中【HTML包装器】复选框，在显示的选项区域中可以设置HTML发布格式，其中比较重要选项的功能说明如下。

○ 【模板】：【模板】下拉列表用于选择一个已安装的模板，如图4-184所示。单击【信息】按钮，可以打开【HTML模板信息】对话框，其中显示了所选模板的说明信息，如图4-185所示。

图4-184 【模板】下拉列表

图4-185 【HTML模板信息】对话框

- ○ 【检测Flash版本】：用于检测打开当前影片所需要的最低Flash版本。选中【检测Flash版本】复选框后，【版本】选项中的两个文本框将处于可输入状态，用户可以在其中输入代表版本序号的数字。

- ○ 【大小】：用于设置影片的宽度和高度值。在【大小】下拉列表中选择【匹配影片】选项后，浏览器尺寸的设置与影片相同；选择【像素】选项后，允许在【宽】和【高】文本框中输入像素值；选择【百分比】选项后允许设置和浏览器窗口相对大小的影片尺寸，用户可以在【宽】和【高】文本框中输入数值确定百分比。

- ○ 【播放】：在【播放】选项组中可以设置循环、显示菜单和设备字体参数。选中【开始时暂停】复选框，影片只有在访问者启动时才播放。访问者可以通过单击影片中的按钮或右击后，从弹出的快捷菜单中选择【播放】命令来启动影片；选中【循环】复选框，影片在到达结尾后将再次从头开始播放；选中【显示菜单】复选框后，用户在浏览器中右击，将显示快捷菜单；选中【设备字体】复选框后将替换用户系统中未安装的系统字体。

- ○ 【品质】：【品质】下拉列表用于设置导出文档的效果品质，包括【低】【中】【高】【自动降低】【自动升高】和【最佳】等几个选项。其中【最佳】选项可以提供最佳的动画显示品质。

- ○ 【窗口模式】：在【窗口模式】下拉列表中，允许用户设置动画的窗口模式，包括【窗口】【不透明无窗口】【透明无窗口】和【直接】等几个选项。

- ○ 【HTML对齐】：在【HTML对齐】下拉列表中，可以通过选择对齐属性来决定Flash动画窗口在浏览器中的定位方式，包括【左】【右】【顶部】【底部】和【默认】等几个选项。

- ○ Flash对齐选项：可以通过【Flash水平对齐】和【Flash垂直对齐】下拉列表来设置如何在影片窗口内放置影片以及在必要时如何剪裁影片边缘。

- ○ 【显示警告信息】：【显示警告信息】复选框用于设置发生冲突时显示错误消息。

4.5.4 导出课件

在Animate中导出动画型课件影片时，可创建能够在其他应用程序中进行编辑的内容，并将动画直接导出为单一格式。导出图像则可以将文档中的图像导出为动态图像和静态图像。

1. 导出影片

导出影片时不必对背景音乐、图形格式以及颜色等进行单独设置，可以把当前动画的全部内容导出为Animate支持的文件格式。要导出影片，可以选择【文件】|【导出】|【导出影片】命令，打开【导出影片】对话框，选择要保存的文件的保存类型和文件夹(例如图4-186左图所示，选择文件【保存类型】为【GIF序列】)，然后单击【保存】按钮。

打开【导出GIF】对话框，设置导出参数(大小、分辨率、颜色等)，单击【确定】按钮即可将影片导出为GIF格式，如图4-186右图所示。

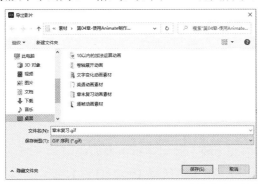

图4-186 将Animate制作的动画导出为GIF格式的文档

2. 导出图像

Animate可以将文档中的图像导出为动态图像和静态图像。一般情况下，导出的动态图像可以选择GIF格式，导出的静态图像可以选择JPEG格式。

(1) 导出动态图像。如果要导出GIF动态图像，可以选择【文件】|【导出】|【导出图像】命令，打开【导出图像】对话框，在【保存类型】下拉列表中选择GIF选项，输入文件名称，设置图像的大小和颜色，然后单击【保存】按钮(如图4-187左图所示)，打开【另存为】对话框，设置文件的保存路径和名称，单击【保存】按钮。

(2) 导出静态图像。如果要导出静态图像，可以选择【文件】|【导出图像】命令，打开【导出图像】对话框，在【保存类型】下拉列表中选择JPEG选项，然后设置其属性，单击【保存】按钮(如图4-187右图所示)，打开【另存为】对话框，设置文件的保存路径和名称，单击【保存】按钮。

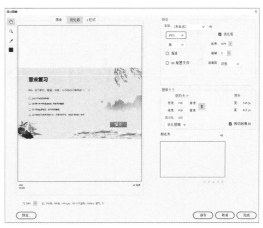

图4-187 导出动态GIF图像(左图)和静态JPEG图像(右图)

4.6 动画课件制作实例

本章前面的内容系统介绍了使用Animate软件制作动画型课件的基础知识。Animate本身功能十分强大，但限于篇幅，其中大多数实例没有介绍完整的制作过程。为了能够帮助用户全面掌握制作动画型课件的方法，本节将通过制作一个《学弈》语文课件完整地演示一个动画课件的制作过程。

4.6.1 设计课件功能

本例课件由【封面】【教学目标】【文章朗读】【词语累积】【课堂检测】和【知识拓展】6个部分组成。

- 【封面】：使用图片和文本展示课件的主题，使用声音朗读标题"学弈"，并在课件的右下角设置【下一页】按钮，用于跳转至【教学目标】页面。
- 【教学目标】：制作动画逐行展示文章的学习目标文本，在课件的右下角设置【下一页】按钮，用于跳转至【文章朗读】页面。
- 【文章朗读】：使用按钮控制动画中的音频播放，在课件的右下角设置【下一页】按钮，用于跳转至【词语累积】页面。
- 【词语累积】：使用文本展示文章中的重点词语，在课件的右下角设置【下一页】按钮，用于跳转至【课堂检测】页面。
- 【课堂检测】：通过组件制作一个能够根据选择判断是否正确的答题页面，在课件的右下角设置【下一页】按钮，用于跳转至【知识拓展】页面。
- 【知识拓展】：使用视频展示主题内容的拓展知识，在课件的右下角设置【返回】按钮，用于跳转至【封面】页面。

4.6.2 创建动画文档

启动Animate后，选择【文件】|【新建】命令(或者在【主屏】界面中单击【新建】按钮)，打开【新建文档】对话框，单击【创建】按钮创建动画文档，如图4-188所示。

选择【文件】|【保存】命令，打开【另存为】对话框，在【文件名】文本框中输入"《学弈》"，然后单击【保存】按钮，将创建的动画文档保存，如图4-189所示。

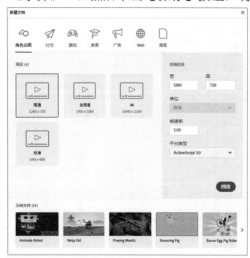

图4-188 【新建文档】对话框

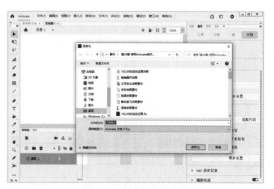

图4-189 保存动画文档

4.6.3 制作封面页

1. 设置背景图片

选择【文件】|【导入】|【导入到舞台】命令，将准备好的"背景"图片导入舞台中，然后选择【修改】|【文档】命令，打开【文档设置】对话框，单击【匹配内容】按钮后，单击【确定】按钮，设置动画舞台与背景图片大小相匹配，如图4-190所示。

图4-190 设置动画背景

2. 锁定背景图片

右击舞台中的背景图片，在弹出的快捷菜单中选择【排列】|【锁定】命令，锁定背景图片使其无法被移动。

3. 添加文本和图片

选择【文件】|【导入】|【导入到舞台】命令，在舞台中导入图片，然后选择【文本工具】**T**，在舞台中添加图4-191所示的文本。

4. 导入音频文件

选择【文件】|【导入】|【导入到库】命令，打开【导入到库】对话框，选中"学弈.mp3"音频文件，然后单击【打开】按钮。将音频文件导入【库】面板。

单击【图层1】图层的第1帧，打开【属性】面板，在【声音】组中单击【名称】下拉按钮，从弹出的下拉列表中选择音频文件，如图4-192所示。

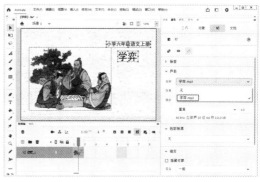

图4-191 在封面页中添加文本和图片　　　　　图4-192 导入音频

5. 制作场景切换按钮

在【时间轴】面板中单击【新建图层】按钮⊞创建一个【按钮】图层，然后选中该图层。选择【文件】|【导入】|【导入到舞台】命令，在舞台中导入图4-193所示的【下一页】按钮图片。

选中舞台中的【下一页】按钮图片，右击，在弹出的快捷菜单中选择【转换为元件】命令，将图片转换为按钮元件，并在【属性】面板中将【实例名称】设置为"btn1"。选择【插入】|【场景】命令，插入【场景2】。

单击舞台右上角的【场景】下拉按钮，在弹出的下拉列表中选择【场景1】选项，切换回【场景1】场景。选中舞台中的按钮元件实例，在【时间轴】面板中右击【按钮】图层的第1帧，在弹出的快捷菜单中选择【动作】命令，打开【动作】面板，输入以下代码(如图4-194所示):

```
stop();
btn1.addEventListener(MouseEvent.CLICK,ChangeToSence1);
function ChangeToSence1(e:MouseEvent):void
{
    this.gotoAndStop(1,"场景 2");
}
```

图4-193　导入按钮图片

图4-194　输入动作代码

4.6.4　制作教学目标页

1. 添加文本

单击舞台右上角的【场景】下拉按钮，在弹出的下拉列表中选择【场景2】选项，切换至【场景2】场景，选择【窗口】|【库】命令，打开【库】面板，将其中的背景图片素材拖动至舞台中，并选择【修改】|【文档】命令，打开【文档设置】对话框设置动画舞台自动匹配背景图片大小。

选择【文本工具】 T ，在舞台中添加文本，然后创建一个名为"目标1"的图层，在该图层中输入文本，并将其转换为元件，如图4-195所示。

图4-195　在"目标1"图层中添加文本并将文本转换为元件

2. 制作传统补间动画

在【图层_1】图层的第15帧插入普通帧，在【目标1】图层的第5帧插入关键帧，然后选中【目标1】图层第1帧舞台中的文本，在【属性】面板中单击【添加滤镜】按钮，在弹出的列表中选择【模糊】选项，为文本添加"模糊"滤镜，如图4-196左图所示。

在显示的【模糊】组中设置【模糊X】和【模糊Y】参数值都为200，如图4-196右图所示。

右击【目标1】图层第1~5帧中的任意一帧，在弹出的快捷菜单中选择【创建传统补间】命令，创建传统补间动画，如图4-197所示。

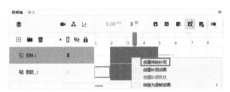

图4-196　设置"模糊"滤镜　　　　　　图4-197　创建传统补间动画

右击【目标1】图层的第1帧，在弹出的快捷菜单中选择【动作】命令，打开【动作】面板，输入以下代码：

```
play();
```

在【时间轴】面板中单击【新建图层】按钮⊞创建一个名为"目标2"的新图层，然后在该图层的第5帧插入一个空白关键帧，并在舞台中添加图4-198左图所示的文本。

重复以上操作，在【目标2】图层的第5~10帧创建传统补间动画，如图4-198右图所示。

在【时间轴】面板中单击【新建图层】按钮⊞创建一个名为"目标3"的新图层，然后在该图层的第10帧插入一个空白关键帧，并在舞台中添加文本。然后在【目标3】图层的第10~15帧创建传统补间动画，如图4-199所示。

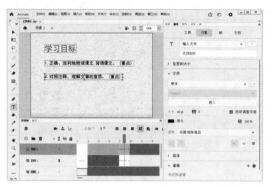
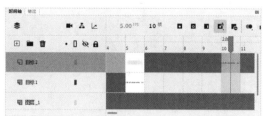

图4-198　在"目标2"图层中创建传统补间动画

最后，在【目标1】和【目标2】图层的第15帧分别插入一个普通帧。

在【目标3】图层的第15帧右击，从弹出的快捷菜单中选择【动作】命令，打开【动作】面板，输入以下代码(如图4-200所示):

```
stop();
```

图4-199　在"目标3"图层中创建传统补间动画　　　　图4-200　输入动作代码

3. 测试场景

选择【控制】|【测试场景】命令，测试【场景2】场景，在打开的窗口中文本将逐条由模糊到清晰显示。

4. 制作场景切换按钮

单击舞台右上角的【场景】下拉按钮，在弹出的下拉列表中选择【场景1】选项，切换至【场景1】场景，然后选中物体中的场景切换按钮，在【属性】面板中的【位置和大小】组中记录该按钮的大小和位置参数，如图4-201所示。

切换回【场景2】场景，创建一个名为"按钮"的图层，然后在舞台中添加场景切换按钮图片，并利用记录的大小和位置参数，设置该按钮的大小和位置，如图4-202所示。

将舞台中的场景切换按钮图片转换为一个按钮类型的元件。选择【插入】|【场景】命令，插入【场景3】。

切换回【场景2】场景。在【按钮】图层的第15帧插入关键帧。

图4-201　【位置和大小】组

图4-202　在【按钮】图层添加场景切换按钮

选中舞台中的按钮元件实例，在【属性】面板中将其【实例名称】设置为"btn2"。在【时间轴】面板中右击【按钮】图层的第15帧，在弹出的快捷菜单中选择【动作】命令，打开【动作】面板，输入以下代码：

```
stop();
btn2.addEventListener(MouseEvent.CLICK,ChangeToSence2);
function ChangeToSence2(e:MouseEvent):void
{
    this.gotoAndStop(1,"场景 3");
}
```

4.6.5　制作文章朗读页

切换至【场景3】场景，在舞台中设置背景图片，并添加图4-203所示的图片和文本。

1. 导入音频文件

选择【文件】|【导入】|【导入到库】命令，将准备好的"课文朗读.mp3"音频文件导入库中。

2. 制作音频播放按钮

新建一个名为"按钮"的图层，选中该图层的第1帧，选择【矩形工具】 ，在舞台中绘制一个矩形图形，然后将该矩形转换为按钮元件，并在【属性】面板中将该元件的【实例名称】设置为a1。

双击舞台中的按钮元件，进入元件编辑模式，然后选择【文本工具】 T ，在矩形图形上输入"朗读课文"，如图4-204所示。

图4-203　制作场景3

图4-204　添加文本

187

分别在【指针经过】和【按下】帧处插入关键帧，并修改这两帧中矩形图形的填充颜色，如图4-205所示。

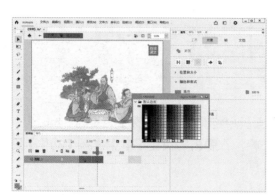

图4-205　在【指针经过】帧和【按下】帧处插入关键帧

在【点击】帧处插入关键帧，在【属性】面板的【声音】组中单击【名称】下拉按钮，在弹出的下拉列表中选择【课文朗读.mp3】选项，如图4-206所示。

图4-206　设置在【点击】帧处播放音频

单击舞台右上角的【场景3】按钮，返回场景3。

3. 制作场景切换按钮

创建一个名为"转场景4"的图层，然后在舞台中添加场景切换按钮图片，然后将该图片转换为一个按钮类型的元件，并将其【实例名称】设置为"btn3"。

选择【插入】|【场景】命令，插入【场景4】。

在【时间轴】面板中右击【转场景4】图层的第1帧，在弹出的快捷菜单中选择【动作】命令，打开【动作】面板，输入以下代码：

```
stop();
btn3.addEventListener(MouseEvent.CLICK,ChangeToSence3);
function ChangeToSence3(e:MouseEvent):void
{
    this.gotoAndStop(1,"场景 4");
}
```

4.6.6 制作词语累积页

切换到【场景4】场景，为场景设置背景、文本和图片，然后在舞台中选中文本"专心致志"，在【属性】面板展开【选项】组，在【链接】文本框中输入一个网址(如"百度汉语"关于"专心致志"的解释页面地址)，如图4-207所示。

选择【控制】|【测试场景】命令，测试【场景4】，在打开的界面中单击文本【专心致志】将打开与之相对应的网页，如图2-208所示。

图4-207 设置文本链接功能

图4-208 测试场景中的链接

关闭场景测试界面，为【场景4】场景舞台中的其他文本设置链接。

创建一个名为"转场景5"的图层，在舞台中添加场景切换按钮图片，然后将该图片转换为一个按钮类型的元件，并将其【实例名称】设置为"btn4"。

在【时间轴】面板中右击【转场景5】图层的第1帧，在弹出的快捷菜单中选择【动作】命令，打开【动作】面板，输入以下代码：

```
stop();
btn4.addEventListener(MouseEvent.CLICK,ChangeToSence4);
function ChangeToSence4(e:MouseEvent):void
{
    this.gotoAndStop(1,"场景 5");
}
```

选择【插入】|【场景】命令，插入【场景5】。

4.6.7 制作课堂检测页

1. 添加 RadioButton 组件

切换到【场景5】场景，为场景设置背景，并在舞台中添加图4-209所示的文本。

在【时间轴】面板中创建一个名为"单选按钮"的图层，并选中该图层。选择【窗口】|【组件】命令打开【组件】面板，展开User Interface选项组，将RadioButton组件拖动到舞台中。在【属性】面板中设置单选按钮的【实例名称】为xz1，然后单击【显示参数】按钮，在显示的【组件参数】面板中设置组件的各项参数，如图4-210所示。

图4-209　在场景5中添加文本

图4-210　设置RadioButton组件的各项参数

重复以上操作，在舞台中添加另外两个RadioButton组件(将【实例名称】分别命名为xz2和xz3)。

2. 设置组件中文本字体大小

选中【单选按钮】图层的第1帧，右击，在弹出的快捷菜单中选择【动作】命令，打开【动作】面板，输入以下代码：

```
var tformat:TextFormat = new TextFormat();
tformat.font = "微软雅黑";            //设置字体
tformat.size = 26;                    //设置字体大小

xz1.setStyle("textFormat", tformat);
xz2.setStyle("textFormat", tformat);
xz3.setStyle("textFormat", tformat);
```

选择【控制】|【测试场景】命令，【场景5】的测试效果如图4-211所示。

3. 制作提示符号

选择【插入】|【新建元件】命令，打开【新建元件】对话框，在【名称】文本框中输入"提示符号"，将【类型】设置为【影片剪辑】，然后单击【确定】按钮，创建【提示信息】影片剪辑。

在【提示符号】影片剪辑的第2帧和第3帧处插入关键帧，然后右击第1帧，在弹出的快捷菜单中选择【动作】命令，打开【动作】面板输入以下代码(如图4-212所示)：

```
stop();
```

选中第2帧，选择【文本工具】 T ，在舞台中输入符号"√"。选中第3帧，选择【文本工具】 T ，在舞台中输入符号"×"。

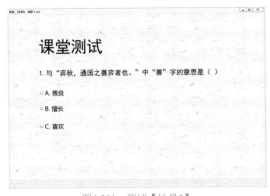

图4-211 测试【场景5】

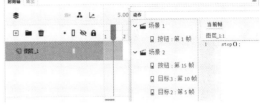

图4-212 在元件第1帧处输入动作代码

单击舞台右上角的 ← 按钮，返回场景5。创建一个名为"提示"的图层，从【库】面板中将制作的【提示符号】影片剪辑拖动到舞台中，然后在【属性】面板中将其【实例名称】设置为"txt_1"。

创建一个名为"按钮"的图层，然后选中该图层的第1帧，选择【文件】|【导入】命令，在舞台中导入【提交】按钮图片，如图4-213所示。

选中舞台中的【提交】按钮图片，右击，在弹出的快捷菜单中选择【转换为元件】命令，将其转换为【按钮】类型的元件，并在【属性】面板中将该元件的【实例名称】设置为but。

选中【图层_1】图层的第1帧，右击，从弹出的快捷菜单中选择【动作】命令，打开【动作】面板，输入以下代码(如图4-214所示)：

```
stop();

but.addEventListener(MouseEvent.CLICK,pddc);
function pddc(e:MouseEvent) {
    if (xz2.selected) {
        txt_1.gotoAndStop(2);
    } else {
        txt_1.gotoAndStop(3);
    }
}
```

图4-213 导入【提交】图片

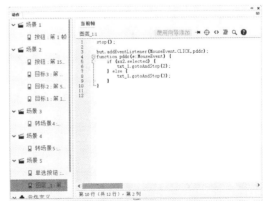

图4-214 输入动作代码

4. 制作场景切换按钮

创建一个名为"转场景6"的图层，在舞台中添加场景切换按钮图片，然后将该图片转换为一个按钮类型的元件，并将其【实例名称】设置为"btn5"。

选择【插入】|【场景】命令，插入【场景6】。

在【时间轴】面板中右击【转场景6】图层的第1帧，在弹出的快捷菜单中选择【动作】命令，打开【动作】面板，输入以下代码：

```
stop();
btn5.addEventListener(MouseEvent.CLICK,ChangeToSence5);
function ChangeToSence5(e:MouseEvent):void
{
    this.gotoAndStop(1,"场景 6");
}
```

4.6.8 制作知识拓展页

1. 导入视频文件

切换到【场景6】场景，为场景设置背景，并在舞台中输入文本"知识拓展"。

选择【文件】|【导入】|【导入视频】命令，打开【导入视频】对话框，选中【使用播放组件加载外部视频】单选按钮，然后单击【浏览】按钮，打开【打开】对话框，选择计算机中保存的视频文件，单击【打开】按钮，如图4-215所示。

返回【导入视频】对话框，单击【下一步】按钮。打开【设定外观】对话框，在【外观】下拉列表中选择视频播放器外观，单击【颜色】按钮，在弹出的颜色选择器中选择播放器的颜色，然后单击【下一步】按钮，如图4-216所示。

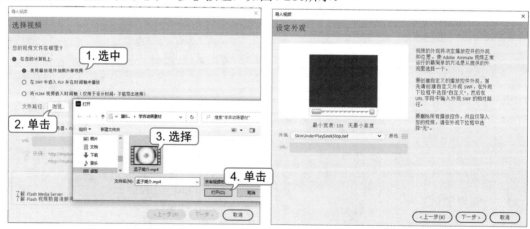

图4-215 导入视频文件   图4-216 设置播放器的外观

在打开的【完成视频导入】对话框中单击【完成】按钮，导入如图4-217所示的视频。

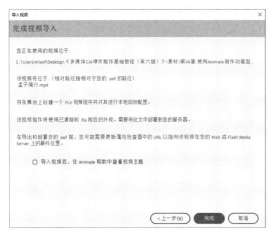
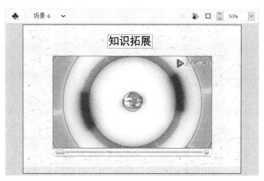

图4-217 在舞台中导入视频

2. 制作场景切换按钮

在【时间轴】面板中单击【新建图层】按钮⊞创建一个【返回上一页】图层，然后选中该图层。选择【文件】|【导入】|【导入到舞台】命令，在舞台中导入【返回】按钮图片。

将【返回】图片转换为一个按钮类型的元件，并将其【实例名称】设置为"btn0"，如图4-218所示。在【时间轴】面板中右击【返回上一页】图层的第1帧，在弹出的快捷菜单中选择【动作】命令，打开【动作】面板，输入以下代码(如图4-219所示):

```
stop();
btn6.addEventListener(MouseEvent.CLICK,ChangeToSence6);
function ChangeToSence6(e:MouseEvent):void
{
    this.gotoAndStop(1,"场景 5");
}
```

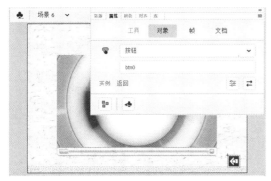

图4-218 设置元件的实例名称

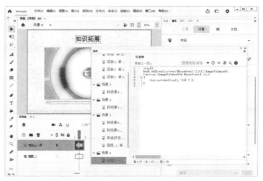

图4-219 输入动作代码

使用相同的方法，在【场景2】【场景3】【场景4】和【场景5】等场景中添加返回上一个场景的按钮。

4.6.9　测试课件效果

完成以上操作后就完成了《学弈》课件的制作。此时，用户可以按下Ctrl+Enter快捷键测试课件中各个场景的动画效果，检验、发现并解决课件中存在的各种问题。

1. 测试【场景1】和【场景2】

在【场景1】和【场景2】中测试场景切换按钮、动画和音频的效果，如图4-220所示。

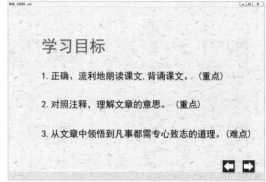

图4-220　【场景1】和【场景2】的测试效果

2. 测试【场景3】和【场景4】

在【场景3】和【场景4】中测试【朗读课文】按钮、场景切换按钮和文本链接的效果，如图4-221所示。

图4-221　【场景3】和【场景4】的测试效果

在测试【朗读课文】按钮时发现了以下两个问题。

○　问题1：连续单击【场景3】中的【朗读课文】按钮，声音会重复播放。

○　问题2：在【场景3】中播放课文朗读音频时，单击场景切换按钮切换【场景4】，声音的播放不会自动停止。

要解决以上两个问题，可以执行以下操作。

01　切换至【场景3】后双击舞台中的【朗读课文】元件实例，进入元件编辑模式，选中【点击】关键帧，在【属性】面板的【声音】组中将【同步】设置为【开始】，如图4-222所示。完成上述设置后，解决了声音重复播放的问题。

02 返回【场景4】后，选中【转场景4】图层的第1帧，右击，在弹出的快捷菜单中选择【动作】命令，打开【动作】面板，在已有动作代码之下添加以下代码(如图4-223所示)：

```
/* 单击以停止所有声音
单击此元件实例会停止当前播放的所有声音。
*/

btn3.addEventListener(MouseEvent.CLICK, fl_ClickToStopAllSounds);

function fl_ClickToStopAllSounds(event:MouseEvent):void
{
    SoundMixer.stopAll();
}
```

重新测试课件，可以看到【场景3】中存在的问题已经被解决。

| 图4-222　设置声音同步方式 | 图4-223　添加停止播放声音的动作代码 |

3. 测试【场景5】和【场景6】

在【场景5】和【场景6】中测试【提交】按钮、场景切换按钮和视频播放效果，如图4-224所示。

在测试【场景6】时，由于该页是课件的最后一页，因此还需要为其添加一个返回课件封面页的按钮。具体操作方法如下。

01 切换至【场景6】创建一个名为"返回首页"的图层，选择【工具】面板中的【矩形工具】🔲 在舞台中绘制一个矩形图形。右击该图形，在弹出的快捷菜单中选择【转换为元件】命令，打开【转换为元件】对话框，将图形转换为一个【按钮】类型的元件。

02 在【属性】面板中将步骤**01**创建的元件的【实例名称】设置为btn0，然后在舞台中双击元件实例，进入元件编辑模式，选择【文本工具】**T**，在矩形图形上输入图4-225所示的文本"返回首页"。

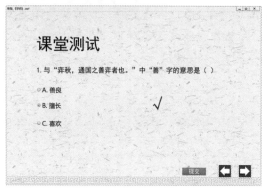

图4-224 【场景5】和【场景6】的测试效果

03 在【鼠标指针】帧位置创建一个关键帧，然后选中矩形图形，通过【属性】面板修改矩形图形的填充颜色，如图4-226所示。设置鼠标经过按钮时的按钮状态。

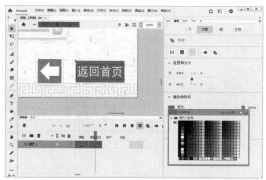

图4-225 添加按钮文本　　　　　　　　　图4-226 修改矩形图形的填充颜色

04 使用同样的方法，设置鼠标按下和点击按钮时的按钮状态。

05 返回【场景6】，在【返回首页】图层的第1帧处右击，在弹出的快捷菜单中选择【动作】按钮，打开【动作】按钮添加以下代码：

```
stop();
btn0.addEventListener(MouseEvent.CLICK,ChangeToSence0);
function ChangeToSence0(e:MouseEvent):void
{
    this.gotoAndStop(1,"场景 1");
}
```

完成以上操作后，按下Ctrl+Enter快捷再次测试【场景6】的效果，单击其中的【返回首页】按钮，将返回到课件的封面页。

4.6.10　保存并导出课件

最后，选择【文件】|【保存】命令，保存课件文件。选择【文件】|【导出】|【导出影片】命令，打开【导出影片】对话框，将【保存类型】设置为SWF影片(*.swf)后，单击【保存】按钮，将《学弈》课件导出为SWF格式的动画。

第5章

使用Dreamweaver制作网页型课件

网页型课件与传统课件相比，具有占用存储空间小、易于在网上传输、易于共享等特点。网页型课件能容纳大量信息，能兼容多种素材的文件格式，并且是一个开放的体系，有利于教师对课件进行修改、增添和删除。目前比较流行的网页制作软件是Adobe 公司推出的Dreamweaver，该软件是集网页制作和网站管理于一身的可视化网页制作软件，非常适合网页制作新手使用。本章将以该软件为例，介绍制作网页型课件的方法。

5.1　网页型课件简介

随着课堂教学的不断改革，传统的理论讲述已经不能适应现代的课堂教学。网络课件的出现，摆脱了教材生硬的面孔，这种由文本、图形、动画、声音、视频等多种媒体信息组合在一起，经过加工和处理所形成的教学系统，不仅图文并茂，而且表现力和感染力极强，可以使学习过程变得轻松愉快。

目前，关于网页型课件的定义非常多，比较容易被大家接受的定义是：网页型课件是基于浏览器/服务器模式开发的、能在互联网或局域网中发布的课件。它具有两方面的含义：在网上执行和通过浏览器执行。网页型课件具有以下优点。

○ 共享性：一个网页型课件可同时供很多人使用。例如，学校可以将网页型课件放到校园网上，这样所有连接校园网的教室都可以同时使用这些课件。

○ 易用性：通过浏览器直接使用，方式简单统一。

○ 交互性：人机交互、人与人(即学习者与学习者、学习者与教师)之间的交互，还可以通过论坛、留言本、电子信箱、新闻组、博客等手段进行交互。

○ 开放性：可设计几种情境模式，让不同水平的学生按各自的要求，进行相应的学习。

○ 方便性：通过动态的后台管理，教师可增减内容，调用资源方便、快捷。

5.2 Dreamweaver课件制作入门

Adobe Dreamweaver是Adobe公司推出的网站开发工具，它是一款集网页制作和网站管理于一身的所见即所得的网页编辑工具。利用Dreamweaver，用户可以轻而易举地制作出跨平台和浏览器限制的网页效果。在学习使用Dreamweaver制作网页型课件之前，用户首先需要了解该软件的基础知识，包括其工作界面、站点设置和页面操作等。

5.2.1 工作界面

在计算机中安装并启动Dreamweaver软件后，将打开图5-1所示的工作界面，该界面由菜单栏、浮动面板组、【属性】面板、工具栏、【文档】工具栏、状态栏以及包括设计视图和代码视图的文档窗口组成。

图5-1　Dreamweaver的工作界面

1. 菜单栏

菜单栏提供了各种操作的标准菜单命令，它由【文件】【编辑】【查看】【插入】【工具】【查找】【站点】【窗口】和【帮助】这9个菜单组成。选择任意一个菜单项，都会弹出相应的菜单，使用菜单中的命令基本上能够实现Dreamweaver所有的功能。例如，选择【文件】|【新建】命令，可使用打开的【新建文档】对话框创建一个新的网页文档；选择【文件】|【打开】命令，在打开的对话框中选择一个网页文件后，单击【打开】命令，可以使用Dreamweaver将其打开；选择【文件】|【保存】命令或选择【文件】【另存为】命令，可以将当前Dreamweaver中打开的网页文件保存。

2. 【文档】工具栏

Dreamweaver的【文档】工具栏主要用于设置文档窗口在不同的视图模式间进行快速切换，其包含代码、拆分和设计3个按钮，单击【设计】按钮，在弹出的列表中还包括【实时视图】选项，如图5-2所示。

图5-2　Dreamweaver的菜单栏和【文档】工具栏

3. 文档窗口

文档窗口是Dreamweaver进行可视化网页编辑的主要区域，可以显示当前文档的所有操作效果。通过上图中所示的【文档】工具栏，用户可以设置文档窗口显示拆分视图(即上半部分显示设计或实时视图，下半部分显示代码视图，如图5-1所示)、设计视图，实时视图，或者代码视图。

4. 工具栏

在Dreamweaver工作界面左侧的工具栏中，允许用户使用其中的快捷按钮，快速调整与编辑网页代码。

工具栏上的按钮是特定于视图的，并且仅在适用于当前所使用的视图时显示。例如，在Dreamweaver代码视图中，工具栏中默认只显示打开文档、文件管理和自定义工具栏等按钮，如图5-2所示。

○ 【自定义工具栏】按钮…：用于自定义工具栏中的按钮，单击该按钮，在打开的【自定义工具栏】对话框中，用户可以在工具栏中增加或减少按钮的显示。

○ 【文件管理】按钮 ：用于管理站点中的文件，单击该按钮后，在弹出的列表中会包含获取、上传、取出、存回、在站点定位等选项。

○ 【打开文档】按钮 ：用于在Dreamweaver中已打开的多个文件之间相互切换。单击该按钮后，在弹出的列表中将显示已打开的网页文档列表。

5. 浮动面板组

浮动面板组位于Dreamweaver工作界面的右侧，用于帮助用户监控和修改网页，其中包括插入、文件、CSS设计器、DOM、资源和代码片断等默认面板。用户可以通过在菜单栏中选择【窗口】命令中的子命令，在浮动面板组中打开设计网页所需的其他面板，例如，选择【窗口】|【资源】命令，可以在浮动面板组中显示【资源】面板。

6. 状态栏

Dreamweaver状态栏位于工作界面的底部，其左侧的【标签选择器】用于显示当前网页选定内容的标签结构，用户可以在其中选择结构的标签和内容，如图5-3所示。

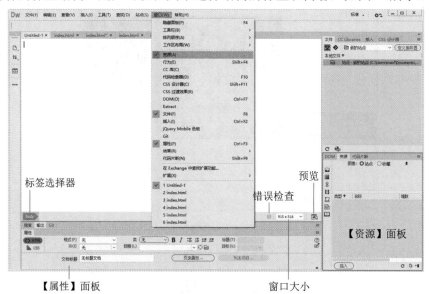

图5-3　Dreamweaver的状态栏和【属性】面板

状态栏的右侧包含错误检查、窗口大小和预览3个图标，其各自的功能说明如下。

- 【错误检查】图标：显示当前网页中是否存在错误。如果网页中不存在错误，显示⊘图标；否则显示⊗图标。

- 【窗口大小】图标：用于设置当前网页窗口的预定义尺寸。单击该图标，在弹出的列表中将显示所有预定义窗口尺寸。

- 【预览】图标：单击该图标，在弹出的列表中，用户可以选择在不同的浏览器或移动设备上实时预览网页效果。

7.【属性】面板

在菜单栏中选择【窗口】|【属性】命令，可以在Dreamweaver工作界面中显示【属性】面板。在【属性】面板中用户可以查看并编辑页面上文本或对象的属性，该面板中显示的属性通常对应于状态栏中选中标签的属性，如图5-3所示。更改属性通常与在代码视图中更改相应的属性具有相同的效果。

5.2.2 站点设置

在Dreamweaver中，对同一网站中的文件是以"站点"为单位来进行组织和管理的。创建站点后用户可以对网站的结构有一个整体的把握，而创建站点并以站点为基础创建网页也是比较科学、规范的设计方法。

Dreamweaver提供了功能强大的站点管理工具，通过这些工具用户可以轻松实现站点名称以及所在路径定义、远程服务器连接管理、版本控制等操作，并可以在此基础上实现网站文件的素材管理和模板管理。

1. 创建本地站点

在使用Dreamweaver制作课件之前，用户需要在菜单栏中选择【站点】|【新建站点】命令，打开【站点设置对象】对话框创建一个本地站点。

【练习5-1】使用向导创建一个用于测试网页型课件的本地站点。 🔵视频

01 启动Dreamweaver后，选择【站点】|【新建站点】命令，打开【站点设置对象】对话框，然后在该对话框中的【站点名称】文本框中输入站点名称"测试站点"。

02 单击【本地站点文件夹】文本框后的【浏览文件夹】按钮🗀，打开【选择根文件夹】对话框，选择一个本地计算机上的文件夹后单击【选择文件夹】按钮，如图5-4所示。

03 返回【站点设置对象】对话框，单击【保存】按钮，完成站点的创建。此时，在浮动面板组的【文件】面板中将显示站点文件夹中的所有文件和子文件夹，如图5-5所示。

图5-4 创建本地站点

图5-5 【文件】面板

完成站点的创建后，Dreamweaver将默认把创建的站点设置为当前站点。如果当前工作界面中没有显示【文件】面板，用户可以按下F8键将其显示。

2. 设置本地站点

在Dreamweaver中完成本地站点的创建后，用户可以选择【站点】|【管理站点】命令，打开如图5-6所示的【管理站点】对话框，并利用该对话框中的工具栏对站点进行一系列的编辑操作，例如重新编辑当前选定的站点，复制、导出或删除站点等。

删除当前选定的站点 | 导出当前选定的站点
复制当前选定的站点

图5-6 【管理站点】对话框

以下列出了【管理站点】对话框中比较重要的按钮的功能。

○ 【删除当前选定的站点】按钮 ━：单击该按钮，可删除当前在【管理站点】对话框中选中的站点。

○ 【编辑当前选定的站点】按钮 ✎：单击该按钮，可打开【站点设置对象】对话框，编辑在【管理站点】对话框中选中的站点。

○ 【复制当前选定的站点】按钮 ▣：单击该按钮，可在【管理站点】对话框中创建一个当前选中站点的复制站点。

○ 【导出当前选定的站点】按钮 ▣：单击该按钮，可打开【导出站点】对话框，设置导出当前选中的站点。

用户在【管理站点】对话框中完成对站点的操作后，单击该对话框中的【完成】按钮即可使设置生效。

3. 创建站点文件与文件夹

成功创建Dreamweaver本地站点后，用户可以根据需要创建各栏目文件夹和文件，对于创建好的站点也可以进行再次编辑，或复制与删除这些站点。

(1) 创建站点文件与文件夹。创建文件和文件夹相当于规划站点。用户在Dreamweaver中选择【窗口】|【文件】命令(或按下F8键)，打开【文件】面板，然后在该面板中右击站点根目录，在弹出的快捷菜单中选择【新建文件夹】命令，即可新建一个名为untitled的文件夹；选择【新建文件】命令，可以新建一个名为untitled.html的文件。

【练习5-2】在本地站点中创建文件夹Web与网页文件Index-1.html。 ▶视频

01 继续【练习5-1】的操作，在"测试站点"站点中右击站点根目录，在弹出的快捷菜单中选择【新建文件夹】命令，如图5-7左图所示，创建一个名为"untitled"的文件夹。

02 输入Web，然后按下Enter键即可创建一个名为Web的文件夹。

03 重复步骤**01**的操作，右击站点根目录，在弹出的快捷菜单中选择【新建文件】命令，然后输入"Index-1"并按下Enter键即可创建一个名为"Index-1.html"的网页文件，如图5-7右图所示。

图5-7　在本地站点中创建文件与文件夹

用户在【文件】列表中选中站点中的文件夹，然后通过右击鼠标创建文件夹或文件，即可在选定文件夹中进行文件夹或文件的创建操作。

(2) 重命名站点文件与文件夹。重命名文件和文件夹可以更清晰地管理站点。用户可以在【文件】面板中单击文件或文件夹名称，输入重命名的名称，按下Enter键即可。

(3) 删除站点文件与文件夹。在站点中创建的文件和文件夹，如果不再使用，可以将其删除。选中要删除的文件或文件夹，按下Delete键，然后在打开的信息提示框中单击【是】按钮即可。

5.2.3　页面操作

页面操作就是对网页型课件文件执行创建、打开、设置、预览和保存等操作。

1. 创建网页

Dreamweaver提供了多种创建网页文档的方法，用户可以通过菜单栏中的【新建】命令创建一个新的HTML网页文档，或使用模板创建新文档。

- ○ 通过启动时打开的界面新建网页文档：启动Dreamweaver软件，在该软件启动时打开的快速打开界面中单击【新建】栏中的HTML按钮即可创建一个网页文档。
- ○ 通过菜单栏创建新网页文档：启动Dreamweaver后，选择【文件】|【新建】命令，打开【新建文档】对话框，然后在该对话框中选中【新建文档】选项卡后，选中【文档类型】列表框中的HTML选项，并单击【创建】按钮，即可创建一个空白网页文档。

【练习5-3】使用Dreamweaver新建一个空白网页文档。 视频

01 继续【练习5-2】的操作，选择【文件】|【新建】命令，或按下Ctrl+N快捷键，打开【新建文档】对话框。

02 在打开的【新建文档】对话框中选中【新建文档】选项卡，在【文档类型】列表

框中选中【</>HTML】选项，在【框架】选项区域中单击【文档类型】下拉按钮，在弹出的下拉列表中设置网页文档的类型(默认为HTML5)，如图5-8所示。

03 在【新建文档】对话框中单击【创建】按钮，即可在Dreamweaver中创建一个如图5-9所示的空白网页。

图5-8 【新建文档】对话框　　　　　　　　　　图5-9 所创建的空白网页

2. 打开网页

在Dreamweaver中选择【文件】|【打开】命令，然后在打开的【打开】对话框中选中一个网页文档，并单击【打开】按钮即可打开该网页文档。

3. 设置网页属性

用户在Dreamweaver中打开一个网页文档后，选择【文件】|【页面属性】命令，可以在打开的【页面属性】对话框中设置网页文档的所有属性，如图5-10所示。

在【页面属性】对话框的【分类】列表框中显示了可以设置的网页文档分类，包括【外观(CSS)】【外观(HTML)】【链接(CSS)】【标题(CSS)】【标题/编码】和【跟踪图像】6个分类选项，其各自的作用如下。

(1) 外观(CSS)。【外观(CSS)】选项区域(如图5-10所示)中的选项用于设置网页默认的字体、字号、文本颜色、背景颜色、背景图像以及4个边距的距离等属性，会生成CSS格式的网页。

- ○ 页面字体：用于选择应用在网页中的字体。选择【默认字体】选项时，表示为浏览器的基本字体。
- ○ 大小：用于设置字体大小。页面中适当的字体大小为12像素或10磅。
- ○ 文本颜色：选择一种颜色作为默认状态下的文本颜色。
- ○ 背景颜色：选择一种颜色作为网页的背景色。
- ○ 背景图像：用于设置文档的背景图像。当背景图像小于文档大小时，则会配合文档大小重复显示。
- ○ 重复：设置背景图像的重复方式。
- ○ 左边距、右边距、上边距和下边距：在每一项后选择一个数值或直接输入数据，可以设置页面元素与边距的间距。

(2) 外观(HTML)。【页面属性】对话框中的【外观(CSS)】属性以传统HTML语言的形式设置页面的基本属性，其设置界面如图5-11所示。

图5-10　【外观(CSS)】选项区域

图5-11　【外观(HTML)】选项区域

图5-11所示的【外观(HTML)】选项区域中，各选项的功能说明如下。

○　背景图像：用于设置网页的背景图像。

○　背景：选择一种颜色，作为页面背景色。

○　文本：用于设置页面默认的文本颜色。

○　链接：定义链接文本默认状态下的字体颜色。

○　已访问链接：定义访问过的链接文本的颜色。

○　活动链接：定义活动链接文本的颜色。

○　左边距、上边距：设置页面元素同页面边距的间距。

○　边距宽度、边距高度：针对Netscape浏览器设置页面元素与页面边距的距离。

(3) 链接。在【页面属性】对话框的【链接CSS】选项区域中(如图5-12所示)，用户可以设置与文本链接相关的各种参数。例如设置网页中链接、访问过的链接以及活动链接的颜色。为了统一网站中所有页面的设计风格，在每个网页中，最好将文本的颜色、链接的颜色、访问过的链接文本的颜色和激活的链接文本的颜色保持一致。

【链接(CSS)】选项区域中各选项的功能说明如下。

○　链接字体：用于指定区别于其他文本的链接文本字体。在每页设置字体的情况下，链接文本将采用与页面文本相同的字体。

○　大小：用于设置链接文本的字体大小。

○　链接颜色：用于设置链接文本的字体颜色。

○　变换图像链接：用于指定鼠标光标移到链接文本上方时改变文本颜色。

○　已访问链接：用于指定已访问过的链接文本的字体颜色。

○　活动链接：指定单击链接时发生变化的文本颜色。

○　下画线样式：用于设置是否使链接文本显示下画线。没有设置下画线样式属性时，默认为在文本中显示下画线。

(4) 标题(CSS)。在【页面属性】对话框的【标题(CSS)】选项区域中(如图5-13所示)，用户可以根据网页设计的需要设置页面中标题文本的字体属性。

【标题(CSS)】选项区域中各选项的功能说明如下。

○　标题字体：用于定义标题的字体。

○　标题1~标题6：分别定义一级标题到六级标题的字号和颜色。

图5-12　【链接】选项区域　　　　　　　　　图5-13　【标题(CSS)】选项区域

(5) 标题/编码。在【页面属性】对话框的【标题/编码】选项区域中(如图5-14所示)，用户可以设置当前网页文档的标题和编码。

【标题/编码】选项区域中各选项的功能说明如下。

○ 标题：用于设置网页文档的标题。

○ 文档类型：用于设置页面的文档类型。

○ 编码：用于定义页面使用的字符集编码。

○ Unicode标准化表单：用于设置表单标准化类型。

○ 包括Unicode签名：用于设置表单标准化类型中是否包括Unicode签名。

(6) 跟踪图像。在正式制作网页之前，有时需要使用绘图软件绘制一个网页设计草图。在Dreamweaver中，用户可以通过【页面属性】对话框的【跟踪图像】选项区域(如图5-15所示)将这种设计草图设置为跟踪图像，显示在网页下方作为背景。

○ 跟踪图像：为当前制作的网页添加跟踪图像，单击【浏览】按钮，可以在打开的对话框中选择图像源文件。

○ 透明度：可通过拖动滑块来调节跟踪图像的透明度。

使用跟踪图像功能可以按照已经设计好的布局快速创建网页。它是网页设计的规划草图，可以由专业人员在Photoshop软件中制作出来，在设计网页时将其调出来作为背景，这样就可以参照其布局安排网页元素了，还可以结合表和层的使用来定位元素，从而可以避免初学者网页制作中不懂版面设计的问题。

图5-14　【标题/编码】选项区域　　　　　　　图5-15　【跟踪图像】选项区域

在Dreamweaver中为网页设置了跟踪图像后，跟踪图像并不会作为网页背景显示在浏览器中，它只在Dreamweaver文档窗口中起一个辅助设计的作用，最后生成的HTML文件中并不包含它。在设计过程中为了不使它干扰网页的视图，还允许用户任意设置跟踪图像的透明度，使设计流程更加顺畅。

这里需要注意的是：跟踪图像的文件格式必须为JPEG、GIF或PNG。在Dreamweaver的文档窗口中，跟踪图像是可见的，当在浏览器中查看网页时，跟踪图像并不显示。当文档窗口中的跟踪图像可见时，页面的实际背景图像和颜色不可见。

【练习5-4】设置网页文档的属性，要求如下。🎬视频

○　设置默认段落字体为"黑体"，字号大小为28，文本颜色为"rgba(51,50,50,1)"；

○　为网页设置背景图像；

○　设置网页中的超链接不显示下画线。

01 继续【练习5-3】的操作，选择【文件】|【页面属性】命令，打开【页面属性】对话框，在【分类】列表框中选择【外观(CSS)】选项，然后单击【页面字体】下拉按钮，从弹出的下拉列表中选择【管理字体】选项，如图5-16左图所示。

02 打开【管理字体】对话框，选择【自定义字体堆栈】选项卡，在【可用字体】列表框中选中【黑体】选项，单击 << 按钮将其移至【选择的字体】列表框中，然后单击【完成】按钮，如图5-16右图所示。

图5-16　添加可用字体

03 返回【页面属性】对话框，再次单击【页面字体】下拉按钮，从弹出的下拉列表中选择【黑体】选项，设置网页默认字体为黑体。

04 在【大小】文本框中输入28，然后在【文本颜色】文本框中输入"rgba(51,50,50,1)"。

05 单击【背景图像】文本框右侧的【浏览】按钮，如图5-17所示，在打开的对话框中选择一个图像文件，作为网页的背景图像。

06 在【分类】列表框中选择【链接(CSS)】选项，然后单击【下画线样式】下拉按钮，在弹出的下拉列表中选择【始终无下画线】选项，如图5-18所示。

图5-17　设置网页背景图像　　　　　　图5-18　设置超链接始终不显示下画线

07 最后，单击【确定】按钮，完成网页基本属性的设置。

4. 预览网页

用户在Dreamweaver中打开一个网页后，单击状态栏右侧的【预览】按钮 (或按下F12键)，从弹出的列表中选择一种浏览器类型，即可使用该浏览器预览网页效果。

5. 保存网页

在Dreamweaver中选择【文件】|【保存】命令(或按Ctrl+S快捷键)，打开【另存为】对话框，然后在该对话框中选择文档存放的位置并输入保存文件的名称，单击【保存】按钮即可将当前打开的网页保存。

5.3　制作网页型课件内容

在掌握了Dreamweaver的基本操作后，就可以利用该软件来制作教学课件的内容。首先，利用表格规划出课件的内容布局，然后在布局中添加文本、图像、多媒体资源，并设置用于教学互动的导航条与超链接。下面将进行具体介绍。

5.3.1　规划网页布局

网页型课件内容的布局方式取决于其主题定位。在Dreamweaver中，表格是最常用的网页布局工具，表格在网页中不仅可以排列数据，还可以对页面中的图像、文本、动画、视频、音频等元素进行准确定位，使网页页面效果显得整齐而有序。

1. 创建表格

在Dreamweaver中，按下Ctrl+Alt+T组合键(或选择【插入】| Table命令)，可以打开Table对话框，通过在该对话框中设置表格参数，可以在网页中插入表格。

【练习5-5】使用表格设计网页型课件的布局。 视频

01 继续【练习5-4】的操作，按下Ctrl+Alt+T组合键打开Table对话框，在【行数】文本框中输入10，在【列】文本框中输入3，在【表格宽度】文本框中输入800，并设置其后的单位为"像素"，然后单击【确定】按钮，如图5-19左图所示。

02 此时,将在网页中插入一个如图5-19右图所示的10行3列表格。

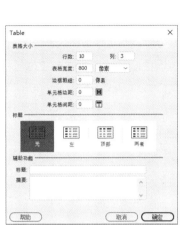

图5-19 在网页中插入表格

在图5-19左图所示的Table对话框中,"单元格边距"是指单元格中文本与单元格边框之间的距离,而"单元格间距"是指单元格之间的距离。如果用户没有明确指定单元格间距和单元格边距的值,则大多数浏览器按单元格边距为1,单元格间距为2来显示表格。为了确保浏览器不显示表格中的边距和间距,可以将"单元格边距"和"单元格间距"设置为0。

2. 调整表格大小

在Dreamweaver中选中表格后,表格四周将显示图5-19右图所示的3个控制点,拖动控制点可以调整表格的大小,具体方法如下。

- ○ 拖动右边的选择控制点,光标显示为水平调整指针,进行拖动可以在水平方向上调整表格的大小;拖动底部的选择控制点,光标显示为垂直调整指针,进行拖动可以在垂直方向上调整表格的大小。
- ○ 拖动右下角的选择控制点,光标显示为水平调整指针沿对角线调整指针,进行拖动可以在水平和垂直两个方向上调整表格的大小。

3. 更改列宽和行高

如果要更改网页中表格单元格的列宽和行高,可以在选中行或列后按下Ctrl+F3快捷键,在显示的【属性】面板中进行设置。

【练习5-6】设置表格第1行的行高为150像素,第1、3列的列宽为200像素。 视频

01 继续【练习5-5】的操作,选中网页中表格的第1行,然后按下Ctrl+F3快捷键显示【属性】面板,在【高】文本框中输入150,如图5-20所示。

02 按住Ctrl键选中表格的第1、3列,在【属性】面板中的【宽】文本框中输入200,设置列宽为200像素,如图5-21所示。

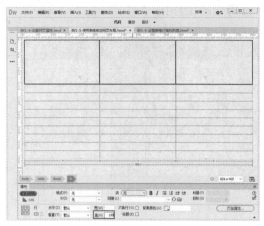
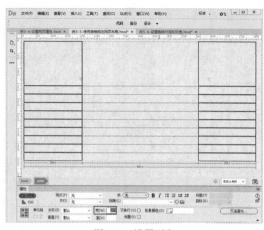

图5-20　设置行高　　　　　　　　　　　图5-21　设置列宽

4. 拆分和合并单元格

在制作课件时，如果插入的表格与实际效果不相符，有缺少或多余单元格的情况，可根据需要，进行拆分和合并单元格的操作。

【练习5-7】对表格中的单元格执行拆分与合并操作。　▶视频

01 继续【练习5-6】的操作，将表格第2行的行高设置为300像素，将第3行的行高设置为150像素，然后选中表格的第1行，单击【合并所选单元格】按钮▭合并该行中的单元格，如图5-22左图所示。

02 使用同样的方法，合并表格的第2行，如图5-22右图所示。

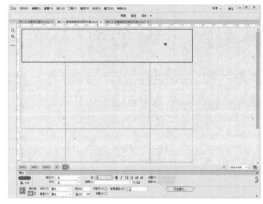
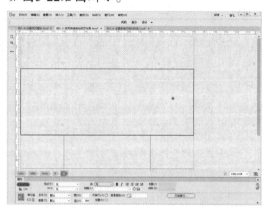

图5-22　合并表格的第1、2行

03 选中表格第3行第2列的单元格，单击【属性】面板中的【拆分单元格行或列】按钮▥，打开【拆分单元格】对话框，选中【行】单选按钮，在【行数】文本框中输入2，然后单击【确定】按钮，如图5-23左图所示。

04 此时，选中的单元格将被拆分为图5-23右图所示的两行。

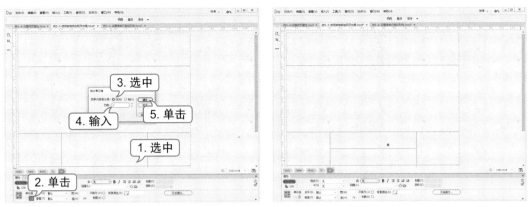

图5-23　拆分单元格

5. 设置表格属性

元素在网页文档中是一个小的独立个体，表格也相同，可以设置表格的属性，如表格的对齐方式、背景等。

【练习5-8】设置网页中表格的属性，具体要求如下。🔴视频

○　设置表格在网页中居中；

○　为表格设置背景图片。

01 继续【练习5-7】的操作，在状态栏中选中<table>标签，然后在【属性】面板中单击Align下拉按钮，从弹出的下拉列表中选择【居中对齐】选项，如图5-24所示，设置表格在网页中居中对齐。

02 在【文档】工具栏中单击【拆分】按钮，显示拆分视图。在代码视图部分的<table>标签中按下空格键，从弹出的列表中选择background选项，如图5-25所示。

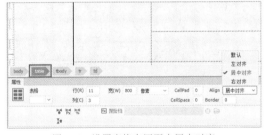

图5-24　设置表格在网页中居中对齐　　　　图5-25　添加背景图像

03 从弹出的列表中选择【浏览】选项，如图5-26所示。

04 打开【选择文件】对话框，选择一个背景图像文件后，单击【确定】按钮，即可为表格设置效果如图5-27所示的背景图像。

6. 添加和删除行、列

表格中的空白单元格也会占据页面位置，所有多余的行或列都可以删除，也可以在特定行或列上方或左侧添加行或列。要在表格中执行添加或删除行、列的操作，可以将鼠标指针置于表格的行或列中，右击，在弹出的【表格】子菜单中选择相应的命令即可。

```
32 ▼ <body>
33 ▼ <table width="800" align="center" background="">
34 ▼   <tbody>
35 ▼     <tr>
36             <td height="150" colspan="3"> </td
37         </tr>
38 ▼     <tr>
39             <td height="300" colspan="3"> </td
40         </tr>
41 ▼     <tr>
```

浏览...
例5-4-设置网页属性.html
例5-5-使用表格规划网页布局.html
例5-6-设置表格行高和列宽.html

图5-26　浏览背景图像路径

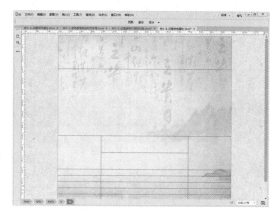

图5-27　设置表格背景图像

【练习5-9】在表格中添加一个空行。　视频

　　01 继续【练习5-8】的操作，合并表格第4行中的单元格，并将其行高设置为60像素，然后右击该行，从弹出的快捷菜单中选择【表格】|【插入行】命令，如图5-28左图所示。

　　02 此时，将在鼠标指针插入行(即第4行)的下方插入一个高度为60像素的新行，效果如图5-28右图所示。

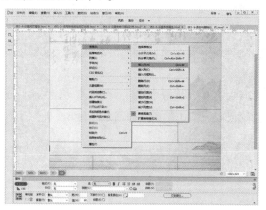
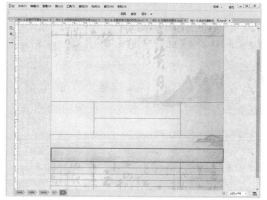

图5-28　在表格中添加行

5.3.2　编辑网页文本

　　文本既是网页中不可缺少的内容，也是网页中最基本的对象。在网页型课件中，文本占有不可替代的主导地位。

1. 输入文本

　　使用Dreamweaver在网页型课件中输入文本有以下3种方法：
- 将鼠标光标定位在文档窗口中直接输入文本。
- 在其他窗口中选取一部分文本后按下Ctrl+C快捷键进行复制，然后将鼠标光标定位在Dreamweaver编辑窗口中要插入文本的位置，按下Ctrl+V快捷键，粘贴文本。

○　将鼠标光标定位在要输入文本的位置，选择【文件】|【导入】|【Word文档】命令，然后选择要导入的Word文档，将Word文档中的文本导入网页中。

2. 设置文本格式

设置文本格式就是指定义课件中文本所包含的标记类型。在Dreamweaver中选中文本后，在【属性】面板中选择HTML选项，然后单击【格式】下拉列表可以快速为文本设置段落格式、标题格式等文本格式参数，如图5-29所示。

图5-29　【属性】面板中的HTML设置选项

【练习5-10】在表格中输入多段文本，并将其中一段文本设置为"标题3"格式。 视频

01 继续【练习5-9】的操作，在表格的各个单元格中输入图5-30左图所示的文本。

02 选中一段文本，按下Ctrl+F3快捷键显示【属性】面板，单击【格式】下拉按钮，在弹出的下拉列表中选择【标题3】选项，将文本设置为"标题3"格式，如图5-30右图所示。

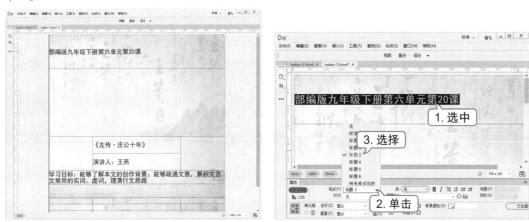

图5-30　输入文本并为文本设置"标题3"格式

由于在【练习5-4】中已将网页的默认段落字体设置为"黑体"，字体大小设置为28，文本颜色设置为"rgba(51,50,50,1)"，因此【练习5-10】中输入的文本字体采用该默认设置。

3. 设置文本字体样式

在为网页中的文本设置了格式后，可以针对不同格式设置文本字体样式。网页中的文本字体样式包含很多属性，如文本的字体类型、字体颜色、粗体、斜体、字体大小等。通过设置这些属性，可以控制网页内容的显示效果。

【练习5-11】在表格中设置"标题3"和"标题6"文本的字体样式。 ▶视频

01 继续【练习5-10】的操作，选中图5-30右图中的文本，在【属性】面板中单击CSS选项，在【大小】文本框中输入22，设置文本的字体大小，然后单击该文本框后的色块，从弹出的颜色选择器中选择一种颜色作为字体颜色，如图5-31所示。

02 选中页面的另一段文本，在【属性】面板中单击HTML选项，在显示的选项区域中单击【格式】下拉按钮，从弹出的下拉列表中选择【标题6】选项，然后单击【粗体】按钮B加粗文本，如图5-32所示。

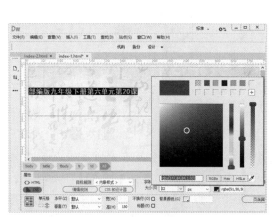

图5-31 设置文本颜色

图5-32 设置文本字体格式

03 在【属性】面板中单击CSS按钮，然后在【大小】文本框中输入16，设置当前选中文本的字体大小，然后设置【字体】为"方正报宋简体"。

4. 设置文本对齐

在网页文本编辑中，对齐有很多种方式，文本排在一行的中央位置叫"居中"，文章的标题和表格中数据一般都居中排版。有时，当文本位于表格中时，还会要求文本相对于表格单元格垂直对齐，即文字顶部对齐，或者底部对齐。

【练习5-12】在网页型课件中设置文本的对齐方式。 ▶视频

01 继续【练习5-11】的操作，将鼠标指针置于表格第1行单元格中的文本之后，在【属性】面板中单击CSS按钮，然后单击【居中对齐】按钮☰，此时表格中所有单元格中的文本将居中对齐，如图5-33所示。

02 选中单元格中的一段文本"演讲人：王燕"，单击【垂直】下拉按钮，从弹出的下拉列表中选择【顶端】选项，设置文本在单元格中靠顶部垂直对齐，如图5-34所示。

03 选中另一个单元格中的一段文本"《左传·庄公十年》"，单击【垂直】下拉按钮，从弹出的下拉列表中选择【底部】选项，设置文本在单元格中靠底部对齐。

图5-33　设置居中对齐

图5-34　设置顶端垂直对齐

5.3.3　添加网页图像

图像是网页型课件中最基本的元素之一，制作精美的图像可以大大增强网页的视觉效果。图像所蕴含的信息量对于网页而言显得更加重要。使用Dreamweaver在网页中插入图像通常涉及添加图形界面(如按钮)、创建具有视觉感染力的内容(如照片、背景等)或交互式设计元素。

保持较高画质的同时尽量缩小图像文件的大小是在网页中应用图像文件的基本要求。符合这种条件的图像文件格式有GIF、JPG/JPEG、PNG等。

- ○ GIF：相比JPG/JPEG或PNG格式，GIF文件虽然相对较小，但这种格式的图片文件最多只能显示256种颜色。因此，这种格式很少用在照片等这类需要很多颜色的图像中，多用在菜单或图标等简单的图像中。

- ○ JPG/JPEG：JPG/JPEG格式的图片比GIF格式使用的颜色更多，因此适合用于照片图像。这种格式适合保存用数码相机拍摄的照片、扫描的照片或是使用多种颜色的图片。

- ○ PNG：JPG/JPEG格式在保存时由于压缩会损失一些图像信息，但用PNG格式保存的文件与原图像几乎相同。

此外，网页文档支持文字、图片、音频、视频等媒体格式，但是在这些格式中，除了文本是写在HTML中，其他都是嵌入式的，网页文档只记录这些文件的路径。这些媒体信息能否正确显示，路径至关重要。

路径的作用是定位一个文件的位置。文件的路径可以有两种表述方法，以当前文档为参照物表示文件的位置，即相对路径。以根目录为参照物表示文件的位置，即绝对路径。

为了更加方便地介绍绝对路径和相对路径，下面以图5-35所示的站点目录结构为例。

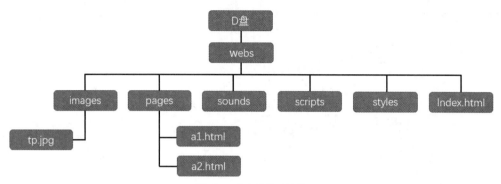

图5-35 站点的目录结构

以图5-35为例，在D盘的webs目录下的images子目录下有一个tp.jpg图像，那么该图像的路径就是D:\webs\images\tp.jpg，像这种完整地描述文件位置的路径就是绝对路径。如果将图片文件tp.jpg插入网页index.html，绝对路径的表示方式如下：

D:\webs\images\tp.jpg

如果使用了绝对路径D:\webs\images\tp.jpg进行图片链接，那么网页在本地计算机中将正常显示，因为在D:\webs\images文件夹中确实存在tp.jpg图片文件。但如果将文档上传到网站服务器，就不会正常显示了。因为服务器给用户划分的图片存放空间可能在D盘的其他文件夹中，也可能在E盘的某个文件夹中。为了保证图片能够正常显示，必须从webs文件夹开始，将图片文件和保存图片文件的文件夹放到服务器或其他计算机的D盘根目录中。

所谓相对路径，顾名思义，就是以当前位置为参照点，自己相对于目标的位置。例如，在index.html中链接图片文件tp.jpg就可以使用相对路径。index.html和tp.jpg图片的路径根据图5-35所示的目录结构图可以定位为：从index.html位置出发，它和images属于同级，路径是通的，因此可以定位到images，images的下级就是tp.jpg。使用相对路径表示图片如下：

images/tp.jpg

使用相对路径，不论将这些文件放到哪里，只要tp.jpg和index.html文件的相对关系没有变，就不会出错。

在相对路径中，"﹒﹒"表示上一级目录，"﹒﹒/﹒﹒"表示上级的上级目录，以此类推。例如，将tp.jpg图片插入a1.html文件中，使用相对路径的表示方式如下：

../images/tp.jpg

通过上面内容的介绍用户会发现，路径分隔符使用了"/"和"\"两种，其中"\"表示本地分隔符，"/"表示网络分隔符。因为网站制作好后肯定是在网络上运行的，因此要求使用"/"作为路径分隔符。

有的用户可能会有这样的疑惑：一个网站有许多链接，怎么能保证它们的链接都正确，如果修改了图片或网页的存储路径，是否会造成代码的混乱？此时，如果使用Dreamweaver的站点管理功能，不但可以将绝对路径自动转换为相对路径，而且在站点中更改文件路径时，与这些文件关联的路径也会自动更改。

1. 插入本地图片文件

图片的路径可以是绝对路径，也可以是相对路径。下面用一个练习示例介绍在index.html文件中插入"曹刿论战.png"图片文件的方法。

【练习5-13】在网页中插入保存在本地站点文件夹中的图片文件。🎬视频

01 继续【练习5-12】的操作，将鼠标指针置于页面中表格第2行的单元格中，选择【插入】| Image命令，打开【选择图像源文件】对话框，选中D:\webs\images文件夹中的图像文件，如图5-36左图所示，然后单击【确定】按钮。

02 此时，将在网页中插入图5-36右图所示的图片。

图5-36　在网页中插入站点中的图片

2. 插入来自网络的图片

制作网页型课件时，也可以将网络中其他文件夹或服务器的图片插入网页中。

【练习5-14】在网页课件中插入来自网站的图片。🎬视频

01 继续【练习5-13】的操作，使用浏览器打开一个图片素材网站，在选择一个图片素材后，右击，从弹出的快捷菜单中选择【复制图片地址】命令，如图5-37左图所示，复制图片的地址。

02 将鼠标指针置于网页中的合适位置，然后切换到【拆分】视图，在该视图的代码窗口中输入<img>标签，并在"src="属性后粘贴步骤01复制的图片地址，将在网页中插入图5-37右图所示的图片。

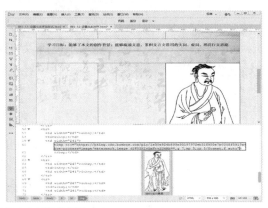

图5-37　在网页中插入来自网络的图片

3. 设置图像的高度和宽度

在Dreamweaver设计视图中选中插入的图像后，在【属性】面板中可以设置图像的高度和宽度。

【练习5-15】在Dreamweaver中设置网页中插入图像的高度和宽度。　视频

01 继续【练习5-14】的操作，选中网页中的一张图片后按下Ctrl+F3快捷键显示【属性】面板，单击其中的【切换尺寸约束】按钮🔓，将该按钮的状态切换为"锁定"状态🔒，然后在【宽】文本框中输入800，软件将自动根据输入的宽度调整图片的高度，如图5-38所示。

02 选中网页中的另一张图片，将鼠标指针分别置于图片右侧、底部和右下角的控制点上，按住鼠标左键拖动，调整图片的高度和宽度，如图5-39所示。

图5-38　设置图片宽度参数

图5-39　手动调整图片大小

4. 设置图像提示文字

图像提示文字的作用有两个。其一是当浏览网页时，如果图像加载完毕，将鼠标指针放置在图像上，鼠标指针旁边会出现提示文字，对图像进行说明；其二是如果图像没有成功加载，在图像的位置上显示相应的提示文字。

【练习5-16】在Dreamweaver中为网页课件中的图像设置提示文字。 ●视频

01 继续【练习5-15】的操作，在设计视图中选中页面中的图像，在【属性】面板的【标题】文本框中输入"来自百度百科的图片"，在【替换】文本框中输入"图像未成功加载"，如图5-40所示。

02 按下F12键预览网页，若页面中的图像被正常加载，当鼠标放置在网页图像上时，将显示图5-41所示的提示文字；若页面中的图像未正常加载，网页将显示提示文字"图像未成功加载"。

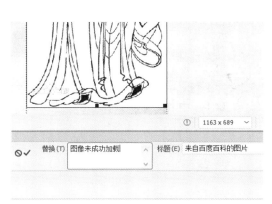

图5-40 设置替换文字和标题文字

图5-41 网页中的提示文字

5. 裁剪图像中的图像

在Dreamweaver设计视图中选中一个图像后，选择【编辑】|【图像】|【裁剪】命令(或者单击【属性】面板中的【裁切】按钮），可以对图像执行裁剪操作，如图5-42所示。

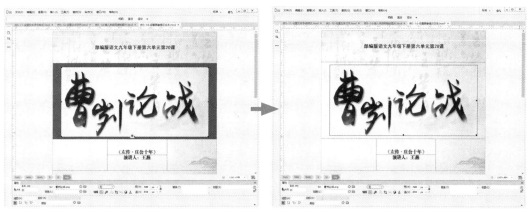

图5-42 裁剪网页中的图片

6. 制作鼠标经过图像

浏览网页时经常会看到当光标移到某个图像上方后，原图像变换为另一个图像，而当光标离开后又回到原图像的效果。根据光标移动来切换图像的这种效果称为鼠标经过图像

效果,而应用这种效果的图像称为鼠标经过图像。在很多网页中为了进一步强调菜单或图像,经常使用鼠标经过图像效果。

下面将通过一个练习示例,介绍使用Dreamweaver在课件中创建鼠标经过图像的具体方法。

【练习5-17】使用Dreamweaver在网页中创建鼠标经过图像。 视频

01 将鼠标指针插入网页中需要创建鼠标经过图像的位置。按下Ctrl+F2快捷键显示【插入】面板,单击其中的【鼠标经过图像】按钮,如图5-43左图所示。

02 打开【插入鼠标经过图像】对话框,单击【原始图像】文本框后的【浏览】按钮,如图5-43右图所示。

图5-43　单击【鼠标经过图像】按钮打开【插入鼠标经过图像】对话框

03 打开【原始图像】对话框,选择一张图像作为网页打开时显示的基本图。如图5-44所示。单击【确定】按钮,返回【插入鼠标经过图像】对话框,单击【鼠标经过图像】文本框后的【浏览】按钮。

04 打开【鼠标经过图像】对话框,选择一张图像,作为鼠标指针移到图像上方时显示的替换图像,如图5-45所示。

图5-44　选择基本图　　　　　　　　　　　图5-45　选择替换图像

05 单击【确定】按钮,返回【插入鼠标经过图像】对话框,单击【确定】按钮,即可创建鼠标经过图像。

06 按下F12键,在打开的提示对话框中单击【是】按钮,保存并预览网页,即可查看网页中鼠标经过图像的效果,如图5-46所示。

图5-46 课件中鼠标经过图像的效果

5.3.4 插入多媒体文件

除了在页面中使用文本和图像元素来表达网页信息以外，还可以添加音频、视频等多媒体内容。

1. 插入视频文件

在网页中插入视频文件，可以使单调的页面变得生动。

【练习5-18】使用Dreamweaver在课件中添加视频文件。 视频

01 继续【练习5-17】的操作，合并3行单元格，在第1、2行单元格中输入文本并设置文本格式，然后将鼠标指针置于第3行单元格中，如图5-47所示。

02 选择【插入】| HTML | HTML5 Video命令，在设计视图中选中要在页面中添加的视频图标，选中【属性】面板中的Controls复选框为视频显示播放控件，如图5-48所示。

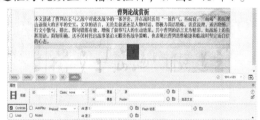

图5-47 在表格中输入文本 图5-48 设置视频显示播放控件

03 单击【属性】面板中【源】文本框后的【浏览】按钮 ，在打开的对话框中选中一个视频文件，然后单击【确定】按钮，如图5-49所示。

04 在【属性】面板的W和H文本框中分别设置视频的宽度和高度。

05 按下F12键在浏览器中预览网页，在打开的浏览器窗口中可以看到所加载的视频播放界面，如图5-50所示。单击其中的【播放】按钮即可播放视频。

图5-49　选择视频源文件　　　　　　　　图5-50　网页中的视频播放界面

2. 插入音频文件

在Dreamweaver中，要为课件添加音频，可以通过执行菜单栏中的【插入】| HTML | HTML5 Audio命令来实现，具体方法如下。

【练习5-19】使用Dreamweaver在课件中添加音频。〖●视频〗

01 继续【练习5-18】的操作，合并2行单元格，然后在合并后的单元格中输入文本，并将鼠标指针置于文本之后。

02 选择【插入】| HTML | HTML5 Audio命令，在设计视图中插入图5-51左图所示的音频图标，然后在【属性】面板中单击【源】文本框后的【浏览】按钮 ，在打开的对话框中选中一个音频文件，并单击【确定】按钮，如图5-51右图所示。

图5-51　在课件中插入音频文件

03 按下F12键预览网页，当网页被浏览器加载时将显示如图5-52左图所示的音频播放控件，单击其中的【播放】按钮▶即可播放音频，如图5-52右图所示。

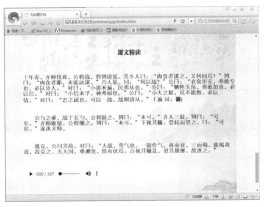

图5-52　播放课件中的音频

3. 插入动画文件

在Dreamweaver中，可以参考以下练习示例在课件中插入SWF格式的动画文件。

【练习5-20】使用Dreamweaver在网页中添加一个SWF格式的动画文件。 视频

01 继续【练习5-19】的操作，合并2行单元格，然后在合并后的单元格中输入文本，并将鼠标指针置于合并后的单元格中。

02 选择【插入】| HTML | Flash SWF命令，打开【选择SWF】对话框，选择一个SWF文件后，单击【确定】按钮。

03 在打开的【对象标签辅助功能属性】对话框中单击【确定】按钮。

04 此时，将在设计视图中插入一个Flash SWF图标，选中该图标后用户可以在【属性】面板中设置其循环播放、自动播放、宽度、高度、对齐方式、垂直边距、水平边距、品质和比例等参数，如图5-53所示。

05 按下F12键，即可在打开的网页中播放Flash SWF动画文件，如图5-54所示。

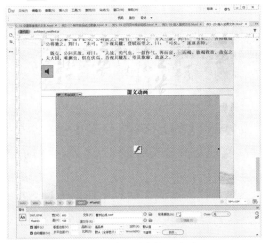

图5-53　在网页中插入动画

图5-54　在浏览器中播放动画

5.4　设置课件交互链接

当课件内容制作完毕后，可以在页面中创建超链接。使网页能够与网络中的其他页面或网页中的其他元素建立关联。

5.4.1　超链接的基础知识

超链接是网页中重要的组成部分，其本质上属于网页的一部分，它是一种允许网页访问者与其他网页或站点之间进行连接的元素。

1. 超链接的类型

超链接与URL(Uniform Resource Locator，统一资源定位器)，以及网页文件的存放路径紧密相关。URL可以简单地称为网址，顾名思义，就是Internet文件在网上的地址。定义超链接其实就是指定一个URL地址来访问它指向的Internet资源。URL是使用数字和字母按一定顺序排列来确定的Internet地址，由访问方法、服务器名、端口号，以及文档位置组成(格式为access-method://server-name:port/document-location)。在Dreamweaver中，可以创建下列几种类型的链接。

- ○ 页间链接：用于跳转到其他文档或文件，如图形、电影、PDF或声音文件等。
- ○ 页内链接：也称为锚记链接，用于跳转到本站点指定文档的位置。
- ○ E-mail链接：用于启动电子邮件程序，允许用户书写电子邮件，并发送到指定地址。
- ○ 空链接及脚本链接：用于附加行为至对象或创建一个执行JavaScript代码的链接。

2. 超链接的路径

从作为链接起点的文档到作为链接目标的文档之间的文件路径，对于创建链接至关重要。一般来说，链接路径可以分为绝对路径和相对路径两类。

(1) 绝对路径。绝对路径指包括服务器协议在内的完整路径，示例代码如下。

http://www.xdchiang/dreamweaver/index.htm

绝对路径的使用与链接的源端点无关，只要目标站点地址不变，无论文档在站点中如何移动，都可以正常实现跳转而不会发生错误。如果需要链接当前站点之外的网页或网站，就必须使用绝对路径。

需要注意的是，绝对路径这种链接方式不利于测试。如果在站点中使用绝对路径地址，要想测试链接是否有效，必须在Internet服务器端进行。此外，采用绝对路径不利于站点的移植。例如，一个较为重要的站点，可能会在几个服务器上创建镜像，同一个文档也就有几个不同的网址，要将文档在这些站点之间移植，必须对站点中每个使用绝对路径的链接一一进行修改，这样才能达到预期目的。

(2) 相对路径。相对路径包括根相对路径和文档相对路径两种。

- 根相对路径：使用Dreamweaver制作网页时，需要选定一个文件夹来定义一个本地站点，模拟服务器上的根文件夹，系统会根据这个文件夹来确定所有链接的本地文件位置，而根相对路径中的根就是指这个文件夹。
- 文档相对路径：文档相对路径就是指包含当前文档的文件夹，也就是以当前网页所在文件夹为基础来计算的路径。文档根相对路径(也称相对根目录)的路径以"/"开头。路径是从当前站点的根目录开始计算的(例如，在C盘Web目录建立的名为web的站点，这时/index.htm路径可表示为C:\Web\index.htm。文档相对路径适用于链接内容频繁更换环境中的文件，这样即使站点中的文件被移动了，链接仍可以生效，但是仅限于在该站点中)。

5.4.2　创建文本链接

文本链接是网页型课件制作中使用最频繁也是最主要的元素。为了实现跳转到与文本相关内容的页面，往往需要为文本添加链接。

【练习5-21】使用Dreamweaver在课件中创建一个指向其他网页的文本链接。 视频

01 继续【练习5-20】的操作，选中网页中需要创建链接的文本，单击【属性】面板中【链接】文本框后的【浏览文件】按钮 ，打开【选择文件】对话框，选中一个网页文件，如图5-55左图所示，单击【确定】按钮。

02 此时，将在网页中创建一个文本链接。按下F12键使用浏览器打开网页，文本中链接的效果如图5-55右图所示。

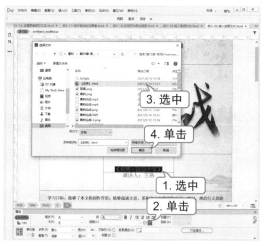

图5-55　创建链接另一个网页文件的文本链接

此外，还可以创建链接至其他网站的文本链接。比如，在网页课件中设置一些知名网站的友情链接。在Dreamweaver设计视图中输入并选中一段文本后，在【属性】面板中直接输入网站地址即可。

【练习5-22】在课件中设置链接其他网站页面的文本链接。 视频

01 继续【练习5-21】的操作，在网页底部输入一段文本，然后选中该文本，在【属性】面板的【链接】文本框中输入文本要链接的网页地址，如图5-56左图所示。

02 按下F12键使用浏览器打开网页，单击文本链接将访问指定的网站，如图5-56右图所示。

图5-56　创建链接到其他网站的文本链接

5.4.3　创建图像链接

在制作网页型课件时，将鼠标移到图像上，鼠标指针将变成手形，单击会打开一个网页，这样的链接就是图像链接。在Dreamweaver中创建图像链接的方法与创建文本链接类似，具体方法如下。

【练习5-23】在课件中设置一个图像链接。　🔘视频

01 继续【练习5-22】的操作，在网页中的表格内插入一张图片，然后在【属性】面板的【链接】文本框中输入图片链接网址，单击【目标】下拉按钮，从弹出的下拉列表中选择new选项，设置图片链接将在新的浏览器窗口中被打开，如图5-57所示。

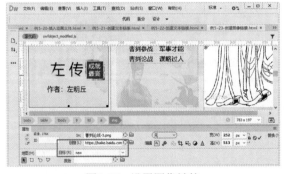

图5-57　设置图像链接

02 按下F12键，在浏览器中预览课件效果，单击页面中的图像，将打开一个新的链接页面。

5.4.4　创建下载链接

网页型课件的超链接目标可以是网页，也可以是各种类型的文件，如图片文件、声音

文件、视频文件、文本文件等。在浏览器中观看课件内容时，如果浏览器能够识别课件所链接目标的类型，会直接将其在浏览器窗口中显示；否则，会弹出提示对话框，提示下载文件，这就是下载链接。

【练习5-24】使用Dreamweaver在课件中创建一个下载链接。 〇视频

01 继续【练习5-23】的操作，输入并选中网页中的一段文本后，在【属性】面板中单击【链接】文本框后的【浏览】按钮，如图5-58左图所示。

02 打开【选择文件】对话框，选择一个Word文件，然后单击【确定】按钮。

03 按下F12键，在浏览器中预览网页效果。单击页面中的链接文本，浏览器将打开【新建下载任务】对话框，单击该对话框中的【下载】按钮即可下载在步骤02的对话框中选择的文件，如图5-58右图所示。

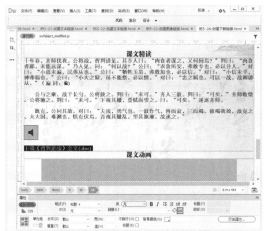

图5-58　创建文件下载链接

5.4.5　创建图像热点链接

所谓图像热点链接，指的是将一个图片划分为若干个区域，访问者在浏览网页图片时，单击图片上不同的区域会链接到不同的目标页面。

【练习5-25】使用Dreamweaver在课件中创建图片热点区域。 〇视频

01 打开素材文件后，在设计视图中选中图片，在【属性】面板中将显示3个图标□○▽，分别代表矩形、圆形和多边形热点区域。

02 单击【属性】面板中的【矩形热点】按钮□，将鼠标指针移到被选中的图片上，按住鼠标左键拖动即可创建图5-59所示的矩形热点区域。

03 绘制的热点区域呈半透明状态。如果其大小有误差，用户可以使用【属性】面板中的【指针热点工具】按钮对热点区域进行编辑。激活【指针热点工具】按钮后，将鼠标指针放置在区域四周的控制点上，按住鼠标左键拖动即可调整热点区域的大小，如图5-60所示。

图5-59　创建矩形热点区域

图5-60　调整热点区域

04 完成热点区域大小的设置后，在【属性】面板的【链接】文本框中可以设置热点区域链接对应的跳转目标页面。单击【目标】下拉按钮，从弹出的下拉列表中可以设置链接页面的弹出方式，如图5-61所示。这里如果选择了_blank选项，矩形热点区域的链接页面将在新的窗口中弹出，而如果【目标】选项保持空白状态，就表示仍在原来的浏览器窗口中显示链接的目标页面。

05 保存网页并按下F12键预览网页，可以发现，当鼠标指针移至网页图片中设置了热点的区域时，就会变成手状，如图5-62所示。单击就会跳转到相应的页面。

图5-61　设置图像热点链接

图5-62　热点区域的预览效果

5.4.6　创建课件导航链接

制作网页型课件时，往往需要在一个页面中插入很多内容，导致课件页面的篇幅过长，在呈现时需要拖动滚动条来查找内容。此时，为了能够快速定位到课件中指定的位置，需要在网页中创建锚记链接来制作课件导航。

【练习5-26】使用Dreamweaver在课件中创建用于页面导航的锚记链接。⊙视频

01 继续【练习5-25】的操作，将网页另存为index.html。在网页顶部左侧的单元格中

输入导航文本，然后选中其中的文本"课文赏析"，在【属性】面板的【链接】文本框中输入"#part_1"，如图5-63所示。

02 向下滚动页面，选中页面中的文本"曹刿论战赏析"，然后在【属性】面板的ID文本框中输入"part_1"，如图5-64所示。

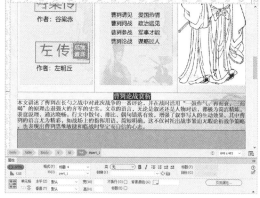

图5-63　设置链接　　　　　　　　　　　　　　图5-64　为选中的文本设置ID

03 按下F12键预览网页，单击课件页面顶部的"课文赏析"文本，页面将自动跳转到文本"曹刿论战赏析"所在的位置，效果如图5-65所示。

图5-65　页面导航链接效果

04 使用相同的方法，为导航栏中的其他文本也设置相应的链接。

05 将鼠标指针置于课件顶部文本"部编版语文九年级下册第六单元第20课"之后，在【文档】工具栏中单击【拆分】按钮，切换至拆分视图，在代码窗口中输入以下代码：

```
<a name="top" href="index.html#top"></a>
```

06 此时，设计视图中将添加如图5-66所示的锚记图标。

07 单击【文档】工具栏中的【设计】按钮，切换回设计视图，然后向下滚动页面，在合适的位置输入文本"(返回顶部)"，并选中该文本在【属性】面板的【链接】文本框中输入"#top"，如图5-67所示。

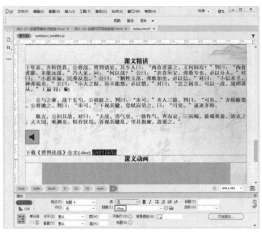

```
<tr>
   <td height="150" colspan="3"><h3><span style="font-size: 22px; font-family: '黑
体'; color: rgba(128,41,43,1); text-align: left">
      部编版语文九年级下册第六单元第20课<a name="top" href="index.html#top"></a></span>
   </h3></td>
</tr>
<tr>
```

图5-66　设置锚记　　　　　　　　　　　　　　　图5-67　设置访问锚记的链接

08 按下F12键预览网页，单击课件页面底部的"(返回顶部)"文本，网页将自动跳转到开头部分，如图5-68所示。

图5-68　利用锚记链接实现页面内容的快速跳转

5.5　网页型课件制作实例

本章前面的内容分知识点介绍了Dreamweaver的基本功能和使用方法，下面将通过一个综合实例，贯穿这些内容，展示制作一个完整网页型课件的过程。用户通过本实例体验网页型课件的制作流程，有助于进一步掌握此类课件的制作方法。

5.5.1　创建本地站点

在使用Dreamweaver制作课件之前，首先要在当前计算机中创建一个用于保存课件素材和测试课件效果的本地站点。

启动Dreamweaver后，选择【站点】|【新建站点】命令，打开【站点设置对象】对话框，设置【站点名称】和【本地站点文件夹】，然后单击【保存】按钮创建一个本地站点，如图5-69所示。

5.5.2　创建网页文件

将准备好的课件制作素材文件复制本地站点文件夹中。

在Dreamweaver中按下Ctrl+N快捷键打开【新建文件】对话框，在【标题】文本框中输入"人教版《物理》"，然后单击【创建】按钮，创建一个新的网页文件，如图5-70所示。

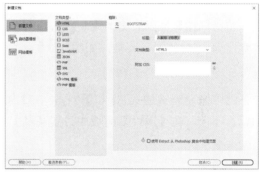

图5-69　创建本地站点　　　　　　　　　　　　　　图5-70　创建网页文件

按下Ctrl+S快捷键打开【另存为】对话框，在【文件名】文本框中输入"index.html"后，单击【保存】按钮，将创建的网页文件保存至本地站点的根目录中。

5.5.3　设计网页布局

1. 插入表格

选择【插入】| Table命令，打开Table对话框，在【行数】文本框中输入12，在【列】文本框中输入1，将【表格宽度】设置为800像素，然后单击【确定】按钮，如图5-71所示，在网页中插入一个12行1列的表格。在后面的课件制作中，将在这个12行1列表格的每一行中都插入一个嵌套表格，利用嵌套表格规划网页布局，将表格的12行制作成12个课件页面。

2. 设置表格居中对齐

选中网页中插入的表格，选择【窗口】|【属性】命令显示【属性】面板，然后在该面板中单击Align下拉按钮，从弹出的下拉列表中选择【居中对齐】选项，设置表格在网页中居中对齐显示，如图5-72所示。

图5-71　插入表格

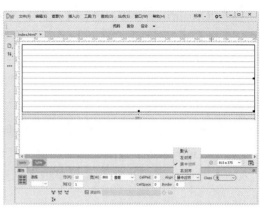

图5-72　设置表格对齐方式

3. 创建嵌套表格

将鼠标指针插入表格的第1行中，选择【插入】| Table命令，在该行中插入一个7行2列且宽度为100%的嵌套表格，如图5-73所示。

4. 设置表格的行高和列宽

选中嵌套表格的第1行和第7行，在【属性】面板中设置【高】为100；选中嵌套表格的第2～6行，在【属性】面板中设置【高】为60，如图5-74所示。

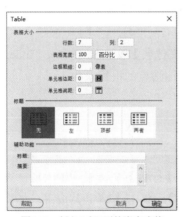

图5-73　插入7行2列的嵌套表格

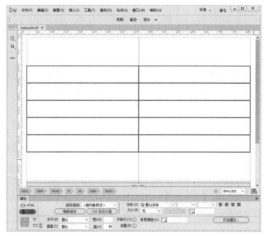

图5-74　设置行高

选中嵌套表格的第1列，在【属性】面板的【宽】文本框中输入100，设置选中列的宽度为100像素，如图5-75所示。

5. 合并与拆分单元格

选中嵌套表格的第1行，在【属性】面板中单击【合并所选单元格，使用跨度】按钮，合并该行，如图5-76所示。

使用同样的方法合并嵌套表格的第7行。将鼠标指针置于嵌套表格第2行中，单击【属性】面板中的【拆分单元格行或列】按钮，打开【拆分单元格】对话框，设置将单元格拆分为2行后，单击【确定】按钮，拆分单元格，如图5-77所示。

拆分嵌套表格的其他单元格，完成后的效果如图5-78所示。

图5-75 设置列宽

图5-76 合并行

图5-77 拆分单元格

图5-78 完成设置后的嵌套表格效果

5.5.4 添加课件内容

1. 添加网页文本和图片

将鼠标指针置于嵌套表格的单元格中，输入文本，然后选中输入的文本，在【属性】面板中设置文本的字体、大小、颜色和对齐方式等参数，如图5-79所示。

2. 设置表格背景和单元格背景

将鼠标指针置于表格的单元格内，在【属性】面板中单击【背景颜色】选项后的□按钮，在弹出的颜色选择器中选择一种颜色，如图5-80所示，设置单元格背景颜色。

在标签选择器中选中嵌套表格的\<table\>标签，选中该表格。

切换至代码视图，在\<table\>标签的右侧">"符号之前按下空格键，从弹出的菜单中选择background选项，如图5-81左图所示。在进一步弹出的菜单中选择【浏览】选项，打开【选择文件】对话框，选中一个图像文件后，单击【确定】按钮，如图5-81右图所示。

233

图5-79　添加网页文本

图5-80　设置单元格背景颜色

图5-81　设置表格背景图片

　　切换回设计视图后，被选中表格的背景效果如图5-82左图所示。选择【插入】| Image命令，在嵌入表格的单元格中插入图片，然后按下F12键预览网页，此时课件的封面页效果如图5-82右图所示。

图5-82　表格背景效果

使用同样的方法，在课件中插入更多嵌套表格，利用嵌套表格规划课件内容页面的结构，并在其中添加文本和图片，制作出效果如图5-83和5-84所示的课件页面。

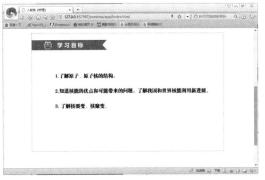

图5-83　学习目标页面　　　　　　　　　　　　图5-84　内容页面

3. 添加视频文件

利用在表格中插入的嵌套表格规划课件页面的布局，并在其中添加文本和图片后，将鼠标指针置于页面中合适的位置，选择【插入】| HTML | HTML5 Video命令，在设计视图中添加一个视频图标，然后在【属性】面板中设置视频图标的高度和宽度，如图5-85左图所示。

在【属性】面板中单击【源】文本框右侧的【浏览】按钮 📁，在打开的【选择视频】对话框中选中一个视频文件，然后单击【确定】按钮，如图5-85右图所示。

图5-85　在课件页面中插入视频

保存网页，按下F12键预览网页，单击网页中视频上的【播放】按钮，即可观看网页中包含的视频内容，如图5-86所示。

4. 添加音频文件

利用嵌套表格规划课件页面的布局，并在其中输入文本后，将鼠标指针置于页面中合适的位置，选择【插入】| HTML | HTML5 Audio命令，在设计视图中插入图5-87所示的音频图标，然后在【属性】面板中单击【源】文本框后的【浏览】按钮 📁，在打开的对话框中选中一个音频文件，并单击【确定】按钮。

235

图5-86 在网页中播放视频

图5-87 在网页中插入音频

保存网页并按下F12键预览网页效果,单击页面中音频控制栏上的【播放】按钮即可播放网页中插入的音频文件。

5.5.5 设置导航链接

在Dreamweaver中返回课件的封面页(表格的第1行),在封面页中输入课件的导航文本,然后选中文本"核能",并在【属性】面板的ID文本框中输入"#part_1",如图5-88

左图所示。

向下滚动页面，选中页面中的图片"1.核能"，然后在【属性】面板的ID文本框中输入"part_1"，如图5-88右图所示。

图5-88 设置课件页面内部的导航链接

按下F12键预览网页，单击课件封面页中的文本链接"核能"，可以打开相应的页面，如图5-89所示。

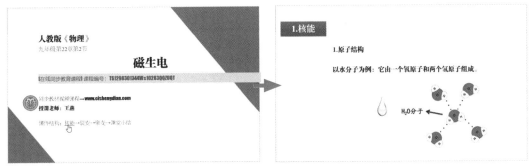

图5-89 单击导航文本链接打开相应的页面

使用同样的方法，在课件封面页中为其他导航文本也设置能够快速定位到相应课件页面的链接。

将鼠标指针置于课件顶部的文本"人教版《物理》"，之后在【文档】工具栏中单击【拆分】按钮，切换至拆分视图，在代码窗口中输入以下代码：

```
<a name="top" href="index.html#top"></a>
```

在设计视图中添加如图5-90所示的锚记图标。

单击【文档】工具栏中的【设计】按钮，切换回设计视图，然后向下滚动页面，在合适的位置输入文本"(返回顶部)"并选中该文本，在【属性】面板的【链接】文本框中输入"#top"，如图5-91所示。

最后，保存网页并按下F12键预览课件效果，在课件中单击页面底部的"(返回顶部)"链接，将快速返回到课件的封面页。

图5-90　添加锚记图标

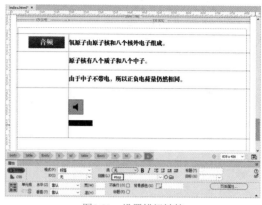

图5-91　设置锚记链接

第6章

使用几何画板制作数学课件

几何画板是由美国Key Curriculum Press公司开发的教学辅助软件，适用于几何(平面几何、解析几何和射影几何等)及物理教学的软件平台，使用该软件可以很方便地制作出一些表现数学或物理规律的课件。通过几何画板软件制作的课件不仅简单实用、容易学习，而且文件比较小、便于携带、交互性强。

6.1 几何画板基础知识

使用几何画板软件制作的课件由多个"页面"组成，在每个页面上都可以设置文本、图片、图形等对象来展示教学内容，且可以按照教学需要进行演示，是一种适用于数学、物理知识分析的动态几何工具。

6.1.1 工作界面

几何画板具有易学易用的特点，无论是对于教师还是对于学生来说都是非常实用的工具软件。通过对点、线、圆基本元素进行构造，可以绘制出各种复杂的几何图形。另外，使用几何画板能够充分体现出教师在备课过程中的教学思想。

几何画板的安装很简单，双击安装主程序Setup.exe，根据提示逐步进行安装即可。安装完成后，启动几何画板软件将打开如图6-1所示的工作界面。

从图6-1可以看出，几何画板软件的工作界面由菜单栏、标题栏、工具栏、绘图区和状态栏几个部分组成，其中最重要的可操作部分为菜单栏和工具栏。

1. 菜单栏

菜单栏位于标题栏的下方，它包括【文件】【编辑】【显示】【构造】【变换】【度量】【数据】【绘图】【窗口】和【帮助】这10个菜单，涵盖了制作图形、动画，以及用于测量和计算等所有菜单命令。单击这些菜单，可在打开的菜单项列表中选择相应的命令。

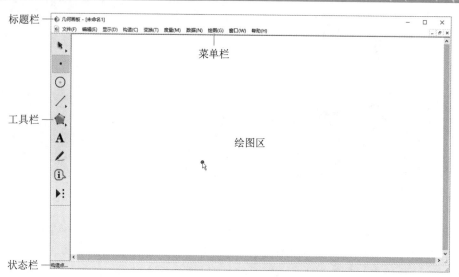

图6-1　几何画板软件的工作界面

2. 工具栏

几何画板的工具栏中共有9个工具按钮，提供了一些基本图形(如点、线和圆)的绘制、图形的选取和文字的标注等功能。

○ 【移动箭头工具】按钮：用于选择某个对象以便进行其他操作。如果按住该工具按钮不放，可以发现该按钮中还包含另外两个工具，即【旋转箭头工具】和【缩放箭头工具】。其中，旋转箭头工具用来旋转选定对象的方向；缩放箭头工具用来缩放选定对象的大小。

○ 【点工具】按钮：用于在绘图区绘制点，单击该按钮后，将光标移到绘图区中单击，就能绘制出一个点。

○ 【圆工具】按钮：用于在绘图区绘制圆，单击该按钮后，在绘图区中拖动，就能绘制一个圆。

○ 【线段直尺工具】按钮：用于在绘图区绘制线段。如果按住该工具按钮不放，可以发现该按钮中还包含另外两个工具，即【射线直尺工具】按钮和【直线直尺工具】按钮，它们分别用于绘制射线和直线。

○ 【多边形工具】按钮：用于在绘图区绘制多边形。如果按住该工具按钮不放，可以发现该按钮中还包含另外两个工具即【多边形和边工具】按钮和【多边形边工具】按钮，它们分别用来绘制实心带边的多边形和空心带边的多边形。

○ 【文字工具】按钮：用于对点、线和圆等基本元素进行标注或使标注隐藏。单击该按钮后，将光标移到绘图区中拖动，就能绘制出一个标注文本框，可以在其中输入文字注释。

○ 【标记工具】按钮：该工具相当于一个画笔，可以在绘图区任意进行涂写，以方便对图形进行标记。

○ 【信息工具】按钮：单击该按钮，然后在绘图区的图形元素上单击，可显示所单击元素的基本信息，以及该元素和其相邻元素之间的关系。

- 【自定义工具】按钮：该工具按钮是4.0版本及后续版本中新增的，用户可以根据自己的需要定制工具。使用该按钮可以把结果创建成一个自定义工具，这时几何画板会把制作的过程全部记录下来，并保存为一个文件供用户以后使用。长按该工具按钮可显示可进行自定义的各种工具。

3. 标题栏

标题栏位于工作界面的最上方，它由窗口标识和窗口按钮组成。双击标题栏将使整个窗口最大化，再次双击时，窗口将恢复到原有的大小。

4. 绘图区

绘图区是绘制几何图形的主要区域，绘制点、线、圆等以及输入文字、制作动画等都是在该区域进行的。

5. 状态栏

状态栏位于工作界面的最下方，单击工具栏中的按钮或者选择菜单命令时，状态栏将给出相应工具按钮或菜单命令的功能说明。

6.1.2 基本操作

在几何画板中，对象的基本操作包括选择、移动、旋转、缩放、删除和恢复等。在制作课件时，重复、合理地执行各种基本操作，可以帮助我们更快、更好地制作出想要的图形效果。

1. 选择对象

在几何画板中对对象进行删除、复制、拖动、旋转等操作之前，必须先选择对象。按操作要求的不同，可以选择单个对象，也可以同时选择多个对象。

- 选择单个对象：单击工具栏中的"移动箭头工具"按钮，然后单击绘图区中要选择的对象，则该对象被选中。如果想要取消某个对象的选中状态，再次单击该对象即可。
- 选择多个对象：单击工具栏中的"移动箭头工具"按钮，然后依次单击所需选择的对象，如图6-2所示。或者拉出一个矩形框，则矩形框内的所有对象都将被选中，如图6-3所示。

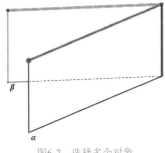

图6-2　选择多个对象

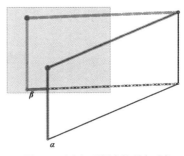

图6-3　选中矩形框内的所有对象

在几何画板中选中线段时，并不包括线段两端的端点；选中圆时，也不包括圆心和圆心上的点。

2. 移动对象

如果想在绘图区中移动图形对象到新的位置，先选择该对象，然后将其拖动到新的位置即可。还可以一次框选多个图形对象，将光标放置在多个图形对象的任何一个面上，当光标由 ↖ 变为 ← 时，即可进行整体拖动(本章后面将详细介绍)。

3. 旋转对象

在对几何画板中的对象进行旋转操作时，应先确定对象的旋转点和旋转镜面，然后使用工具栏中的【旋转箭头工具】按钮 将对象旋转至所需的角度。

例如，使用几何画板的【线段直尺工具】按钮在绘图区中绘制一个三角形，单击工具栏上的【移动箭头工具】按钮 ，选择三角形ABC的顶点C作为旋转点，然后选择【变换】|【标记中心】命令，标识选定的点C。按住工具栏上的【移动箭头工具】按钮 ，在弹出的工具中选择【旋转箭头工具】按钮 ，将光标移到图形对象的任意边上，当光标变为 ← 形状后进行拖动，将对象旋转到所需位置即可，如图6-4所示。

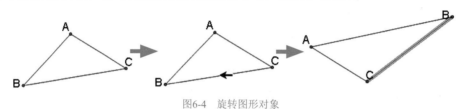

图6-4　旋转图形对象

4. 缩放对象

在缩放对象前需要先确定缩放中心，单击工具栏中的【缩放箭头工具】按钮 ，用鼠标双击选中一点后，该点即被设定为缩放中心，按住鼠标拖动，即可实现缩放。如果要执行精确缩放，则需要选择【变换】|【缩放】命令(该命令的具体用法将在后面详细介绍)。

5. 更改对象的形状

使用几何画板的【线段直尺工具】按钮 在绘图区中绘制一个任意四边形。将四边形ABCD的顶点B向任意方向拖动，图形的形状也将随之改变，但仍然是四边形。然后选择四边形ABCD的AB边，将此边向任意方向拖动，可以发现四边形这样一种关系仍然存在，即几何关系没有发生变化，如图6-5所示。

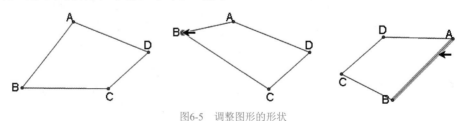

图6-5　调整图形的形状

6. 复制和粘贴对象

使用【复制】和【粘贴】命令可以加快课件的开发速度，从而节省时间，具体操作步骤如下。

(1) 单击【移动箭头工具】按钮，在绘图区中选择要复制的对象。

(2) 选择【编辑】|【复制】命令，将选中的对象复制到剪贴板中。

(3) 选择【编辑】|【粘贴】命令，完成对象的复制和粘贴。

7. 删除和恢复对象

单击工具栏中的【移动箭头工具】按钮，选中需要删除的单个或多个对象，按下Delete键即可将其删除。若需要恢复上一步删除的对象，可以按下Ctrl+Z快捷键。

6.2 绘制平面几何图形

课件中复杂的几何图形都是由简单的几何图形组成的，点、线、圆和圆弧就是常用的基本几何图形，这些图形可以利用"构造"菜单中的命令来绘制，下面将进行详细介绍。

6.2.1 绘制三角形

在几何画板软件中，要构造线段的垂直平分线、三角形的中位线等与线段中点有关的图形，需要先确定线段的中点。在菜单栏中选择【构造】|【中点】命令，可以在一条或多条线段上取中点，下面将通过示例来介绍如何绘制一个三角形及其三条边的中线。

【练习6-1】在《数学》课件中绘制一个三角形，然后绘制该三角形的三条中线。

01 启动几何画板软件，选择【编辑】|【参数选项】命令，打开【参数选项】对话框，在【颜色】选项卡中单击【背景】按钮，如图6-6左图所示。

02 打开【颜色选择器】对话框，选择一种颜色，然后单击【确定】按钮，设置背景颜色，如图6-6右图所示。

图6-6 设置背景颜色

03 在【参数选项】对话框中选择【文本】选项卡，设置自动显示几何对象的标签，如图6-7所示，然后单击【确定】按钮。

04 选择【文件】|【文档选项】命令打开【文档选项】对话框，单击【增加页】下拉按钮，从弹出的下拉列表中选择【空白页面】选项，增加一个新的页面，然后在【页名称】文本框中输入"三角形"，单击【确定】按钮，如图6-8所示。

图6-7 设置自动显示标签

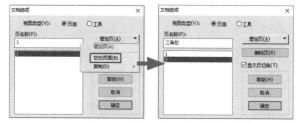

图6-8 增加新页面

05 在增加的"三角形"页面中单击工具栏中的【点工具】按钮·，在绘图区中单击得到三角形的3个顶点，如图6-9所示。

06 单击工具栏中的【移动箭头工具】按钮，在绘图区中同时选中绘制的3个点，然后选择【构造】|【线段】命令，绘制出三角形，效果如图6-10所示。

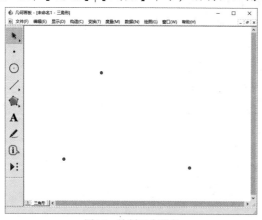

图6-9 绘制三个顶点

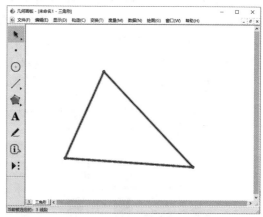

图6-10 绘制三角形

07 选中三角形的3个顶点和3条边，选择【显示】|【显示标签】命令，得到三角形的顶点标签ABC和三角形三边的标签，如图6-11所示。

08 在工具栏中单击【文本工具】按钮A，然后分别单击三角形的三边，隐藏三角形三边的标签，如图6-12所示。

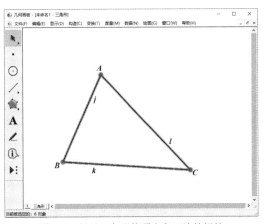

图6-11　显示三角形的顶点和三边的标签

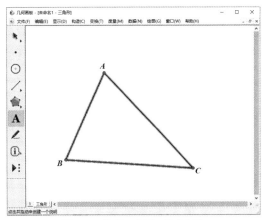

图6-12　隐藏三角形三边的标签

09 单击工具栏中的【移动箭头工具】按钮，依次选中三角形的三边，然后选择【构造】|【中点】命令，得到三角形ABC三边的中点，如图6-13所示。

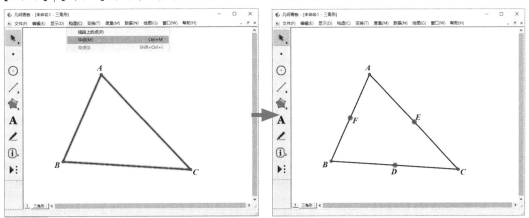

图6-13　绘制三角形三边的中点

10 在工具栏中单击【线段直尺工具】按钮，绘制三角形三边的中线，如图6-14所示。

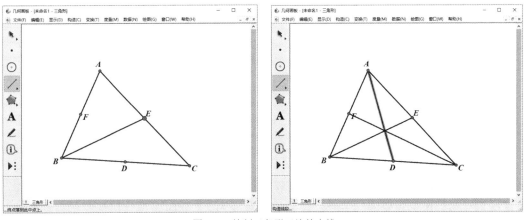

图6-14　绘制三角形三边的中线

[11] 在工具栏中单击【移动箭头工具】按钮 ，单击三条中线的相交处，得到三条中线的交点 G，如图6-15所示。

[12] 在工具栏中单击【文本工具】按钮 **A**，然后在绘图区按住鼠标左键拖动，绘制一个矩形区域，输入图6-16所示的课件说明文本。

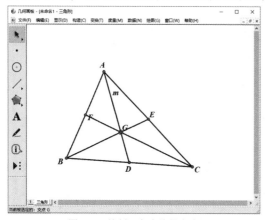

图6-15 绘制三条中线的交点   图6-16 输入说明文本

[13] 最后，选择【文件】|【保存】命令，打开【另存为】对话框，将制作的图形保存。

至此，就完成了图形的绘制。通常，几何画板软件标签自动生成的字形、字号等设置不能很好地满足课件的需要。此时，教师可以在选中标签后，通过显示的【文本】工具栏进行设置，如图6-17所示。

此外，根据图形制作需要还可以修改对象标签，将不适合的字母改成需要的字母，或者增加一些描述文本。例如，在图6-16中单击【文本工具】按钮 **A**，鼠标指针将变为手指形状 ，将鼠标指针移到标签 A 上，当指针变为 后双击，将打开【点A】对话框。在该对话框中可以修改点 A 的对象标签，如图6-18所示。

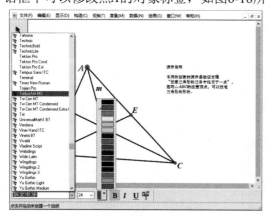
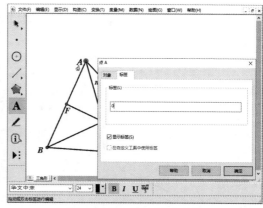

图6-17 设置标签的文字格式   图6-18 修改几何对象的标签

如果要调整标签的位置，可以使用【移动箭头工具】按钮 或【文本工具】按钮 **A**，将鼠标指针移到所选对象的标签上，当鼠标指针变为 形状时，按住鼠标左键拖动标签，改变其位置。

6.2.2 绘制等腰图形

在使用几何画板软件制作课件时，等腰图形是经常需要绘制的对象。下面将以绘制等腰梯形为例，介绍此类图形的绘制方法。

【练习6-2】在平面几何课件中绘制等腰梯形。 视频

01 启动几何画板软件，选择【文件】|【新建文件】命令创建一个新文件，然后单击工具栏上的【线段直尺工具】按钮 ╱，将光标移到绘图区中，按住Shift键拖动，绘制出线段 AB，如图6-19所示。

02 选中线段 AB，然后选择【构造】|【中点】命令，得到线段 AB 的中点 C，如图6-20所示。

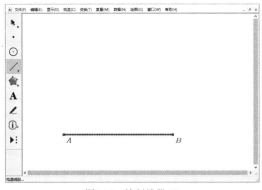

图6-19 绘制线段 AB

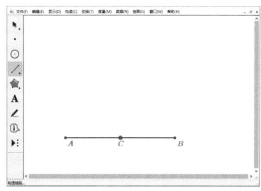

图6-20 构造中点 C

03 在工具栏中单击【移动箭头工具】按钮 ，同时选中线段 AB 和点 C，选择【构造】|【垂线】命令，构造出线段 AB 的垂线 j，如图6-21所示。

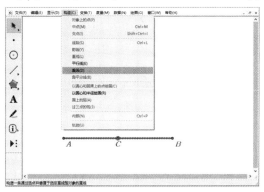

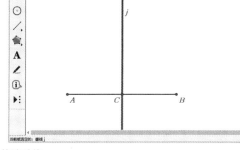

图6-21 构造垂线

04 单击工具栏上的【点工具】按钮 ·，在直线 j 上绘制一个点 D。然后单击【移动箭头工具】按钮 ，选中点 A 和点 D，选择【构造】|【线段】命令，构造出线段 AD，如图6-22左图所示。使用相同方法，构造出线段 BD，效果如图6-22右图所示。

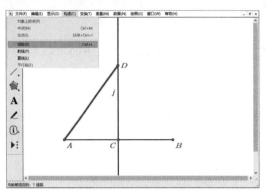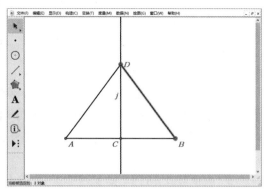

图6-22　构造线段AD与线段BD

05 在工具栏中单击【移动箭头工具】按钮，选取垂线，然后选择【显示】|【隐藏垂线】命令将其隐藏，如图6-23所示。

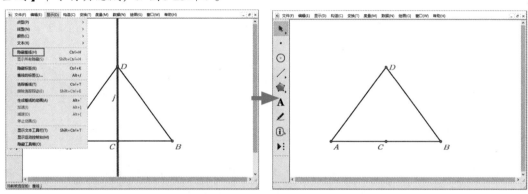

图6-23　隐藏垂线j

06 选中点D和点C，选择【构造】|【线段】命令作线段DC，如图6-24所示。

07 在工具栏中单击【点工具】按钮，再单击线段DC作点E，如图6-25所示。

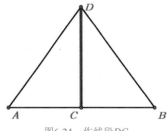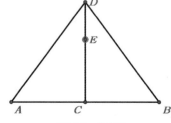

图6-24　作线段DC　　　　　　　图6-25　作点E

08 选中线段AB和点E，然后选择【构造】|【平行线】命令，过点E作线段AB的平行线k，如图6-26所示。

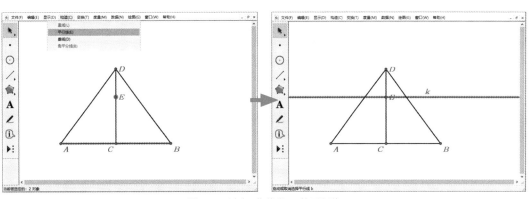

图6-26 过点E作线段AB的平行线

[09] 单击工具栏中的【移动箭头工具】按钮，单击直线k与线段DA、DB相交的位置，分别作点F、G，如图6-27所示。

[10] 选择【显示】|【隐藏对象】命令，如图6-28所示，隐藏直线k与线段DA、DB及点C、D。

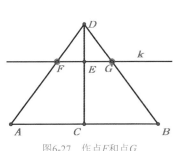

图6-27 作点F和点G

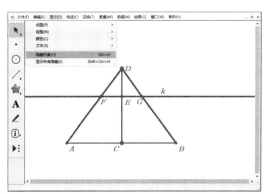

图6-28 选择【隐藏对象】命令

[11] 单击【线段直尺工具】按钮作线段AF、FG、GB、FB和GA，如图6-29所示。

[12] 隐藏垂线，选中线段FB，选择【度量】|【长度】命令，度量线段FB的长度，如图6-30所示。

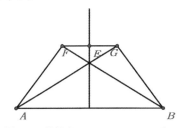

图6-29 作线段AF、FG、GB、FB和GA

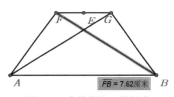

图6-30 度量线段FB的长度

[13] 使用同样的方法，度量线段GA的长度，如图6-31所示。

[14] 选取线段FB、GA的度量值，选择【编辑】|【操作类按钮】|【隐藏/显示】命令，创建【显示/隐藏】按钮，如图6-32所示。

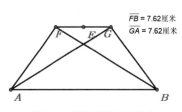

图6-31　度量线段GA的长度

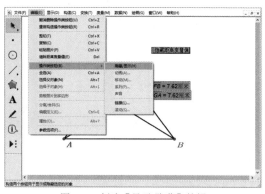

图6-32　创建【显示/隐藏】按钮

$\boxed{15}$ 单击 隐藏距离度量值 按钮，隐藏度量值，同时， 隐藏距离度量值 按钮变为 显示距离度量值 按钮。

$\boxed{16}$ 选择【文件】|【保存】命令，保存制作好的图形文件。

完成上例的操作后，将鼠标指针移动至 显示距离度量值 按钮上，按住鼠标左键拖动可以移动对象的位置。右击 显示距离度量值 按钮，在弹出的快捷菜单中选择【属性】命令，在打开的对话框的【标签】选项卡中可以修改按钮上的标签文本，如图6-33所示。

此外，右击线段，在弹出的快捷菜单中可以设置线段的样式，如图6-34所示。

图6-33　修改按钮的标签文本

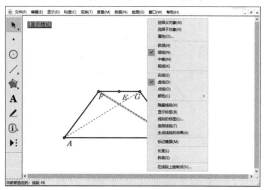

图6-34　设置线段样式

6.2.3　绘制正五边形

"迭代"是几何画板中的一个重要功能，该功能可以将一个初始对象(如数值、几何图形)按一定的规则反复映射。通过"迭代"功能，可以在几何画板中绘制出n边形。下面将通过绘制正五边形介绍"迭代"功能的使用方法。

【练习6-3】制作初中《数学》课件中的正五边形。 ◎视频

$\boxed{01}$ 启动几何画板软件，选择【文件】|【新建文件】命令创建一个新文件，选择【数据】|【新建参数】命令，打开【新建参数】对话框，在【名称】文本框中输入"n"，在【数值】文本框中输入"5"，然后单击【确定】按钮，如图6-35所示。

$\boxed{02}$ 选择【数据】|【计算】命令，打开【新建计算】对话框，在其中的文本框中输入360，然后单击【单位】下拉按钮，从弹出的下拉列表中选择【度】选项，并单击"÷"按钮，如图6-36所示。

图6-35　在【新建参数】对话框中设置参数

图6-36　【新建计算】对话框

03 单击绘图区左上角的"$n=5$"，然后在【新建计算】对话框中单击【确定】按钮，如图6-37所示。

04 单击工具栏中的【圆工具】按钮⊙，在绘图区绘制出以A点为圆心过B点的圆，如图6-38所示。

图6-37　计算数值

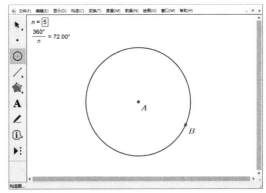

图6-38　绘制圆

05 在工具栏中单击【点工具】按钮·，在绘制的圆上绘制点C，如图6-39所示。

06 双击圆的中心点A，点A闪烁两下，表示将A点标记为旋转中心。

07 在绘图区中单击计算值 $\frac{360°}{n}=72.00°$，选择【变换】|【标记角度】命令，将 $\frac{360°}{n}=72.00°$ 标记为旋转角，如图6-40所示。

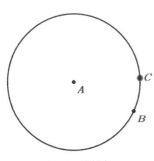

图6-39　绘制点C

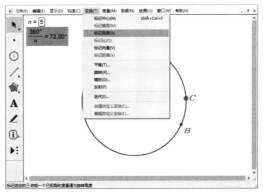

图6-40　标记旋转角

08 选择点C，然后选择【变换】|【旋转】命令，打开【旋转】对话框，单击【旋转】按钮，将点C逆时针旋转72°，作线段CC′，如图6-41所示。

09 分别选取点C和参数值 $n = 5$，按住Shift键，选择【变换】|【深度迭代】命令，打开【迭代】对话框，如图6-42所示。

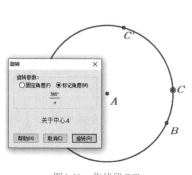

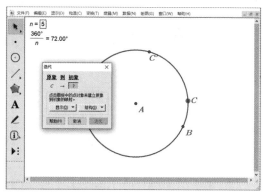

图6-41　作线段CC′　　　　　　　　　　　　图6-42　【迭代】对话框

10 单击图6-42所示【迭代】对话框中的【?】按钮，然后单击绘图区中的点C′，并单击【迭代】按钮，执行"迭代"操作，如图6-43所示。

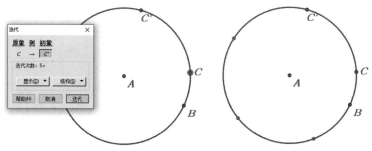

图6-43　执行"迭代"操作

11 单击工具栏中的【点工具】按钮·，以图6-43右图得到的三个点为参照，作点G、点H和点I，然后单击【线段直尺工具】按钮/，作线段C′G、GH、HI、IC、C′C，如图6-44左图所示。

12 选择【显示】|【隐藏对象】命令，隐藏多余的点和圆，然后保存文件，如图6-44右图所示。

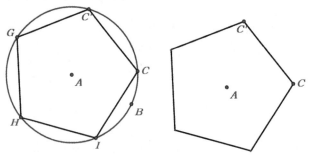

图6-44　作正五边形

在几何画板软件中迭代的设置方式分为两种：一种为上例介绍的带参数的迭代，称为"深度迭代"；另一种为没有参数的迭代。两种迭代方式没有本质的区别，但后者需要手动改变迭代的深度，前者可以通过修改参数的值来改变迭代深度。

6.3　绘制立体几何图形

在立体几何教学中，教师对于如何培养学生的形象思维能力，发挥学生的立体空间想象力常常感到困难。因为传统教学中存在着非常大的局限性，一是没有足够多的实物模型，二是由实物到画出示意图需要一个想象的过程，并且需要花费大量时间。使用几何画板可以帮助教师解决这一难题，利用该软件可以比较容易地绘制立体图形，其动画功能可以模拟立体图形的切割，帮助学生更好地想象、认识几何图形。

6.3.1　绘制旋转体

旋转体在几何画板软件中可以利用"轨迹"命令来实现。使用"轨迹"命令可以绘制圆锥体、圆柱体、圆台等图形，或者绘制函数图像。

【练习6-4】在高中《数学》课件中绘制圆锥体。

01 启动几何画板软件，选择【文件】|【新建文件】命令创建一个新文件。单击工具栏中的【圆工具】按钮⊙，按住Shift键在绘图区绘制一个以点C为圆心且经过点A的圆，然后单击【线段直尺工具】按钮✐，作过点C的线段AB，如图6-45所示。

02 单击工具栏中的【点工具】按钮·，在圆周上作点D，然后同时选取点D和线段AB，选择【构造】|【垂线】命令，过D点作线段AB的垂线，如图6-46所示。

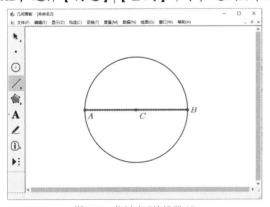

图6-45　作过点C的线段AB

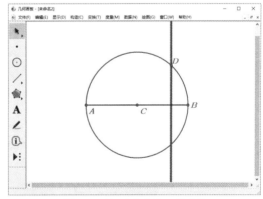

图6-46　过D点作线段AB的垂线

03 单击【点工具】按钮·，在垂线与线段AB的交点处单击作点E，然后隐藏垂线，单击【线段直尺工具】按钮✐，作线段DE，如图6-47所示。

04 选取线段DE，选择【构造】|【中点】命令，作线段DE的中点F。

05 选取点D和点F，选择【构造】|【轨迹】命令，作椭圆，如图6-48所示。

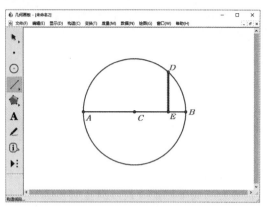

图6-47　作线段DE

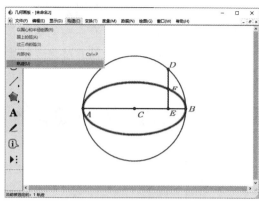

图6-48　作椭圆

06 隐藏圆、线段DE，以及点D、E、F，如图6-49所示。

07 选取C点和线段AB，然后选择【构造】|【垂线】命令，过点C作线段AB的垂线，如图6-50所示。

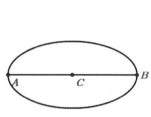

图6-49　隐藏对象

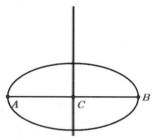

图6-50　过C点作线段AB的垂线

08 单击【点工具】按钮·，在线段AB的垂线上作点G，然后在椭圆上作点H，如图6-51所示。

09 单击【线段直尺工具】按钮╱，作线段GH，然后选取点H和线段GH，选择【构造】|【轨迹】命令，作圆锥，如图6-52所示。

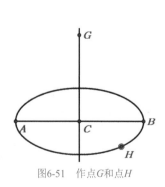

图6-51　作点G和点H

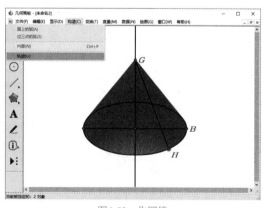

图6-52　作圆锥

10 选中线段AB和垂线后，选择【显示】|【隐藏直线型对象】命令，隐藏线段AB和垂线，如图6-53所示。

11 单击【线段直尺工具】按钮，作线段CH和线段GC，如图6-54所示。

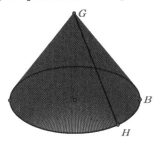

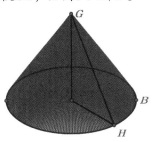

图6-53 隐藏线段AB和垂线

图6-54 作线段CH和线段GC

12 选择【文件】|【保存】命令，保存文件。

在几何画板中，构造"轨迹"就是生成几何对象在运动过程中所留的痕迹。根据轨迹的定义，轨迹是按照给定的条件通过运动产生的。构造轨迹是指动点引起的随动对象在移动过程而形成的轨迹，其前提条件是必须先选中动点和随动对象(只能选中这两个对象)，这样在【构造】菜单中的【轨迹】命令才能使用(该命令并非默认可用，需要在选中动点和随动对象后，才可使用)。

6.3.2 绘制三维坐标系

在几何画板软件中，可以构建三维坐标系并在三维坐标系的基础上绘制多种立体图形。利用该功能不仅可以绘制多面体，还可以绘制立体感很强的曲面图形，并实现三维旋转和棱的虚实变换。

【练习6-5】在《数学》课件中绘制可旋转的长方体。 ●视频

01 启动几何画板软件，选择【文件】|【新建文件】命令创建一个新文件。在工具栏中单击【线段直尺工具】按钮，作线段AB，然后单击【圆工具】按钮○，作以A为圆心且经过点B的圆C_1，如图6-55所示。

02 单击【点工具】按钮·在圆C_1上作点C、D，然后单击【线段直尺工具】按钮作线段AC、AD，如图6-56所示。

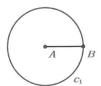

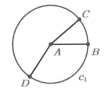

图6-55 作圆C_1

图6-56 作线段AC、AD

03 作线段EF，作点G，同时选中线段EF和点G，选择【构造】|【以圆心和半径绘圆】命令，绘制以G点为圆心、线段EF为半径的圆C_2，如图6-57所示。

04 选中点G，选择【变换】|【平移】命令，打开【平移】对话框，设置将G点向上平移1厘米，得到点G'，如图6-58所示。

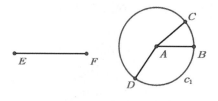

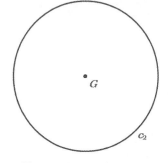

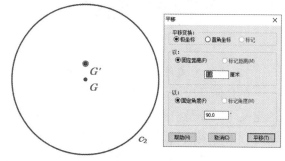

图6-57　以圆心和半径绘制圆C_2　　　　　　　　　　　　图6-58　平移点

05 选中点G和点G'，选择【构造】|【直线】命令，作直线j交圆C_2于H点，过点G作线段AC的平行线交圆C_2于I点，如图6-59所示。

06 双击点G，然后选中点I，选择【变换】|【旋转】命令，打开【旋转】对话框，在该对话框的文本框中输入90后，单击【旋转】按钮，将点I逆时针旋转90°得到点I'，如图6-60所示。

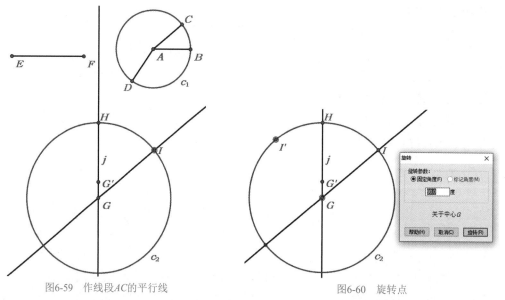

图6-59　作线段AC的平行线　　　　　　　　　　　　图6-60　旋转点

07 分别选中点I、点I'和直线j，选择【构造】|【垂线】命令，过点I、点I'作直线j的垂线，然后单击垂足，作点J、K，如图6-61所示。

08 选中点G和线段AD，选择【构造】|【平行线】命令，过点G作线段AD的平行线交圆C_2于点L，如图6-62所示。

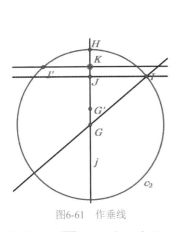

图6-61　作垂线

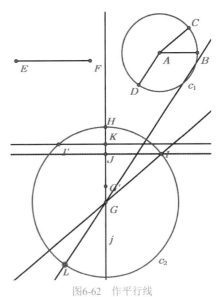

图6-62　作平行线

09 参考步骤 **06** 的操作，将点L逆时针旋转90°，得到点L'，如图6-63所示。

10 参考步骤 **07** 的操作分别过L、L'作直线j的垂线，并作垂足点M、N，如图6-64所示。

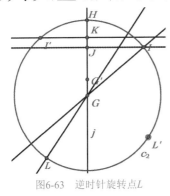

图6-63　逆时针旋转点L

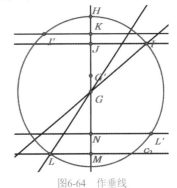

图6-64　作垂线

11 分别选中点G、H、M，然后选择【度量】|【比】命令，得到比值 $\frac{GM}{GH} = -0.83$，如图6-65所示。

12 右击 $\frac{GM}{GH} = -0.83$，在弹出的快捷菜单中选择【标记比值】命令，然后选取点J，选择【变换】|【缩放】命令，打开【缩放】对话框，设置以G点为中心按比值 $\frac{GM}{GH} = -0.83$ 缩放得到J'，如图6-66所示。

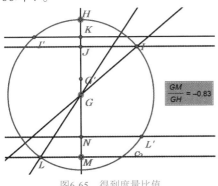

图6-65　得到度量比值

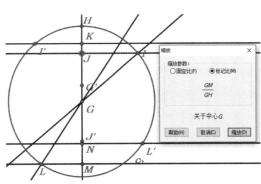

图6-66　缩放点

⓭ 双击点J'，在打开的对话框中输入J[1]，将点J'的标签重命名为J_1，如图6-67所示。

⓮ 使用同样的方法，选中点G、H、N，得到比值$\frac{GN}{GH} = -0.56$，然后将点J以G为中心按比值$\frac{GN}{GH} = -0.56$缩放得到点J'，并将点J'重命名为J_2，，如图6-68所示。

图6-67　重命名标签

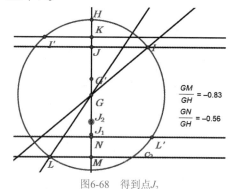

图6-68　得到点J_2

⓯ 分别过点L、L'作直线j的平行线l、m，分别过点J_1、J_2作直线j的垂线n、o，如图6-69所示。

⓰ 设置直线l、n交于点O，直线m、o交于点P，分别作线段GO、GP、GK，并设置这些线段为粗线，如图6-70所示。

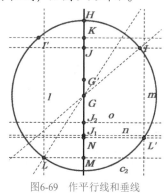

图6-69　作平行线和垂线

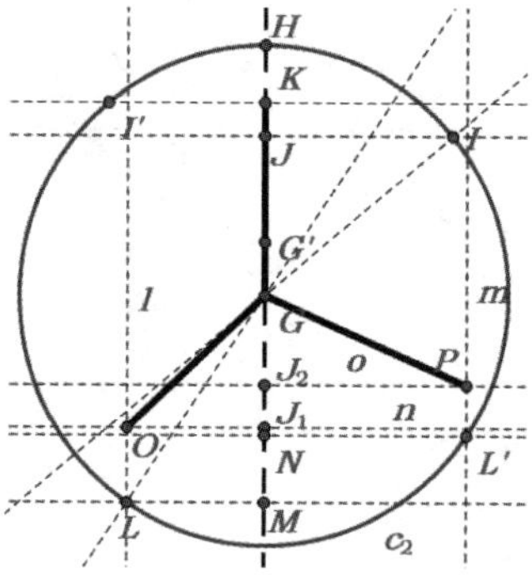

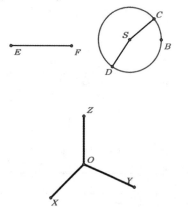

图6-70　设置线段为粗线

⓱ 隐藏部分对象并重命名部分对象的标签，如图6-71所示。

⓲ 单击工具栏中的【自定义工具】按钮▶，在弹出的列表中选择【四边形】|【平行四边形(含对角线)】选项，如图6-72所示。

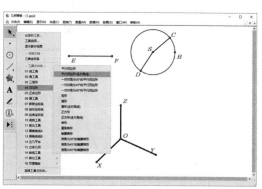

图6-71　隐藏图形中的部分对象并重命名部分对象的标签

图6-72　【自定义工具】列表

19 依次单击点Z、Y、O，绘制平行四边形，然后选中平行四边形的两条对角线，如图6-73左图所示，选择【显示】|【隐藏线段】命令，隐藏线段，如图6-73右图所示。

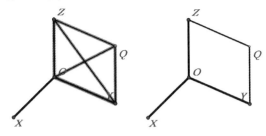

图6-73　绘制平行四边形

20 使用同样的方法继续绘制平行四边形，并隐藏其对角线，绘制图6-74左图所示的长方体，

21 拖动点E、F、D、C旋转长方体对象，如图6-74右图所示。

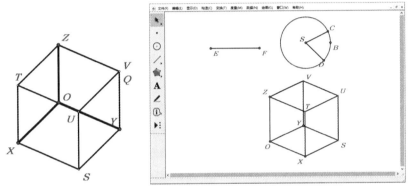

图6-74　绘制长方体

6.3.3　构造三视图

图6-74所示的长方体在旋转过程中，通过绘制棱虚实变化，可以构造出三视图的效果。

【练习6-6】绘制棱虚实变化的长方体课件效果。🔘视频

01 继续【练习6-5】中的操作，选择【编辑】|【参数选项】命令，打开【参数选项】对话框，在【单位】选项卡中设置【角度】为【弧度】，如图6-75所示。

02 隐藏线段TX，单击工具栏中的【自定义工具】按钮▶，在弹出的列表中选择【立几平台】|【多面体棱及表面线段虚实】选项，然后依次单击点T、X、S、O，绘制虚实变换的棱TX，如图6-76所示。

图6-75　【参数选项】对话框

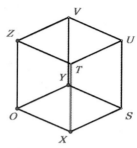

图6-76　绘制虚实变换的棱

03 重复同样的操作，绘制出长方体的其他棱，然后旋转长方体对象，效果如图6-77所示。

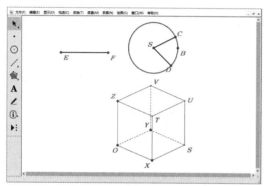 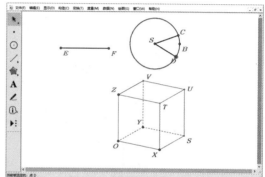

图6-77　长方体的三视图效果

在上例中使用【多面体棱及表面线段虚实】选项时，首先要设置角度单位必须为【弧度】；其次在绘制虚实变化的棱时，4个点的单击顺序依次是：先单击所面向的几何体，然后分别按上、下、右、左的顺序单击4点。

6.4 绘制函数图像

在几何画板软件中通过度量点的坐标，可以呈现函数与图像的关系。

6.4.1 绘制二次函数图像

二次函数图像是初高中数学中一个非常重要的内容。下面将通过练习示例介绍绘制此类课件图形的方法。

【练习6-7】制作高中《数学》课件中的二次函数图像。 ●视频

01 启动几何画板软件，选择【文件】|【新建文件】命令创建一个新文件。然后选择【绘图】|【绘制新函数】命令，打开【新建函数】对话框，绘制二次函数$f(x)=2x^2+3x+2$的图像，如图6-78所示。

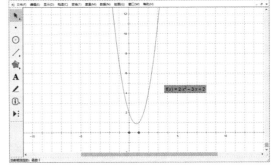

图6-78　绘制二次函数图像

02 在工具栏中单击【点工具】按钮，在函数图像上单击作点D，如图6-79所示。

03 选中绘制的点D，然后单击$f(x)=2x^2-3x+2$，按住Shift键，选择【编辑】|【合并文本到点】命令，将文本合并到点，如图6-80所示。

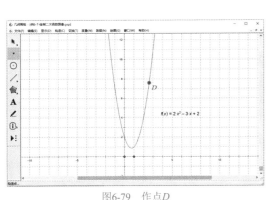

图6-79　作点D

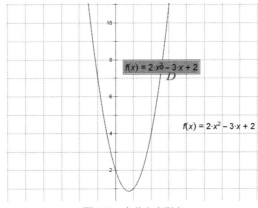

图6-80　合并文本到点

6.4.2　绘制三角函数图像

绘制带参数的三角函数图像指的是函数解析式除自变量和函数两个变量外，系数中还含有其他参数。其他参数主要有两种，一种是新建参数，另一种是度量值或计算值。

【练习6-8】制作课件中带有参数的三角函数图像。 ●视频

01 启动几何画板软件，选择【文件】|【新建文件】命令创建一个新文件。然后选择【数据】|【新建】命令，打开【新建参数】对话框，新建参数$A=\boxed{1.00}$、$\omega=\boxed{1.00}$、$\varphi=\boxed{1.00}$。

02 选择【绘图】|【绘制新函数】命令，打开【新建函数】对话框，绘制$y=A\sin(\omega x+\varphi)$的函数图像，如图6-81所示。

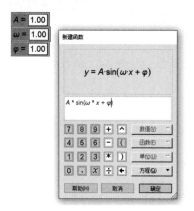

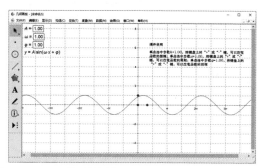

图6-81 绘制$y=A\sin(\omega x+\varphi)$的函数图像

在函数$y=A\sin(\omega x+\varphi)$中，$A$、$\omega$、$\varphi$分别表示物理学中波的振幅、频率、初相。该函数图像演示了参数A、ω、φ与波形的关系。

6.4.3 绘制分段函数图像

函数图像有很多种，一般情况下，函数图像并不是由一个图像组成，而是由几个图像组成，比如分段函数。分段函数也是一个函数，只是在每一段内其对应关系不同，在图像上任意取一点，这一点能在各段图像上自由移动。

【练习6-9】在课件中绘制分段函数图像。 🔵视频

01 启动几何画板软件，选择【文件】|【新建文件】命令创建一个新文件。然后选择【绘图】|【定义坐标系】命令，定义原点标签为O，单位点标签为A，然后依次选中A点和O点，选择【构造】|【射线】命令，构造出射线AO，如图6-82左图所示，并利用点工具在A右侧作出任意一点B，绘制出射线AB，如图6-82右图所示。

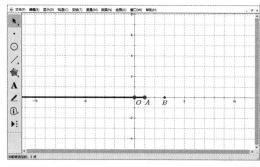
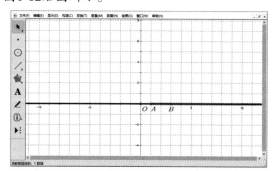

图6-82 构造射线AO和射线AB

02 单击工具栏中的【点工具】按钮 ，在X轴上点A的左右两侧分别作点C和点D，如图6-83所示。

03 选中点C，选择【度量】|【横坐标】命令，度量点C的横坐标值，如图6-84所示。

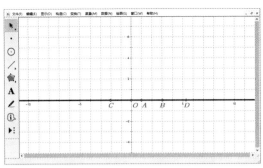

图6-83 作点C和点D

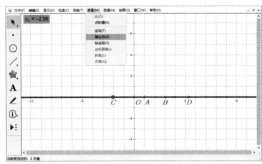

图6-84 度量点C的横坐标

04 选择【数据】|【计算】命令，打开【计算器】对话框，然后依次单击 "x_C" "∧" "2" 等按钮，如图6-85所示，并单击【确定】按钮。

05 选中 "x_C" 和 "x_C^2" 计算值，选择【绘图】|【绘制点(x,y)】命令，绘制出点E，如图6-86所示。

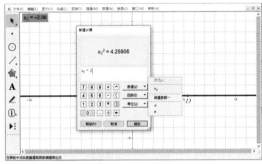

图6-85 计算x_C^2

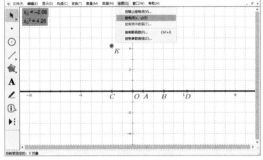

图6-86 绘制点E

06 依次选取点C和点E，选择【构造】|【轨迹】命令，绘制图6-87所示的区间函数图像。

07 选中点D，选择【度量】|【横坐标】命令，度量点D的横坐标值。选择【数据】|【计算】命令，打开【计算器】对话框，然后选择 "x_D" 选项并单击【确定】按钮，如图6-88所示。

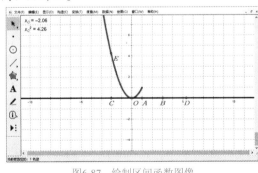

图6-87 绘制区间函数图像

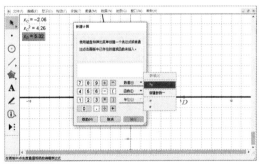

图6-88 计算x_D

08 选中两个 "x_D"，选择【绘图】|【绘制点(x,y)】命令，绘制出点F，如图6-89所示。

09 选中点D和点F，选择【构造】|【轨迹】命令，绘制区间内$y=x$的图像，如图6-90所示。

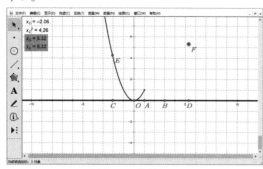

图6-89　绘制点F　　　　　　　　　　图6-90　构造点D和点F的轨迹

10 启动Word，编辑分段函数的表达式：

$$f(x)=\begin{cases} x^2 & x \leqslant 1 \\ x & x \geqslant 1 \end{cases}$$

然后，将编辑好的分段函数表达式复制到几何画板中。

6.5 制作动画效果

几何画板软件提供了动画制作功能，在其中制作的各类对象都能以动画的方式显示。下面将举例介绍。

6.5.1 制作移动动画

在几何画板软件中的移动是点到点的移动，既可以使对象沿直线运动，也可以使对象沿曲线运动。

【练习6-10】在课件中制作"空间直角坐标系"。〇视频

01 启动几何画板软件，选择【文件】|【新建文件】命令创建一个新文件。然后单击【圆工具】按钮〇，在绘图区绘制两个同心圆，c_1和c_2，并将其圆心标记为O，如图6-91所示。

02 单击【点工具】按钮·，在圆c_1上任意画两个点A和D，同时选中点O和点A，选择【构造】|【线段】命令，构造出线段OA，使用同样的方法构造出线段OD，如图6-92所示。

03 同时选中线段OA和圆c_2，选择【构造】|【交点】命令，构造出线段OA和圆c_2的交点B，如图6-93所示。

04 选中点O，选择【变换】|【标记中心】命令，将点O设置为标记中心。

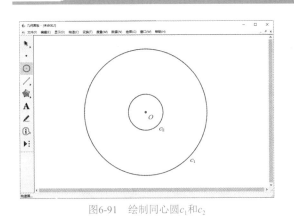

图6-91 绘制同心圆c_1和c_2

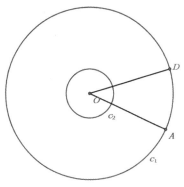

图6-92 构造线段OA和OD

05 同时选中点A和点B，重复执行3次【变换】|【旋转】命令，打开【旋转】对话框，在【旋转】文本框中输入90，然后单击【旋转】按钮，得到点A'、B'、A''、B''、A'''、B'''，效果如图6-94所示。

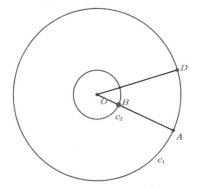

图6-93 构造线段OA和圆C_2的交点B

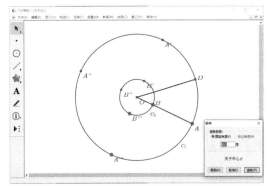

图6-94 旋转点A和点B

06 同时选中点A和线段OD，选择【构造】|【垂线】命令，构造出过点A且垂直于线段OD的垂线j，如图6-95所示。同时选中点B和线段OD，选择【构造】|【平行线】命令，构造出过点B且平行于线段OD的平行线k，如图6-96所示。

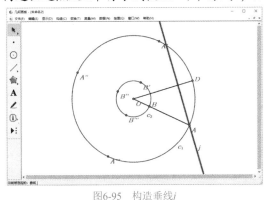

图6-95 构造垂线j

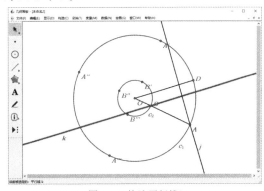

图6-96 构造平行线k

07 同时选中直线j和k，选择【构造】|【交点】命令，构造直线j和k的交点E。

08 同时选中直线j和k，选择【显示】|【隐藏直线】命令，将直线j和k隐藏。

09 对点A'、B'、A''、B''、A'''、B'''，参照步骤**06**、**07**、**08**的操作，分别构造出点

F、G、H，并将相应的直线隐藏，效果如图6-97所示。

[10] 同时选中点E和点G，选择【构造】|【直线】命令，构造出直线EG，按照同样的方法，构造出直线FH。

[11] 同时选中点O和线段OD，选择【构造】|【垂线】命令，构造过点O且垂直于线段OD的垂线l。单击工具栏中的【点工具】按钮，在直线l上作点M和N，如图6-98所示。

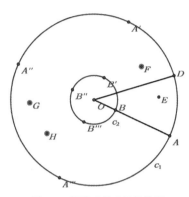

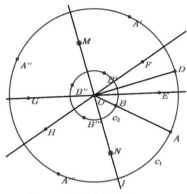

图6-97　隐藏直线后的效果图　　　　图6-98　构造直线l和点M、N

[12] 依次选中点O和点M，选择【变换】|【标记向量】命令，将线段OM设置为标记向量。

[13] 同时选中点E、F、G、H，选择【变换】|【平移】命令，打开【平移】对话框，设置将点E、F、G、H按标记向量OM平移，得到E'、F'、G'、H'，如图6-99左图所示。

[14] 参照步骤[12]和[13]的操作，将点E、F、G、H按照标记向量ON平移，得到点E''、F''、G''、H''，如图6-99右图所示。

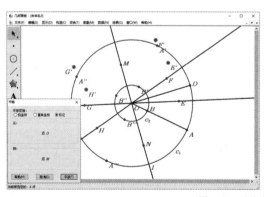

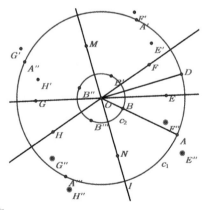

图6-99　平移点

[15] 依次选取点F'、F''、H''、H'，选择【构造】|【线段】命令构造出四边形$F'F''H''H'$。依次选中点F'、F''、H''、H'，选择【构造】|【四边形的内部】命令，构造出四边形$F'F''H''H'$的内部，并设置一种合适的颜色，如图6-100所示。

[16] 使用同样的方法，构造出四边形$G'G''E''E'$及其内部并设置合适的颜色，效果如图6-101所示(为了使图片效果更加清晰，方便阅读，本例在操作时会略微调整点D的位置

和圆c_1的标记位置)。

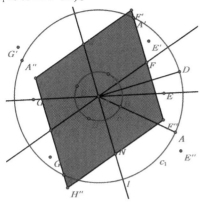

图6-100 构造四边形$F'F''H''H'$及其内部

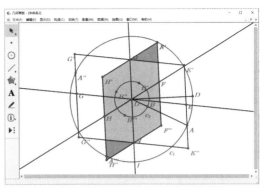

图6-101 构造四边形$G'G''E''E'$及其内部

17 同时选中点G、点E和直线HF，选择【构造】|【平行线】命令，构造出直线HF的平行线m和n，如图6-102所示。

18 按照步骤**17**的方法，构造过点H和F且平行于直线GE的平行线o和p。同时选中直线m和o，构造其交点P，如图6-103所示。

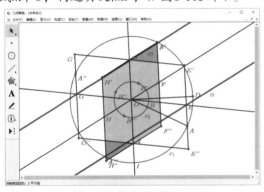

图6-102 构造平行线m、n

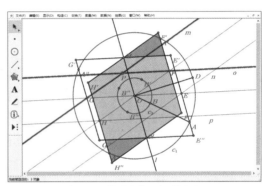

图6-103 构造直线m和o的交点P

19 继续构造出直线m和p的交点Q，直线n和p的交点R，直线n和o的交点S，然后将直线m、n、o、p隐藏，效果如图6-104所示。

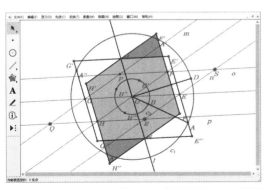

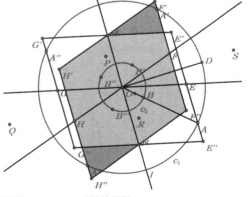

图6-104 构造交点Q、R、S并隐藏直线m、n、o、p后的效果图

20 依次选中点P、Q、R、S，选择【构造】|【线段】命令，构造出四边形$PQRS$。

21 依次选中点P、Q、R、S，选择【构造】|【四边形内部】命令，构造出四边形$PQRS$的内部，并设置合适的填充颜色，如图6-105所示。

22 单击【点工具】按钮，在直线HF上作点X、T、U。同时选中点X和U，选择【构造】|【线段】命令，构造出线段XU，然后将直线HF隐藏，如图6-106所示。

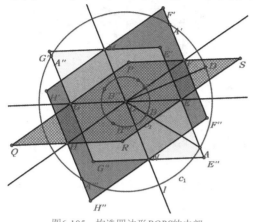

图6-105 构造四边形$PQRS$的内部

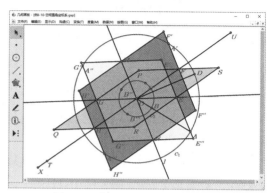

图6-106 构造线段XU并隐藏直线HF

23 选中点X，选择【变换】|【标记中心】命令，将点X设为标记中心。选中点T，选择【变换】|【旋转】命令，打开【旋转】对话框设置将点T旋转30°得到点T'。

24 再次选中点T，选择【变换】|【旋转】命令，将点T旋转-30°得到点T''。

25 同时选中点X和点T'，选择【构造】|【线段】命令，构造线段XT'。

26 同时选中点X和点T''，选择【构造】|【线段】命令，构造线段XT''，如图6-107所示。将点T、T'、T''隐藏得到X轴，效果如图6-108所示。

图6-107 构造线段

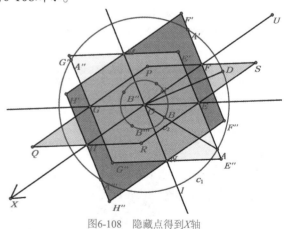

图6-108 隐藏点得到X轴

27 使用同样的方法，分别构造出Y轴和Z轴，效果如图6-109所示。

28 选中点D，选择【编辑】|【操作类按钮】|【动画】命令，打开【操作类按钮 动画点】对话框，在【标签】选项卡中，将按钮标签设置为【旋转动画】，如图6-110所示。

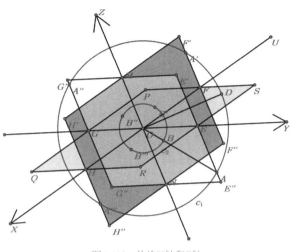

图6-109　构造Y轴和Z轴

图6-110　【操作类按钮 动画点】对话框

29 在【动画】选项卡中，将运动方向设置为【逆时针】方向，运动速度设置为【慢速】，如图6-111所示。然后单击【确定】按钮，制作出【旋转动画】按钮，如图6-112所示。

图6-111　【动画】选项卡

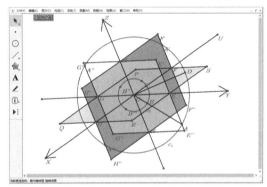

图6-112　【旋转动画】按钮

30 选中点A，参照以上操作，制作出【平面旋转】按钮。

31 同时选中点A和点D，选择【编辑】|【操作类按钮】|【隐藏/显示】命令，制作【隐藏点】按钮。

32 右击【隐藏点】按钮，在弹出的快捷菜单中选择【属性】命令，打开【操作类按钮 隐藏点】对话框，在【标签】选项卡中设置其标签为"显示手控点"，在【隐藏/显示】选项卡中选中【总是显示对象】单选按钮，如图6-113所示。然后单击【确定】按钮，制作出【显示手控点】按钮。

33 参照以上操作，制作【总是隐藏对象】按钮，效果如图6-114所示。

34 单击工具栏中的【文字工具】按钮**A**，将点A和点D的标签都改为"手控点"。

35 单击【移动箭头工具】按钮，结合【显示】|【隐藏】命令，将不需要显示的元素隐藏，然后为课件添加一个标题。

36 最后，选择【文件】|【保存】命令，保存课件。

图6-113 【操作类按钮 隐藏点】对话框

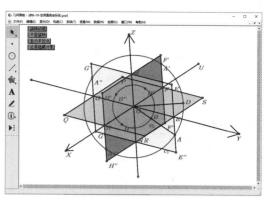

图6-114 制作按钮后的效果

6.5.2 制作轨迹动画

轨迹是数学中的重要知识，利用几何画板的动态功能，可以直观地演示各种轨迹的生成过程，从而帮助学生全面了解几何性质。

【练习6-11】使用几何画板制作课件"第二定义法画椭圆"。椭圆的第二定义法指的是：到定点的距离与到定直线的距离之比是常数e(e<1)的点的轨迹为椭圆。

01 启动几何画板应用程序，新建一个画板。

02 选择【绘图】|【定义坐标系】命令，在绘图区建立一个直角坐标系。选择【绘图】|【隐藏网格】命令，将坐标系中的网格线隐藏。

03 单击工具栏上的【点工具】按钮·，在X轴上任意绘制两点E和F。

04 单击工具栏上的【线段直尺工具】按钮 ，在绘图区中任意绘制两条线段AB和GH，要求|AB|<|GH|。

05 在线段AB和线段GH上分别绘制点C和D，如图6-115所示。

06 同时选中点A和C，选择【度量】|【距离】命令，度量出线段AC的长度 AC = 1.72厘米 。

07 参照步骤 **06** ，度量出线段AB的长度 AB = 3.20厘米 ，如图6-116所示。

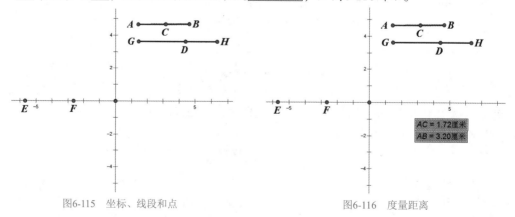

图6-115 坐标、线段和点

图6-116 度量距离

08 选择【数据】|【计算】命令，打开【新建计算】对话框。在该对话框中计算出AC/AB的长度值，如图6-117所示。

09 单击工具栏中的【文字工具】按钮 **A**，将标签 ▨ 改为 ▨ ，如图6-118所示。

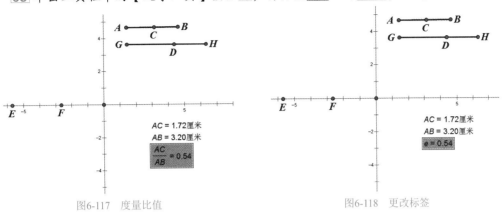

图6-117 度量比值　　　　　　　　　　　　　图6-118 更改标签

10 参照步骤 **06**，度量出线段 GD 的长度 ▨ 。然后在【新建计算】对话框中计算出 GD/e 的值 ▨ 。

11 同时选中点 F 和 ▨ ，选择【构造】|【以圆心和半径作圆】命令，构造出以点 F 为圆心，▨ 为半径的圆 c_1，如图6-119所示。

12 选中点 E 和 X 轴，选择【构造】|【垂线】命令，构造过点 E 且垂直于 X 轴的直线 j，如图6-120所示。

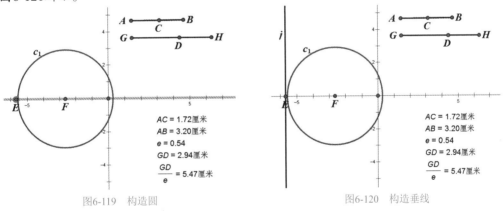

图6-119 构造圆　　　　　　　　　　　　　图6-120 构造垂线

13 选中 ▨ ，选择【变换】|【标记距离】命令，将其设置为标记向量。选中直线 j，选择【变换】|【平移】命令，打开【平移】对话框，在该对话框中进行如图6-121所示的设置，然后单击【平移】按钮，得到直线 j'。

14 同时选中直线 j' 和圆，选择【构造】|【交点】命令，构造出直线 j' 和圆的交点 M、N，如图6-122所示。

15 依次选中点 M 和点 D，选择【构造】|【轨迹】命令，构造出点 M 的轨迹，并将轨迹设置为【黑色粗线】，如图6-123所示。

16 依次选中点 N 和点 D，选择【构造】|【轨迹】命令，构造出点 N 的轨迹，如图6-124所示。

图6-121　在【平移】对话框中设置各项参数

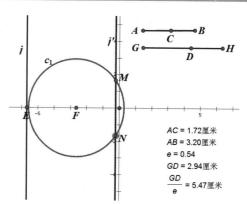

图6-122　构造点M、N

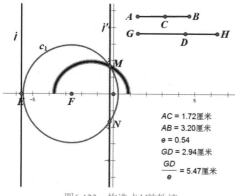

图6-123　构造点M的轨迹

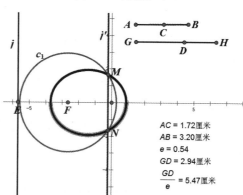

图6-124　构造点N的轨迹

17 同时选中点M和直线j，选择【构造】|【垂线】命令，过点M构造出直线j的垂线k，如图6-125所示，然后构造直线k与直线j之间的交点K，如图6-126所示。

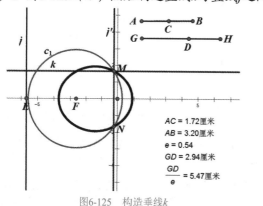

图6-125　构造垂线k

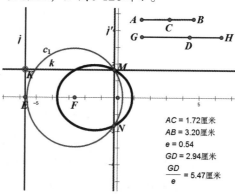

图6-126　构造交点K

18 同时选中点M和点K，选择【构造】|【线段】命令，构造出线段MK，将其设置为【粗线】，并将直线k隐藏。

19 同时选中点M和点F，选择【构造】|【线段】命令，构造线段MF，如图6-127所示。

20 同时选中点M和点N，选择【显示】|【追踪交点】命令，将点M和点N设置为轨迹的追踪点。

21 选中点D，选择【编辑】|【操作类按钮】|【动画】命令，打开【操作类按钮 动画点】对话框，在【标签】文本框中输入文字【画椭圆】，制作【画椭圆】按钮，如图6-128所示。

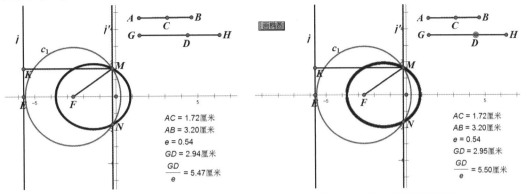

图6-127　构造线段MK、MF　　　　　　　　　图6-128　制作【画椭圆】按钮

22 选中圆和直线j'，选择【显示】|【隐藏对象】命令，将圆和直线隐藏。

23 单击工具栏中的【文字工具】按钮 **A**，在绘图区中添加一个文本框，在文本框中输入标题文字。设置文字字体为【黑体】、字号为24、字形为【加粗】、字体颜色为【黑色】。

24 最后，选择【文件】|【保存】命令，将该课件保存。

6.6　几何画板课件制作实例

本章前面部分首先介绍了简单课件的制作，之后深入研究了如何使用几何画板软件绘制函数图像、制作交互性动画等内容，对课件制作的基本知识和操作技巧进行了介绍。下面将通过几个实例，帮助用户进一步熟悉利用几何画板软件制作数学类课件的方法。

6.6.1　制作定点等长课件模型

打开几何画板软件后，在绘图区任意位置作线段AB，选中线段AB，选择【构造】|【中点】命令，得到线段AB的中点C，然后选中线段AB和点C，选择【构造】|【垂线】命令，作垂线j，并将该垂线设置为细虚线，如图6-129所示。

在绘图区任意作一点D，然后依次选择D、A，选择【度量】|【距离】命令，度量出线段DA的长度，重复以上操作，度量线段DB的长度，如图6-130所示。

右击点D，在弹出的快捷菜单中选择【颜色】|【浅蓝色】命令，将点D的颜色设置为浅蓝色，以此示意该点可以自由拖动，如图6-131所示。

拖动点D，观察DA、DB的度量值变化，可以发现，当$DA＝DB$时，点D在线段AB的中垂线上，所以到点A、点B(两个定点)距离相等的点的轨迹是线段AB的垂直平分线，如图6-132所示。

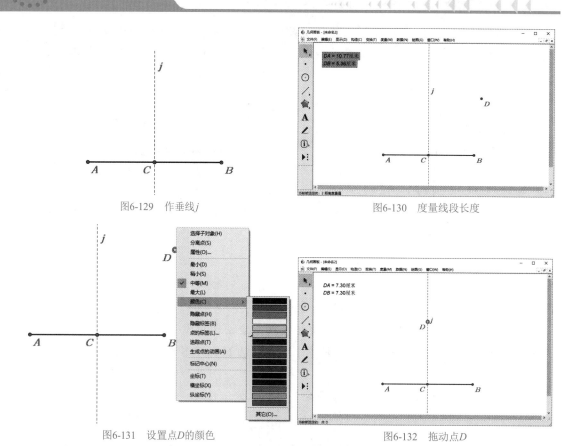

图6-129　作垂线 *j*　　　　　　　　　图6-130　度量线段长度

图6-131　设置点*D*的颜色　　　　　　图6-132　拖动点*D*

如此，含有两个定点距离相等的动点轨迹的一类课件，我们称之为到两定点距离相等模型，简称定点等长模型，也称为线段中垂线模型。

6.6.2　制作定点定长课件模型

打开几何画板软件后，在绘图区任意位置作线段AB，然后双击点A，选中点B，选择【显示】|【追踪点】命令，如图6-133所示。

在工具栏中单击【旋转箭头】按钮，拖动点B，可以发现点B的轨迹是以点A为圆心，以线段AB的长为半径的圆，如图6-134所示。

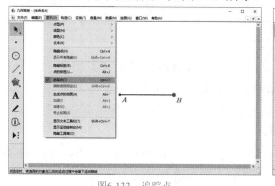

图6-133　追踪点

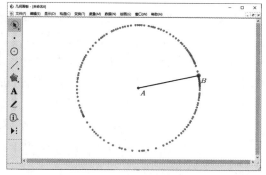

图6-134　拖动点B

一般情况下，符合某一条件的所有点的集合，叫作符合这个条件的点的轨迹，这里含有如下两层意思：

(1) 图形由符合条件的点组成，即图形上的任何一点都满足条件。

(2) 图形包含了符合条件的所有点，即符合条件的任意一点都在图形上。因此，在平面内，到定点的距离等于定长的点的轨迹，是以定点为圆心，定长为半径的圆。

此类含有到定点的距离等于定长的动点轨迹的图形，我们称其为定点定长模型，其往往和求动点的路径长或圆中最值的图形模型相关联。

6.6.3　制作定线定长课件模型

打开几何画板软件后，在绘图区任意位置作线段d和直线l，然后将线段d的两个控制点隐藏，并在直线l上作点A，选取点A和直线l，选择【构造】|【垂线】命令，得到垂线m。将垂线m设置为细虚线，如图6-135所示。

选中点A及线段d，选择【构造】|【以圆心和半径绘圆】命令，构造圆c_1交直线m于点B、C，如图6-136所示。

分别选中点B、C，选择【显示】|【追踪交点】命令，隐藏圆c_1及直线m，分别连接AB，AC，完成作图，效果如图6-137所示。

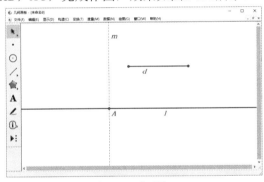
图6-135　作垂线m

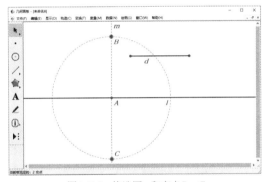
图6-136　构造圆c_1和交点B、C

在图6-137中拖动点A，可以发现点B和点C的轨迹是平行于直线l并且到直线l的距离等于d的直线。因此，在平面内，到直线l的距离等于定长d的点，是平行于这条直线且到这条直线的距离等于定长的两条直线，如图6-138所示。

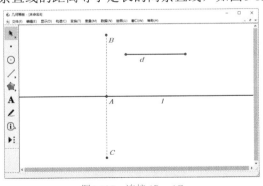
图6-137　连接AB，AC

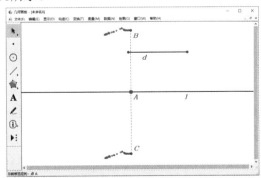
图6-138　模型效果

此类含有到某直线的距离等于定长的动点轨迹，我们称之为定线定长模型。

6.6.4 制作定弦定角课件模型

打开几何画板软件后，在绘图区任意位置作圆O，然后将圆O的控制点M绕点O旋转180°得到点M′，如图6-139所示。

依次选定点O、M、M′，选择【构造】|【圆上的弧】命令，在弧上取点N，分别连接OM，ON，单击【标记工具】按钮✐，在顶点O附近，选取OM，向ON拖动，标识∠MON，如图6-140所示。单击【文本工具】按钮**A**，标注a，∠a则可以取0°~180°的任意角度。

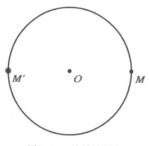

图6-139　旋转控制点

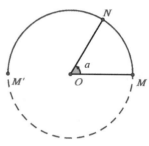

图6-140　拖动OM

依次选择M、O、N，选择【度量】|【角度】命令，度量出∠MON的角度，然后右击∠MON的度量值，在弹出的快捷菜单中选择【角度度量值的标签】命令，打开【角度度量值】对话框，将标签修改为"∠a"，如图6-141所示。

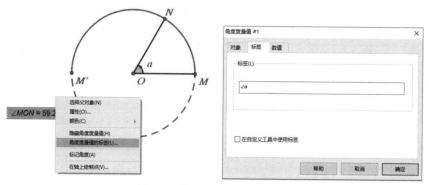

图6-141　修改角度度量值的标签

作∠MON的角平分线，交圆O于点C，过点C作CD⊥OM，垂足为D，如图6-142所示。一次选取点O、C、D，选择【变换】|【标记角度】命令，保留∠MON及其度量值，隐藏其他信息。

作线段AB并作出线段AB的中垂线，将点B绕点A按标记角度进行旋转得到点E，作射线AE，与线段AB的中垂线交于点F，如图6-143所示。

依次选定点B、F、A，选择【构造】|【过三点的弧】命令，双击线段AB，然后选中该弧，选择【变换】|【反射】命令，作出该弧关于AB的对称图形，如图6-144左图所示。隐藏射线AE，点E、F及垂线，完成作图。

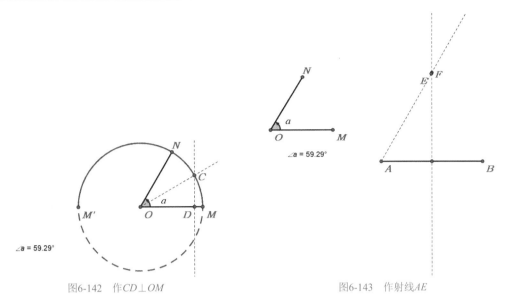

图6-142　作$CD \perp OM$　　　　　　　图6-143　作射线AE

如图6-144的中图和右图所示，拖动点N改变$\angle a$的大小，可以发现使得$\angle ABC = \angle a$的轨迹随之改变。如此，含有已知线段AB(定弦)、$\angle a$(定角)，使得$\angle APC = \angle a$的动点P的轨迹的一类图形，我们称之为定弦对定角的顶点的轨迹模型，简单来说就是定弦定角模型。

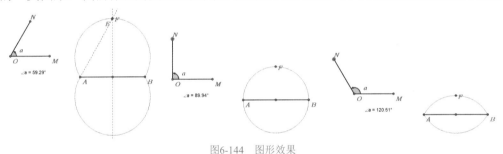

图6-144　图形效果

6.6.5　制作路径缩旋课件模型

打开几何画板软件后，在绘图区作线段AB，然后在线段AB上取任意点C，选择【度量】|【点的值】命令，如图6-145所示。

在线段AB上取一点D，依次选定B、D，选择【构造】|【以圆心和圆周上的点绘图】命令，在圆B上任取一点E，然后依次选取点D、B、E，选择【变换】|【标记角度】命令，连接BE，单击工具栏上的【标记工具】按钮，标记该角并度量出$\angle DBE$的度数，如图6-146所示。

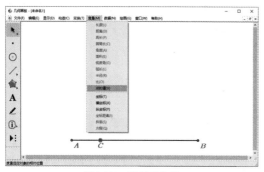

图6-145　度量点的值

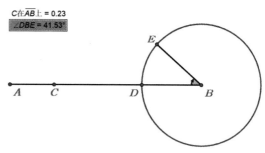

图6-146　度量∠DBE的度数

在绘图区作一条线段PF，然后双击点F，选中点P，选择【变换】|【缩放】命令打开【缩放】对话框，单击之前度量处的点C的值，然后单击【缩放】按钮将点P关于点F按标记比进行缩放，如图6-147所示，得到点G。

选中点G，选择【变换】|【旋转】命令，打开【旋转】对话框，设置点G关于点F按标记角度旋转，如图6-148所示，得到点H。

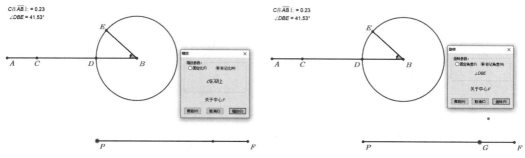

图6-147　将点P关于点F按标记比进行缩放　　　　图6-148　设置点G关于点F按标记角度旋转

在绘图区作圆O，在圆O上任意位置取一个异于控制点的点I，依次选定点P、I，选择【编辑】|【合并点】命令，结果如图6-149所示。

依次选定点I、H，选择【构造】|【轨迹】命令，得到点H的轨迹，如图6-150所示，完成作图。

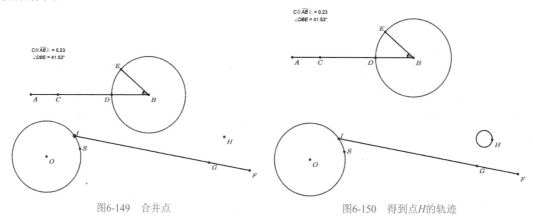

图6-149　合并点　　　　　　　　　　图6-150　得到点H的轨迹

在图6-151左图中拖动点C改变缩放比例或者拖动点E改变旋转角度，可以发现点H的轨迹始终是一个圆，只是位置和大小发生了改变，如图6-151右图所示。

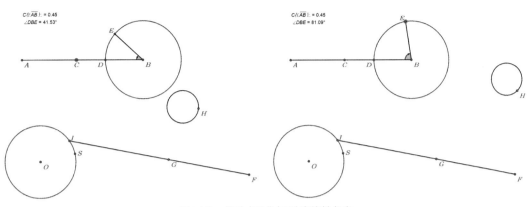

图6-151　拖动点C或点E改变旋转角度

由图6-151可知，点H是由点I关于定点F按给定的点的值进行了缩放后再按照所标记的角度旋转而得到的。而点I的路径为圆O，相当于将点I的路径圆O作了与点I相同的几何变换，所以将圆心O进行相应的变换即可确定出点H的轨迹所在圆的圆心，半径则是将圆O的半径进行了相应的缩放。

6.6.6　制作平行轴之间的距离为定值的课件模型

打开几何画板软件后，任意作一条线段AB，在线段AB上取一点C，然后双击C，分别选中点A、B，选择【变换】|【缩放】命令，参考图6-152左图所示设置缩放参数。分别作出线段AC、BC的中点M、N，如图6-152右图所示。

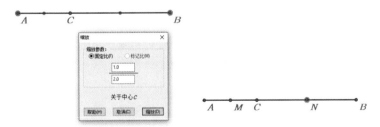

图6-152　作线段AC、BC的中点

分别选取中点M、N和线段AB，选择【构造】|【垂线】命令，将直线的标签更改为m、n，如图6-153所示。

在子线m、n上分别取点D、E，连接DE，将线段DE的颜色设置为红色，分别选中点D、E，选择【度量】|【距离】命令，然后分别选中点M、N，选择【度量】|【距离】命令，即可测量出DE和MN的距离，如图6-154所示。

在图6-154中拖动点D(或点E)，改变点D(或点E)的位置，通过观察可以发现，当DE//AB时，DE取得最小值，最小值为MN，这个结论也可由"直线外一点与直线上各点连接的所有线段中，垂线段最短"进行证明。如果拖动点C改变点C的位置，可以观察到MN的值始终不变。

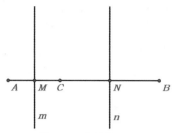

图6-153　作垂线m、n

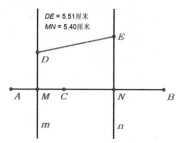

图6-154　测量DE和MN的距离

在图6-155左图中，若点C是已知线段AB上的任意一点，线段AC、BC的对称轴平行，且它们之间的距离是定值AB/2，那么两平行轴上的任意两点之间距离的最小值就等于这个定值。在图6-155的中图和右图中，无论给出的是等边△ACD，还是半圆，它们的对称轴本质上还是线段AC、BC的对称轴。因此，当且仅当DE//AC时，线段DE取得最小值，DE的最小值为AB/2。

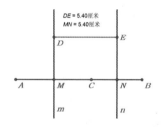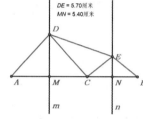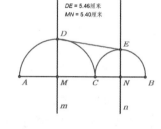

图6-155　图形效果

如此，已知一条线段和该线段上的任意一点，且分成的两条线段的对称轴平行，这两条对称轴之间的距离恒等于该线段长度的一半，我们称之为两平行轴之间的距离为定值模型。该模型通常用来求满足一定条件的两条平行轴上的两点之间距离的最小值。

第 **7** 章

设计与制作交互型电子白板课件

当今，以计算机多媒体技术和信息技术为代表的科学技术正在以前所未有的速度进入学校，它在提高学生学习效率、增强课堂教学效果方面发挥着极大的作用。学校教育的核心环节是课堂教学，交互式电子白板的应用，已成为课堂信息化的首选并很快得到发展。电子白板易学易用，与传统教学工具相比，电子白板在教学手段和方法上可以给用户带来全新的选择。

7.1 电子白板简介

人们所熟悉的黑板已经使用了几百年，即使在信息技术高度发达的今天，黑板在教学中依然非常重要。随着信息技术的发展，黑板的形式也在不断变化，出现了电子复印式白板、交互式电子白板。其中交互式电子白板从某种意义上来说，就是一块"数字化"的黑板，如图7-1所示。

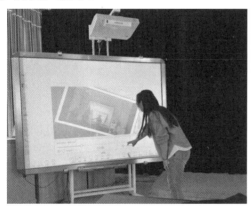

图7-1　交互式电子白板

1. 电子白板的组成

常见的电子白板包括传统电子白板和白板一体机两种形式，其中传统电子白板通常由台式计算机、触摸式白板、投影仪、音响、话筒等电子设备组成；白板一体机则将各种设备集成在一块白板屏幕内。将电子白板安装在教室后，会为教师和学生带来一种电子化的、智能化的全新教学模式。

(1) 传统电子白板。传统电子白板将触摸式白板连接到台式计算机，并利用投影仪将计算机上的内容投影到触摸式白板屏幕上。此时，触摸式白板就相当于一块手写板，教师和学生可以在其上任意书写，同时可以在台式计算机的显示器上显示。

(2) 白板一体机。交互式白板一体机是一种新型的多媒体交互教学终端，其相比传统电子白板，应用更加广泛。白板一体机集触摸式白板、功放机、音响、计算机、视频展台等多媒体设备的功能于一体，节省了教室的空间，使教师的课堂操作更加便捷。

2. 电子白板的功能

电子白板具体包括以下几项基本功能。

○ 书写、批注、绘画：用于教师与学生之间的交流。

○ 编辑与交互控制：用于在电子白板上直接编辑文件和与计算机进行实时交互操作。

○ 强调重点：使用聚光灯、拉幕、放大镜等工具，强调重要信息。

○ 备课与记录存储：对于Office文档及PDF文档直接进行注解和修改，通过屏幕捕获功能，可以记录并存储文档。

○ 无限页书写与字体识别：用户不必擦除白板，白板屏幕可以无限长，同时手写字可以直接转换为宋体字。

3. 电子白板的特点

电子白板充分利用了信息化教育的特点，在结合现代教学与传统教学特点的基础上，充分发挥白板在教学中的作用，真正将信息化带进了普通课堂和日常教学活动中。电子白板在应用于教学时具有以下几个特点。

○ 电子白板系统与传统教学方式的结合非常紧密，完全符合传统教学习惯，教师可以自由地走动，无论是写板书，还是进行多媒体课件演示，或是对计算机进行操作，都可以在白板上完成，不必局限于计算机的控制台。

○ 教师在课堂教学中使用交互式电子白板，除了可以展示丰富的教学内容和即时注释以外，还鼓励学生主动参与教学过程，不断完善教学方法，提高师生互动的有效性。

○ 教师可以在电子白板上直接进行板书，做教学内容批注，书写内容可以瞬间擦除，如不擦除，可以保存所有操作的历史记录。

○ 教师可以方便地利用电子白板本身所带的模板进行教学设计，可以方便地调用各种多媒体资源，如三角尺、圆规、直尺、量角器等，使得教师在备课、制图等方面省时省力。通过网络功能，教师还能进行集体备课，可以发挥教师团队的合作精神。

正是由于以上特点，许多学校已将电子白板引入课堂中作为常规的教学工具。表7-1所示为电子白板与多媒体CAI课件在实际教学中的效果对比。

表7-1　电子白板教学与多媒体CAI课件教学的对比

电子白板教学	多媒体CAI课件教学
操作开放直观、可视性较强	操作隐蔽不直观、可视性较差
适合小班课堂教学	适合中型、大型课堂教学
统一在白板前操作	在控制台前操作，投影在屏幕上
交互效果友好丰富	交互功能受到限制
资源与白板整合为一体	资源(各类课件、软件)分散
适用于师生交互协作并兼顾个性化教学	适用于教师讲课
适用多种教学模式	适用单一教学模式
课堂教学节奏易于控制，凝聚性较强	课堂教学节奏不易控制，凝聚性较差
教学内容可记录、存储	不易记录教学过程

4. 电子白板的应用

目前，应用电子白板进行日常教学相比传统教学方式优势日益突出。使用电子白板可以让教师与学生在课堂教学中实现积极的互动，有助于提高学生的学习兴趣。对比将课件使用投影设备投影到屏幕上"一成不变"地显示内容，电子白板更适合多样化教学和创造性教学的需要。表7-2所示具体归纳了电子白板在一些领域的应用。

表7-2　电子白板的具体应用

领域	应用
教育课堂	电子白板主要应用于大中小学校与幼儿园的课堂教学和远程教学。它具有直观、易操作、资源利用便捷、动态存储回放、师生互动性强等优势。电子白板不仅整合了现代多媒体系统的优势，拥有强大的资源利用能力，而且具备了传统教学媒体(粉笔+黑板)的及时批注、修改等功能，教师不必经过复杂的培训就能够在教学中较为顺利地使用。正是由于这些特点，电子白板必将在以后的各类教育课堂中得到广泛应用
职业培训	电子白板广泛应用于各种职业培训中。例如，可用于会议讨论、商务培训以及广告宣传、产品或项目的展览、演示。 在商务和展览活动中进行发布信息、产品介绍、高新技术项目的应用推广等活动中，可以替代投影屏幕，一边演示PPT一边注解、书写、保存、制作网络文件，参加培训的人员可以专注于聆听和思考，不必抄录培训内容，演讲者的注解和操作都会同时被记录并保存下来
远程会议	利用交互式电子白板进行远程会议，有助于政府机关、企业集团进行虚拟现场会议。在会议室中通过网络连接，利用交互式书写屏系统可以在异地进行数据共享和实时板书，再与专业视频会议系统结合，可以构成全面的会议系统，与会各方可以将书写屏内容实时传递到各地，方便会后整理、传阅，有效地提升了会议质量，节省开支，提高工作效率
大众传媒	电子白板的互动展示功能有强大的影响力，在新闻媒体、展览活动和信息发布中可以更生动直观地解释相关内容，例如中央电视台新闻频道的"朝闻天下"节目曾使用电子白板播报新闻

7.2 使用电子白板软件

电子白板的操作需要有配套的软件支持，目前比较常用的电子白板软件是SMART Notebook。使用该软件可以制作教学中使用的电子白板课件，同时在操作电子白板时，控制电子白板。

7.2.1 SMART Notebook工作界面

在计算机中安装并启动SMART Notebook后，将进入图7-2所示的SMART Notebook工作界面，该界面由标题栏、菜单栏、工具栏、边栏、工作区域等几部分组成。

图7-2 SMART Notebook工作界面

1. 标题栏

标题栏位于工作界面的顶端，用于显示当前正在运行的文件名信息。标题栏最右端有3个按钮，分别用来控制窗口的最小化、最大化和关闭软件。

2. 菜单栏

菜单栏提供了各种操作的标准菜单命令，由【文件】【编辑】【视图】【插入】【格式】【绘制】【帮助】这7个菜单组成。选择任意一个菜单名称，都会弹出相应的菜单。

3. 工具栏

SMART Notebook的工具栏根据工具的作用划分为3个部分，分别是【操作】模块、【工具】模块和【扩展项】模块，如图7-3所示。

图7-3 SMART Notebook工具栏中的3个模块

4. 边栏

边栏中包含【页面排列】选项卡、【图库】选项卡、【附件】选项卡、【属性】选项卡和【加载项】选项卡。选择不同的选项卡将显示相应的功能，如图7-4所示。

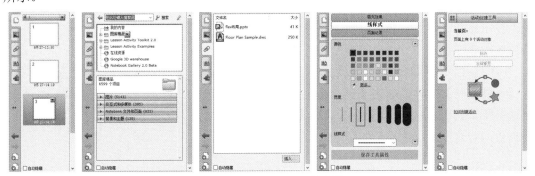

图7-4 SMART Notebook的边栏

5. 工作区域

工作区域是SMART Notebook进行可视化编辑课件的主要区域，可以显示当前文档的所有操作效果。

7.2.2 SMART Notebook基本操作

SMART Notebook课件的基本操作包括页面操作和课件操作两部分。

1. 页面操作

SMART Notebook课件与PowerPoint课件类似，课件由若干页面组成。在制作SMART Notebook课件时，用户需要掌握添加空白页、删除页、调整页的顺序等基本页面操作。

(1) 添加空白页。启动SMART Notebook软件后，文档默认只有一个空白页，单击工具

栏中的【添加页】按钮🔂或者在菜单栏中选择【插入】|【空白页】命令，可以在文档中添加空白页。

(2) 删除页。在边栏的【页面排列】选项卡🔲中选取要删除的页后，单击工具栏中的【删除页】按钮🔂或者直接按Delete键，可以删除选中的页。

(3) 复制页。在边栏的【页面排列】选项卡🔲中选取要复制的页后，右击，从弹出的快捷菜单中选择【复制页】命令，即可复制当前选中的页。

(4) 移动页。在边栏的【页面排列】选项卡🔲中选取要移动的页后，按住鼠标左键拖动即可调整该页与其他页的位置，实现移动页的效果。

2. 课件操作

SMART Notebook课件的交互性很强，放映课件时教师可以根据课堂的实际情况适时呈现页面内容，还可以在课件中即时批注、圈画重点。

(1) 新建课件。选择【文件】|【新建】命令，可以新建一个课件文件。

(2) 打开课件。选择【文件】|【打开】命令，在打开的【打开】对话框中选中课件文件后，单击【打开】按钮即可打开该课件文件。

(3) 运行课件。打开课件后单击工具栏中的【放映】按钮📺，在弹出的列表中选择课件放映的比例后，即可运行课件。

(4) 修改课件。教师可以在课件的放映过程中，展开【课件放映】工具栏中的【更多选项】，根据授课需要选择不同的工具(如【蜡笔】工具和【图形】工具)，对课件内容进行批注修改，如图7-5所示。

图7-5 【课件放映】工具栏

7.3 制作电子白板课件内容

使用SMART Notebook软件制作课件的形式与使用PowerPoint或者Animate等软件制作课件的形式类似，其本质都是将文字、图片、图形、视频、音频等素材组织、规划在一起，通过适当的设置与编辑，使其最终成为符合授课需求的文档。

下面将介绍使用SMART Notebook制作课件内容的一些基本方法。

7.3.1 添加文本

在使用SMART Notebook制作课件的过程中，通过文本可以有效地帮助教师表达教学思想，展示教学的过程，从而提高教学效果和教学质量。

【练习7-1】使用SMART Notebook在课件封面页中输入文本。

`01` 启动SMART Notebook，在工具栏中单击【添加页】按钮📄，新建一个空白页。

`02` 在空白页中右击，从弹出的快捷菜单中选择【设置背景】命令，在展开的边栏选项卡中选中【图像填充】单选按钮，并单击【浏览】按钮，打开【插入图像文件】对话框，选择一个作为页面背景图像的图片文件，单击【打开】按钮，如图7-6所示。

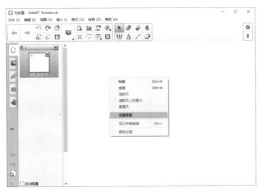

图7-6 设置课件背景图像

`03` 单击工具栏中的【文本】工具△，然后在工作区域中按住鼠标左键拖动，创建一个文本输入区域，在其中输入文本"湖心亭看雪"，并在显示的边栏选项卡和工具栏【扩展项】模块中设置文本的字体样式和颜色，如图7-7左图所示。

`04` 使用同样的方法，在工作区域中再创建一个文本输入区域，在其中输入文本"张岱"，然后将鼠标指针置于文本框的边框上，当指针变为十字形状时按住左键拖动，调整文本输入框的位置，效果如图7-7右图所示。

图7-7 输入并设置文本，调整文本输入框的位置

在实际制作课件过程中，除了需要在课件中添加上例介绍的普通文本外，还可能需要在课件中输入公式。此时，教师可以在PowerPoint、MathType等软件中完成公式的输入，之后再将制作好的公式直接复制到SMART Notebook课件中。

7.3.2 插入图片

在课件中添加图片能够帮助教师分析教学内容并描述事物的本身，因此图片和文字一样也是课件的重要组成元素。

【练习7-2】使用SMART Notebook在课件中插入图片。 ⊙视频

01 继续【练习7-1】的操作，在边栏中选择【页面排列】选项卡 📄，然后选中第2页空白页，选择【插入】|【图片文件】命令，打开【插入图片文件】对话框，选择一个图片后单击【打开】按钮，在空白页中插入图片，如图7-8所示。

图7-8 在空白页中插入图片

02 选中页面中插入的图片，调整其大小和位置后，右击图片，在弹出的快捷菜单中选择【锁定】|【锁定位置】命令，锁定图片，以防教学过程中因误操作而移动图片，如图7-9所示。

03 参考【练习7-1】的操作，使用工具栏中的【文本】工具 A，在页面中添加文本，并设置文本格式，制作课件的目录页效果，如图7-10所示。

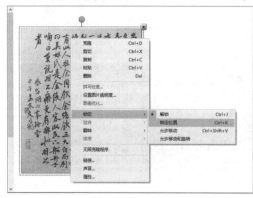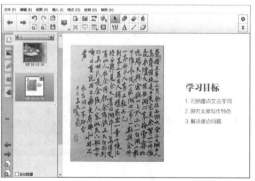

图7-9 锁定图片　　　　　　　　　　图7-10 输入目录页文本

1. 编辑图片

在课件中插入图片后，图片的四周会出现两个控制手柄和一个下拉按钮，如图7-11所示。通过单击下拉按钮后弹出的菜单命令和调整控制手柄，可以对图片的大小、位置、方向进行编辑。

(1) 调整图片大小。按住鼠标左键拖动图片右下角的控制手柄，可以调整图片的大小，如图7-12所示。

图7-11　选中图片后显示的控制手柄和下拉按钮　　　　　　　　图7-12　调整图片大小

(2) 调整图片位置。选中图片后，将鼠标指针放置在图片上，当指针变为十字形状后按住鼠标左键拖动即可调整图片的位置。

(3) 旋转图片方向。将鼠标指针放置在图片顶部的控制手柄上，按住左键拖动可以旋转图片，调整图片方向，如图7-13所示。

(4) 翻转图片。选中图片后单击图片右上角的下拉按钮，在弹出的下拉菜单中选择【翻转】命令，在显示的子菜单中可以设置图片的翻转效果，如图7-14所示。

图7-13　旋转图片　　　　　　　　　　　　　图7-14　翻转图片

(5) 克隆图片。选中图片后单击图片右上角的下拉按钮，在弹出的下拉菜单中选择【克隆】命令，可以在页面中创建图片的副本。

(6) 设置图片排序。当在一个图片页面中插入了多个图片后，可以通过右击，在弹出的快捷菜单中选择【排序】命令来调整选中图片与其他图片和元素的排序关系。

【练习7-3】在课件中调整图片的排序。 ▶视频

01 继续【练习7-2】的操作，选择【插入】|【图片文件】命令，打开【插入图片文件】对话框，在页面中插入一个背景图片，然后右击背景图片，在弹出的快捷菜单中选择【排序】|【置于底层】命令，如图7-15左图所示。

02 此时，背景图片将位于页面排序的底层，效果如图7-15右图所示。使用同样的方法还可以设置页面中文本的排序。

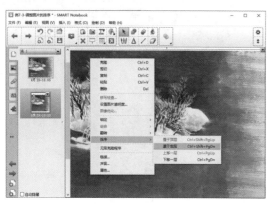

图7-15　设置图片排序

2. 设置图片属性

在SMART Notebook中可以对插入的图片等素材设置动画或透明效果，由此在教学中增加趣味性，并突出授课的重点。

(1) 设置图片透明度。选中页面中的图片，右击，在弹出的快捷菜单中选择【属性】命令，然后在打开的边栏中拖动【填充效果】选项区域中的【对象透明度】滑块，可以调整图片的透明度。如图7-16所示为设置页面中背景图片的透明度。

(2) 设置图片动画效果。选中页面中的图片，在边栏中选择【属性】选项卡，展开【对象动画】选项区域，可以为选中的对象设置动画效果，如图7-17所示。

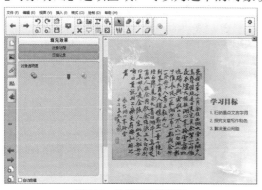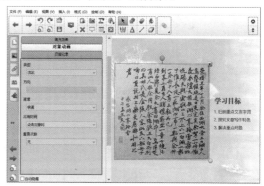

图7-16　设置图片透明度　　　　　　　图7-17　设置图片动画效果

7.3.3　添加视频和音频

使用SMART Notebook在课件中添加视频和音频可以使课件的效果更加丰富。这里需要注意的是：在SMART Notebook软件中只能插入MP3类型的音频文件，以及FLV类型的视频文件。

1. 添加视频

【练习7-4】使用SMART Notebook在课件中插入视频文件。 🔘视频

01 继续【练习7-3】的操作，选择【插入】|【空白页】命令，插入一个空白页。

02 选择【插入】|【Flash视频文件】命令，打开【插入视频文件】对话框，选择一个FLV格式的视频文件后单击【打开】按钮，在页面中插入视频，如图7-18所示。

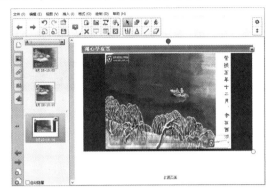

图7-18　在页面中插入Flash视频

03 在工具栏中单击【图形】按钮，然后在显示的【扩展项】模块中单击【矩形】按钮，在页面中绘制一个矩形，如图7-19所示。

04 在边栏中为绘制的矩形设置【实心填充】，然后调整其排序，并使用【文本】工具在页面中输入文本，如图7-20所示。

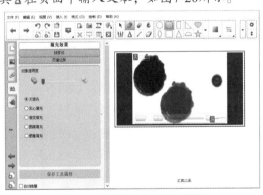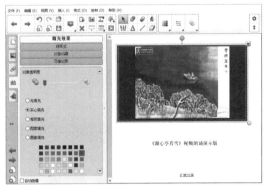

图7-19　在页面中绘制矩形图形　　　　　图7-20　设置图形填充并添加文本

05 选择【文件】|【保存】命令，将课件保存。

在SMART Notebook中只能插入FLV格式的视频，其他格式的视频需要转换为FLV格式后才能插入。如果不想转换视频的格式，可以将视频文件以附件的方式添加到课件中，具体方法如下。

【练习7-5】在SMART Notebook中将视频以附件的形式插入课件。 视频

01 在边栏中选择【附件】选项卡，然后单击【插入】按钮，在弹出的列表中选择【插入文件副本】选项，如图7-21左图所示。

02 打开【插入文件副本】对话框，选择一个视频文件后单击【打开】按钮，如图7-21右图所示，即可将该文件以附件的形式插入课件中。

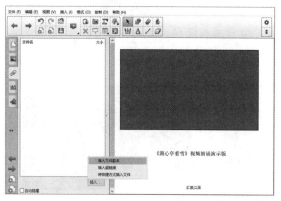

图7-21　将视频文件以附件的形式插入课件

2. 添加音频

【练习7-6】使用SMART Notebook在课件中插入音频文件。 视频

01 继续【练习7-4】的操作，在边栏中选择【页面排列】选项卡 ，然后选择【插入】|【空白页】命令，插入一个空白页。单击工具栏中的【文本】工具 ，然后在工作区域中按住鼠标左键拖动，创建一个文本输入区域，在其中输入课文"湖心亭看雪"的原文，如图7-22所示。

02 选定课文对象，选择【插入】|【声音】命令，打开【插入声音】对话框，单击【浏览】按钮，如图7-23所示。

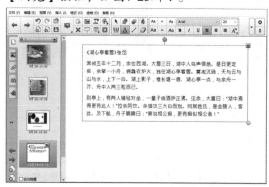

图7-22　输入课文原文　　　　　　　　　　图7-23　【插入声音】对话框

03 打开【插入文件】对话框，选中一个音频文件后，单击【打开】按钮。

04 返回【插入声音】对话框，单击【添加声音】按钮，为步骤 01 输入的课文对象插入朗诵音频配音。

也可以使用上例介绍的方式，为图片添加声音，如图7-24所示。

图7-24 为图片添加声音

在为文本、图片等对象添加声音时，需要选择启动声音的方式。在图7-23所示的【插入声音】对话框中设置声音的启动方式有两种：一种是选中【角图标】单选按钮；另一种是选中【对象】单选按钮。当选中【角图标】单选按钮时，单击对象(文本或图像)左下角的声音图标，即可播放添加的声音(再次单击则停止播放)，如图7-25所示。当选中【对象】单选按钮时，单击对象(文本或图像)即可播放添加的声音(再次单击则停止播放)，如图7-26所示。

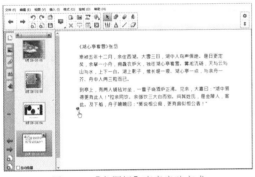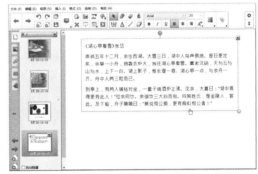

图7-25 【角图标】声音启动方式　　　　　图7-26 【对象】声音启动方式

7.3.4 添加动画

在实际教学中，若教学内容不易直接表达，或者无法用图片和文本来表达具体的情景，往往需要借助于动画来制作便于学生接受、领会的动画形象，并将制作好的动画插入使用SMART Notebook制作的课件内容中。使用SMART Notebook在课件中插入动画的方法相对使用PowerPoint在课件中插入动画的方法要简单得多。

【练习7-7】使用SMART Notebook在课件中插入动画。 视频

01 运行SMART Notebook软件后，选择【文件】|【新建】命令新建一个SMART Notebook文件。

02 选择【插入】|【Flash文件】命令，打开【插入Flash文件】对话框，选择一个动画文件后，单击【打开】按钮，如图7-27左图所示，即可在课件中插入动画。图7-27的右图显示了在课件中插入动画后的效果。

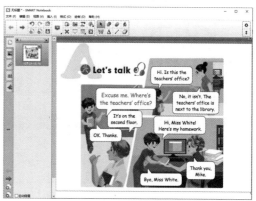

图7-27　在课件中插入动画

03 选择【文件】|【保存】命令，保存课件。

7.4 设置课件交互

交互式电子白板的优势之一就是交互性强，利于课堂应用。常见的传统课件(如使用PowerPoint制作的PPT课件或者使用Dreamweaver制作的网页型课件)一般是对预设的内容按顺序进行播放，而电子白板课件则可以有选择地呈现课件中的内容，并可以随时保留课堂中随机生成的课件内容资源。此外，借助SMART Notebook软件中的屏幕批注、自由拖放、屏幕遮盖、聚光灯等功能，还可以大大增强课堂中教师与学生之间的互动性。

7.4.1 屏幕批注

在课堂中，为了突出课件内容的重点和难点(如语文中的重点字词、句子)，可以在SMART Notebook中选择【笔】工具在白板中进行批注。使用【笔】工具进行批注就和教师在学生作业本中批注的效果一样，不仅操作简单、可以随机生成，还能够保存批注笔迹，在下课后帮助学生梳理课堂中学习的知识，对相关内容进行归纳总结。

【练习7-8】在课件中使用【笔】工具进行屏幕批注。 ◎视频

01 打开课件后，在工具栏中选择【查看屏幕】|【全屏显示】命令，全屏播放课件，如图7-28所示。

02 在播放控制浮动工具栏中选择合适的【笔】工具，然后在课件中的关键位置圈画，即可进行屏幕批注，如图7-29所示。

03 完成批注后，按下Ctrl+1快捷键退出批注，使鼠标返回"选择"状态。选择【文件】|【保存】命令，可以保存批注笔迹。

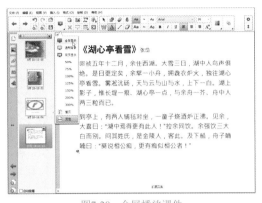
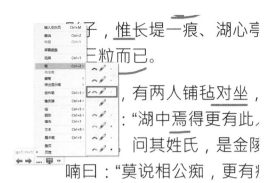

图7-28 全屏播放课件　　　　　　　　　图7-29 使用【笔】工具进行屏幕批注

7.4.2 屏幕遮盖

屏幕遮盖能将课件内容(或部分内容)遮挡住，在教学过程中逐渐呈现。在SMART Notebook软件中，一般可以通过两种方法实现这种效果：一种是运用"屏幕遮盖"命令将课件全屏遮盖；另一种是绘制图形遮挡住课件的内容。下面将通过练习示例具体来介绍。

【练习7-9】在课件中遮盖大部分内容，在授课时逐渐展示。 ▶视频

01 运行SMART Notebook软件后打开课件，选择【视图】|【屏幕遮盖】命令，可以将页面全部遮挡，如图7-30所示。

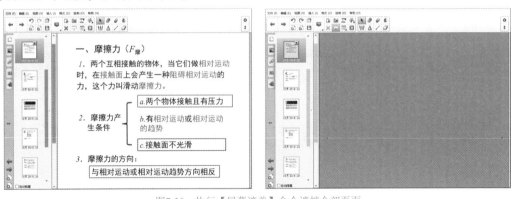

图7-30 执行【屏幕遮盖】命令遮挡全部页面

02 拖动遮盖，可以显现课件的内容，如图7-31所示。

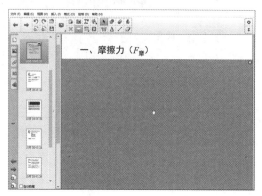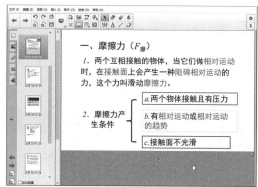

图7-31　拖动屏幕遮盖显现课件内容

【练习7-10】在课件中遮盖局部内容，在授课时逐渐呈现。 视频

01 运行SMART Notebook软件后打开课件，在工具栏中选择【图形】工具 ，在显示的扩展项中设置图形的填充颜色和线条颜色，如图7-32所示。

02 在扩展项中选择【矩形】选项 ，在课件中需要遮挡的区域绘制矩形，如图7-33所示。

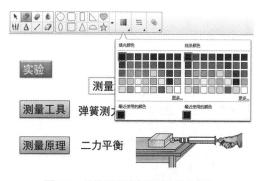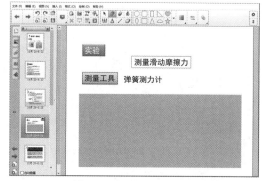

图7-32　设置图形填充颜色和线条颜色　　　　图7-33　绘制矩形遮挡区域

03 在工具栏中选择【选择】工具 ，拖动绘制的矩形即可逐渐显示被遮盖的区域。

7.4.3　自由拖放

在SMART Notebook课件中插入的对象，无论是在制作环节，还是在授课环节均可自由拖放。在课堂中利用该功能，教师可以动态生成或者改变课件，在上课时根据实际情况拖动页面对象来调节教学节奏与内容。

【练习7-11】在课件中自由拖放图形对象。 视频

01 运行SMART Notebook软件后打开课件，在工具栏中选择【图形】工具 ，在显示的扩展项中设置图形的填充颜色和线条颜色。

02 在扩展项中选择【矩形】选项 ，在课件中绘制图7-34所示的矩形。

03 在工具栏中选择【选择】工具 ，调整绘制矩形的旋转角度，如图7-35所示。

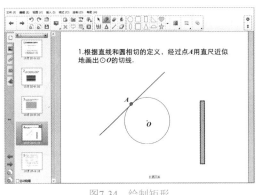

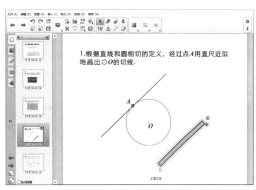

图7-34 绘制矩形　　　　　　　　　图7-35 调整矩形的旋转角度

04 在课件演示的过程中，可以拖动鼠标移动所绘制的矩形，如图7-36所示。

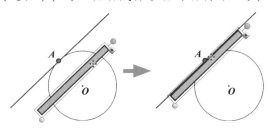

图7-36 拖动鼠标移动矩形图形

【练习7-12】通过自由拖放功能并结合【克隆】命令创建相同的图形。 ◉视频

01 运行SMART Notebook软件后打开课件，在工具栏中选择【图形】工具，在课件中绘制三角形，然后右击绘制的三角形，在弹出的快捷菜单中选择【克隆】命令，如图7-37所示，将三角形克隆一份。

02 按住鼠标拖动所克隆的三角形，改变其位置使其满足授课需要，如图7-38所示。

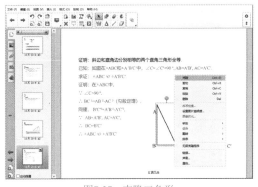

图7-37 克隆三角形　　　　　　　　图7-38 拖动所克隆的三角形

03 如果右击三角形后，在弹出的快捷菜单中新选择【无限克隆程序】命令，可以将三角形设置为克隆母版。此时，拖动克隆母版可以轻松复制无限个三角形，如图7-39所示。

04 单击克隆母版图形右上角的按钮，在弹出的列表中取消【无限克隆程序】选项的选中状态，即可取消图形的克隆母版状态，如图7-40所示。

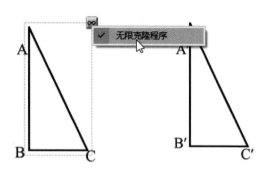

图7-39　无限克隆三角形　　　　　　　　图7-40　关闭无限克隆程序

7.4.4　表格填充

在SMART Notebook中也可以插入类似Office软件中的表格，并且插入的表格具有"单元格遮盖"和"单元格放大填充"等特殊效果。

【练习7-13】灵活运用课件中的表格，设计有趣的课堂互动。 视频

01　运行SMART Notebook软件后打开课件，选择【插入】|【表格】命令，打开【插入表】对话框，在【列数】文本框中输入1，在【行数】文本框中输入2，然后单击【确定】按钮，插入一个2行1列的表格，如图7-41所示。

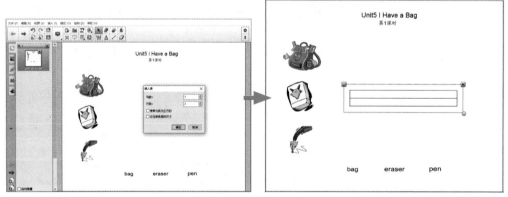

图7-41　在课件中插入一个2行1列的表格

02　拖动表格的边框线调整表格单元格的大小和位置，如图7-42所示。

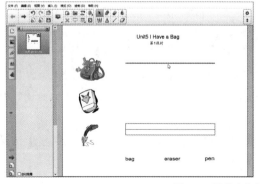
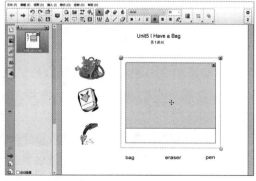

图7-42　调整表格单元格的大小和位置

03 按住Ctrl键，依次单击课件中的图片和单词，选中全部内容，然后右击，在弹出的快捷菜单中选择【无限克隆程序】命令，如图7-43所示，实现无限克隆效果。

04 在授课时分别拖动图片和单词到表格的单元格中，将实现填充放大效果，如图7-44所示。

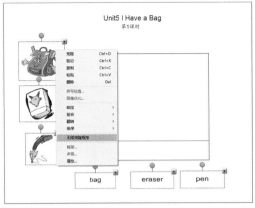

图7-43　无限克隆程序

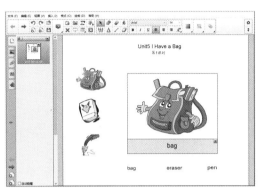

图7-44　单元格的填充放大效果

7.4.5　对象排序

SMART Notebook课件页面中每个对象的堆叠都是有顺序的。在制作课件时，可以利用对象的排列顺序和颜色，制作出想要的组合图形效果。

【练习7-14】通过设置对象排序，在课件中为注释框制作标题文本。 视频

01 运行SMART Notebook软件后，选择【文件】|【新建】命令新建一个SMART Notebook文件。

02 在边栏中选择【属性】选项卡，然后选中【实心填充】单选按钮，为课件设置一种背景颜色。

03 在课件中输入标题文本"光的色散"，并设置文本的字体和大小，如图7-45所示。

04 在标题文本之上绘制一个矩形，将标题文本覆盖，然后右击矩形，在弹出的快捷菜单中选择【排序】|【下移一层】命令，如图7-46所示。

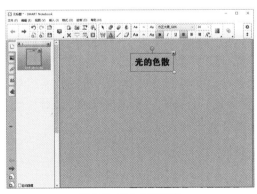

图7-45　输入标题文本

图7-46　将矩形图形下移一层

05 按下Ctrl+A快捷键选中课件中的矩形和标题文本，然后右击，从弹出的快捷菜单中选择【组合】|【组合】命令，将两个选中的对象组合。

06 选择【插入】|【图片文件】命令，在课件中插入两个图片，并调整页面中图片和组合后图形的位置，如图7-47所示。

07 右击步骤**05**组合的对象，在弹出的快捷菜单中选择【排序】|【置于顶层】命令，将该对象置于对象排序的顶层，然后在课件中输入其他文本，如图7-48所示(后输入的文本自动排序在先前插入对象的上层)。

图7-47　调整对象的位置

图7-48　输入文本

7.5　使用工具和资源

在SMART Notebook中，集成了一些特殊功能的工具和插件(如数学中的测量、圆规工具；捕获图像的屏幕捕获工具；SMART记录器；公式编辑器等)，以及交互活动模板资源。灵活运用这些工具和资源，可以在授课中为教师提供有益的帮助。

7.5.1　测量工具

SMART Notebook提供了直尺、三角板、量角器等常用的测量工具，方便师生在电子白板中操作。相比传统测量工具，电子白板上的测量工具更加生动有趣。

【练习7-15】在SMART Notebook中使用测量工具。 📹视频

01 运行SMART Notebook软件后打开课件，在工具栏中单击【测量工具】按钮，在弹出的列表中选择【插入量角器】选项，在课件中插入量角器，如图7-49所示。

02 将量角器的中心点对齐到钟表图形时针与分针形成夹角的顶点，然后将鼠标放置在量角器外边缘上，按住左键向左拖动，旋转量角器，使角的一边与量角器的0刻度线对齐，如图7-50所示。测量出左侧钟表图形时针与分针之间的角度为120°。

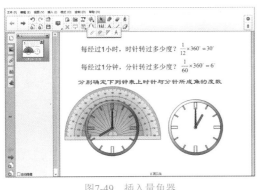

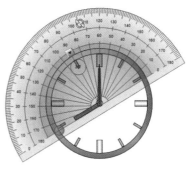

图7-49 插入量角器   图7-50 旋转量角器

03 将鼠标指针放置在量角器内侧边缘上，按住鼠标左键将其拖动至课件右侧的钟表图形上，然后参考步骤 **02** 的操作，可以测量出右侧钟表时针与分针之间的角度为30°，如图7-51所示。

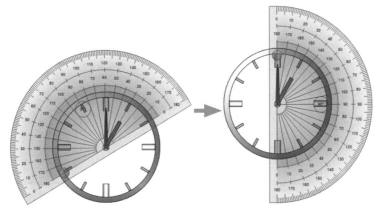

图7-51 拖动量角器位置测量出右侧钟表时针与分针之间的角度

7.5.2 绘图工具

在数学课堂上除了会经常使用测量工具以外，还可能需要使用绘图工具(如"圆规")来绘制图形。在绘制图形的过程中，教师还可以使用直尺、三角板、智能识别笔等工具来进行辅助绘制。例如，在下面的练习示例中使用直尺和圆规来绘制垂直平分线。

【练习7-16】使用"圆规"工具和"直尺"工具绘制垂直平分线。 视频

01 运行SMART Notebook软件后，选择【文件】|【新建】命令新建一个SMART Notebook文件。

02 在工具栏中单击【测量工具】按钮，在弹出的列表中选择【圆规】选项，然后将鼠标指针放置在圆规底部，当指针变为十字形状后按住鼠标左键拖动，将圆规的针尖与A点重合，如图7-52所示。

03 将鼠标左键放置在圆规右侧的支腿上，当鼠标指针变为双向箭头时按住鼠标左键向右拖动，调整圆规的半径$R(R > AB/2)$，如图7-53所示。

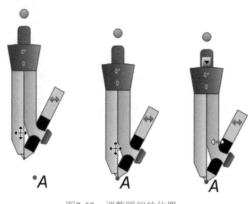

图7-52　调整圆规的位置

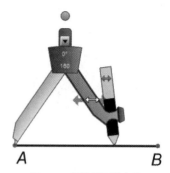

图7-53　调整圆规的半径

04 设置圆规的笔触颜色为"红色",如图7-54所示。

05 将鼠标指针放置在圆规顶部的绿色圆球上,拖动鼠标逆时针旋转,如图7-55所示。

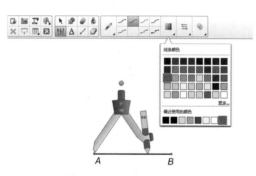

图7-54　设置圆规的笔触颜色

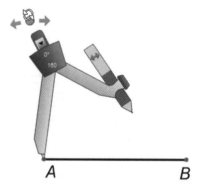

图7-55　逆时针调整圆规

06 将鼠标指针放置在圆规笔头部分,按住鼠标逆时针旋转绘制一条上弧线,如图7-56所示。

07 旋转圆规后,绘制一条下弧线,如图7-57所示。

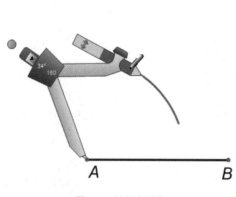

图7-56　绘制上弧线

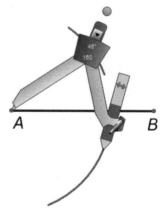

图7-57　绘制下弧线

08 移动圆规的位置至B点,以B点为圆心R为半径,在线段AB的上、下部分绘制弧线，如图7-58所示。

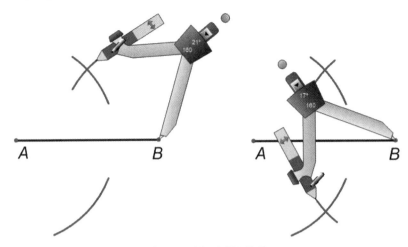

图7-58　以点B为圆心作弧

09 按下Delete键删除课件中的圆规工具。

10 在工具栏中单击【测量工具】按钮🖳，在弹出的列表中选择【直尺】选项🖊，在课件中显示直尺工具，然后将鼠标指针放置在直尺工具中心的原点上，按住鼠标左键逆时针拖动将该工具旋转90°，如图7-59所示。

11 将鼠标指针放置在直尺工具上，当鼠标指针变为十字箭头时按住鼠标左键拖动，调整直尺工具的位置，使其紧贴M点和N点，然后绘制直线连接MN，如图7-60所示。

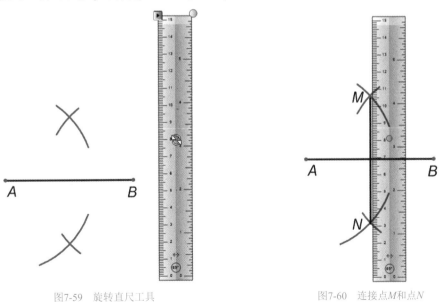

图7-59　旋转直尺工具　　　　　　　图7-60　连接点M和点N

12 选择【文件】|【保存】命令，保存课件。

7.5.3　交互资源

SMART Notebook提供了制作课件的活动工具包(课程活动工具包)，其中包括图形、页面、活动、背景、主题、交互式多媒体资源等，可以为教师制作课件提供有力的辅助。

在SMART Notebook边栏中选择【图库】选项卡，然后在该选项卡中展开一个工具包，将其中提供的资源拖动至课件页面中，即可在课件内添加相应的资源，如图7-61所示。

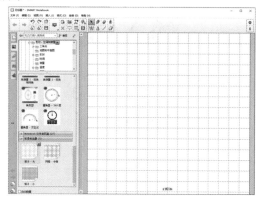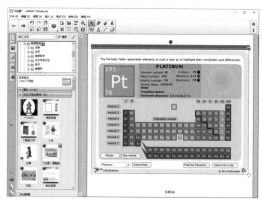

图7-61　使用【图库】选项卡中提供的交互资源

7.6　电子白板课件制作实例

本章前面的内容介绍了SMART Notebook软件的工作界面和基本操作。下面将根据前面所介绍的知识制作一个综合性多媒体课件，课件中的内容包括文本、公式、图片、视频、音频等对象素材。

1. 新建课件文件

运行SMART Notebook软件后，选择【文件】|【新建】命令新建一个SMART Notebook文件，然后选择【文件】|【保存】命令，打开【另存为】对话框，将课件以"分数乘法"为名称进行保存。

2. 设置课件背景

在SMART Notebook边栏中选择【属性】选项卡，然后在【填充效果】选项区域中选中【渐变填充】单选按钮，为课件设置图7-62所示的渐变填充背景。

3. 制作课件封面页

选择【插入】|【图片文件】命令，在课件的第1页中插入图片，然后在工具栏中使用【矩形】工具，绘制图7-63所示的矩形图形。

在工具栏中使用【选择】工具，右击页面中插入的图片，在弹出的快捷菜单中选择【排序】|【置于顶层】命令，将图片置于页面对象排序的顶层，然后拖动图片将其调整至矩形图形之上，如图7-64所示。

在工具栏中使用【文本】工具，在课件页面中添加标题文本，制作效果如图7-65所示的课件封面。

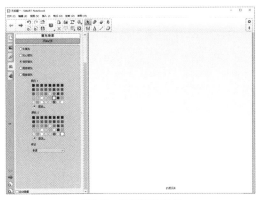

图7-62　设置课件背景

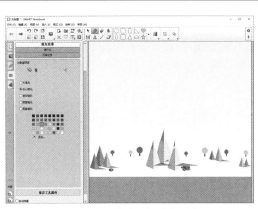

图7-63　在课件中添加图片和图形

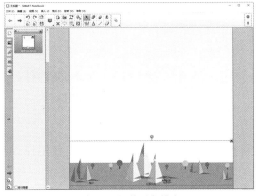

图7-64　调整对象排序

图7-65　在封面页中添加文本

4. 制作课件封底页

在边栏中选择【页面排列】选项卡 ，然后在该选项卡中右击封面页，在弹出的快捷菜单中选择【复制页】命令，如图7-66所示，将封面页复制一份。

在复制的封面页中，编辑页面中的标题文本，制作图7-67所示的课件封底页。

图7-66　复制封面页

图7-67　制作封底页

5. 将页面保存到图库

再次在【页面排列】选项卡 中选中课件的封面页，然后右击，在弹出的快捷菜单中选择【复制页】命令将封面页复制一份。

选中复制的封面页，按下Ctrl+A快捷键选中页面中所有的对象，按下Delete键将页面中所有的文本和图形对象删除,然后在【页面排列】选项卡中右击当前页,在弹出的快捷菜单中选择【将页面添加到图库】命令,打开边栏中的【图库】选项卡■,在【我的内容】分类下添加一个设置背景效果的页面资源,如图7-68所示。

6. 制作课件第 1 页内容页

在页面中添加文本和图形,制作图7-69所示的页面效果。

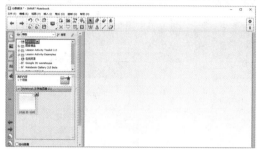

图7-68 将页面保存到图库   图7-69 输入内容页文本

启动PowerPoint软件,在其中输入公式后,将公式复制到SMART Notebook课件内,制作如图7-70所示的内容页。

7. 制作课件第 2 页内容页

在【图库】选项卡中将保存的页面拖动至当前页面底部,如图7-71所示,使用保存的页面创建新的内容页。

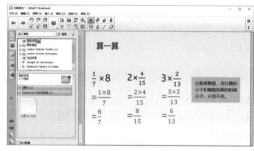
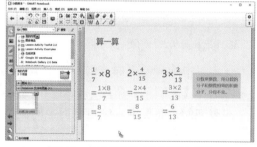

图7-70 在课件中添加公式   图7-71 使用保存的页面创建新页面

在边栏中选择【页面排列】选项卡，然后在该选项卡中拖动新建页面,使其位于第1页内容页之后,如图7-72所示。

在第2页内容页中插入图片并添加文本,制作图7-73所示的页面效果。

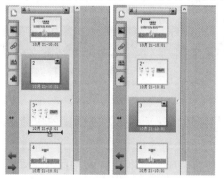
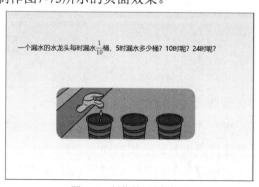

图7-72 调整页面在课件中的位置   图7-73 制作第2页内容页

8. 制作课件第 3 页内容页

使用保存的页面在课件中创建第3页内容页，并调整该页面在课件中的位置。

在第3页内容页中添加文本和图形后，选择【插入】|【Flash视频文件】命令，打开【插入视频文件】对话框，选择一个视频素材文件后，单击【打开】按钮，在页面中插入图7-74所示的视频素材。

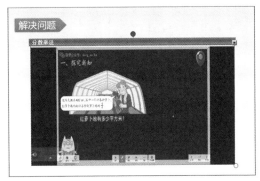

图7-74　在课件中插入视频

9. 制作课件第 4 页内容页

使用保存的页面在课件中创建第4页内容页，并调整该页面在课件中的位置。

在第4页内容页面中添加文本和图形后，选中文本对象，选择【插入】|【声音】命令，打开【插入声音】对话框，选中【对象】单选按钮后，单击【浏览】按钮，如图7-75左图所示。

打开【插入文件】对话框，选择一个音频文件后单击【打开】按钮，返回【插入声音】对话框，单击【添加声音】按钮，将选中的音频插入课件中。此时单击课件第4页内容页中的文本即可播放声音(再次单击可以停止播放)，如图7-75右图所示。

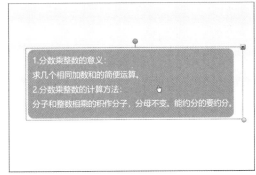

图7-75　在课件中插入音频

最后，选择【文件】|【保存】命令，将制作的课件保存。

第 **8** 章

多媒体CAI课件制作综合实例

本书主要介绍了多媒体CAI课件的制作方法，主要涉及PowerPoint、Photoshop、Animate、Dreamweaver和几何画板等软件，在前面的章节中已分别对这些软件的基本使用方法进行了介绍。本章将使用其中最常用的几款软件，以制作八年级上册语文《黄鹤楼》课件为例，综合运用前面章节中所学的知识，结合教学实际，来讲解课件的开发流程，帮助读者举一反三，进一步掌握多媒体CAI课件的制作方法。

8.1 课件制作规划

本章将制作部编版八年级《语文》上册第三单元课文《黄鹤楼》的课件。《黄鹤楼》是八年级上册语文第三单元《唐诗五首》中的一首诗，是唐代诗人崔颢创作的一首七言律诗，此诗描写了诗人在黄鹤楼上远眺的美好景色，是一首吊古怀乡的绝妙古诗。

8.1.1 规划课件内容

1. 确定学习目标

在课件制作的内容规划阶段，首先应认真推敲文章，确定学习目标。

(1) 正确、流利、有感情地诵读诗歌。

(2) 品析诗歌语言，感悟诗歌意境。

(3) 掌握情景交融、虚实结合的写作方法，体会作者情怀。

2. 写出教学设计

根据学习目标把握重点难点，根据学生实际写出详细的教学设计。例如：

(1) 问题导入

A. 提问。三大名楼，以及与之相关的各篇名文有哪些？

○ 湖北：黄鹤楼(崔颢)《黄鹤楼》

○ 湖南：岳阳楼(范仲淹)《岳阳楼记》

○ 江西：滕王阁(王勃)《滕王阁序》

B. 讲故事。传说李白登临黄鹤楼本欲赋诗，因见崔颢《黄鹤楼》诗而作罢，感慨道："眼前有景道不得，崔颢题诗在上头"。

(2) 朗读

师范读，生齐读。朗读时强调注意节奏(音韵兼顾意义)及声调的抑扬、速度的急缓(如读"空"时，应低沉婉转，声音略为延长；读"晴川"句应恬淡自然)。

(3) 师生共同探究

A. 读完《黄鹤楼》后你最喜欢的是哪一句？为什么？

B. 读完《黄鹤楼》后你对诗词有没有什么不满意的地方？

(4) 拓展(激发学生的想象能力，训练学生的表达能力)

《黄鹤楼》这首诗不仅写景，还充分抒情，情景交融浑然一体。每一句都可以说是为我们描绘了一幅画面，老师选择其中一句，根据诗意，融入自己的想象和感受、体会，写成一段小文，请学生也模仿老师选择自己最喜欢的一句，充分发挥想象，缀珠成文。例如：

"黄鹤一去不复返，白云千载空悠悠。"

金碧辉煌的黄鹤楼在阳光的照射下愈发显得宏伟与壮丽。登临此楼，仰望长空，一碧如洗，唯有白云千多，悬浮于天地之间，没有一丝杂色，就是那样不沾烟火气的洁白，没有目的，没有方向，悠悠地飘荡。胸中的一切仿佛都被荡涤而去，怎么不令人油然而生清寥孤寂之感。

(5) 总结

《黄鹤楼》这首诗是吊古怀乡之佳作。诗人崔颢登临古迹黄鹤楼，泛览眼前景物，即景而生情，诗兴大作，脱口而出，一泻千里。这首诗既自然宏丽，又饶有风骨。

3. 设计展示方案

围绕教学设计，再进行课件展示方案的规划。如确定教学情境的创设方式，确定课件展示的时机、内容和方式等，依此明确课件的功能及制作思路。

8.1.2 课件功能规划

多媒体CAI课件的作用是强调教学重点，突破教学难点。根据课文的教学重点和难点，按要求筛选相关信息、概括文章要点。因此，课件大致需要以下功能。

1. 创设情境

考虑到在教学中学生不可能亲自登临黄鹤楼，感受其上的景色，难以理解诗中提到的景象，因此课件在制作中将通过图片、视频等素材进行情境创设。

- ○ 图片：用黄鹤楼图片展示黄鹤楼的景色，给学生以直观的视觉感受。
- ○ 视频：语文教学中"读"占着非常重要的作用，在教学中采用启发诱导和品读相结合的方法通过课文的朗读视频、音频，可以让学生了解诗词朗读的基本方法。

2. 呈现信息

在课件中呈现信息，让学生快速阅读课文及相关知识点，并筛选出重点和亮点，例如以下信息。

(1) 作者信息。崔颢(704—754)，汴州(开封)人，唐开元十一年进士。天宝中为尚书司勋员外郎。少年为诗，意浮艳，多陷轻薄；但后来的边塞生活使他的诗风大变，风骨凛然，雄浑奔放。

(2) 黄鹤楼简介。黄鹤楼是中国历史上的三大名楼之一，故址在今湖北武汉蛇山的黄鹄矶头，始建于三国吴黄武二年(223年)，历代屡建屡毁。昔日的黄鹤楼有"天下绝景"之称，今日的黄鹤楼更加雄伟、壮丽，有"国运昌则楼运盛"之说。黄鹤楼濒临万里长江，雄踞蛇山之巅，挺拔独秀，辉煌瑰丽，很自然就成了名传四海的游览胜地。历代名士崔颢、李白、白居易、贾岛、陆游、杨慎、张居正等，都曾先后来到这里游览，吟诗作赋。

(3) 重点字词解释。

- 昔人：指传说中骑鹤的仙人；
- 悠悠：飘荡的样子；
- 返：返回；
- 空：只；
- 川：平原；

- 历历：分明的样子；
- 芳草：香草，古时常用于比作愁思；
- 萋萋：草木茂盛的样子；
- 乡关：故乡。

(4) 全诗翻译。仙人已乘黄鹤飞去，这里只留下空空的黄鹤楼。黄鹤飞去不会再回来了，而白云千百年来依旧空自飘荡。晴天里汉阳平原上的树木清晰可见，鹦鹉洲上也长满盛放的香草。可是日近黄昏，极目远眺，我的故乡在哪呢？凝视长江上浩渺的烟波，真使人发愁啊！

8.1.3　素材获取规划

在制作《黄鹤楼》课件的过程中，可能涉及的素材有文本、图片、声音、视频、动画等，获取这些素材的途径很多，详见以下说明。

- 文字：可以直接输入计算机，也可以在网上下载。
- 图片：可以采用数码相机拍摄，也可以在网上下载。
- 视频和音频：语文课中朗读的部分较多，可以采用话筒录制，也可以在网上下载。
- 动画：可以使用PowerPoint对象动画制作课件中的动画效果，也可以使用Animate软件制作动画。

8.1.4　制作流程规划

在制作课件之前，要先规划课件的制作流程，之后根据规划的流程逐步制作课件内容。以本章制作的《黄鹤楼》课件为例，其规划流程如下。

(1) 编写课件内容文本。课件的内容文本是制作多媒体课件的重要步骤，需要对教学内容的选择、结构的布局、视听形象的表现、人机界面的形式等进行周密的考虑和细致的安排。内容文本在课件中的作用相当于影视剧本。

(2) 获取并处理素材。用户可以在网上下载课件所需的素材，然后使用Word、Photoshop、GoldWave等软件对素材进行处理。

(3) 确定制作软件。本章使用PowerPoint软件。

8.1.5 课件结构规划

《黄鹤楼》课件主要是以教学展示为主、自主学习为辅，其学习过程及其控制的设计主要通过课件的导航来实现。教师可以根据使用的需要自由选择课件的播放内容，进行自主播放。该课件中各个页面的结构如图8-1所示。

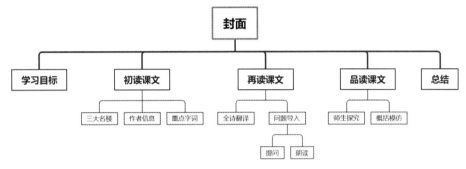

图8-1 课件"黄鹤楼"的内容结构

8.2 准备课件素材

多媒体CAI课件中，素材是表达课件设计思想的重要元素，包括文本、图像、视频、音频、动画等。根据8.1节规划的方案，需要收集相应的素材。这些素材可以通过多种途径获取，本节主要介绍通过网上下载的方式。

8.2.1 编写文本素材

课件的文本素材是按照教学过程，描述教学中每个环节的教学内容及其呈现方式的一种文本。通过文本可以体现多媒体CAI课件的教学设计情况，文字内容一般由学科教师负责编写，并由具备学术水平和教学经验的学科专家进行审查。编写课件文本素材时，应根据课件主题的需要，按照教学内容的相互联系和教育对象的学习规律，对有关内容分出轻重主次，合理地进行安排和组织，以使教学内容完备。

《黄鹤楼》课件中，文本素材的编写示例如表8-1所示。

表8-1 《黄鹤楼》课件中的文本素材

学科	使用对象	设计者	课题	课件用途
语文	八年级	王燕	《黄鹤楼》	新课讲授
序号	内容	类型		呈现方式
1	封面	文本/图片		图片与文本同时呈现
2	课前自主学习	图片/文本		主要呈现文本
3	初读课文	文本		主要呈现文本
4	三大名楼	文本/图片		图片与文本同时呈现
5	黄鹤楼简介	文本/图片		图片与文本同时呈现

(续表)

序号	内容	类型	呈现方式
6	作者信息	文本/图片	图片与文本同时呈现
7	重点字词	文本	主要呈现文本
8	再读课文	文本/图片	图片与文本同时呈现
9	全诗翻译	视频	主要呈现视频
10	问题导入	文本/图片	文本与文本同时呈现
11	提问	文本	主要呈现文本
12	朗读	文本/音频	文本与音频同时呈现
13	品读课文	文本/图片	图片与文本同时呈现
14	师生探究	文本	主要呈现文本
15	概括模仿	文本	主要呈现文本
16	总结	文本	主要呈现文本
17	思考练习	文本	主要呈现文本
18	结束页	文本/图片	图片与文本同时呈现

本章实例将课件分成学习目标、初读课文、再读课文、品读课文和总结5个主要栏目，在初读课文、再读课文和品读课文栏目中又设计了一系列子栏目，这些栏目基本上涵盖了课件制作规划阶段中提出的各方面内容。

8.2.2 获取图像素材

根据课件内容规划，《黄鹤楼》课件中需要大量与课文相关的图像素材。通过本书前面的学习，课件中的图像素材可以通过网络下载，并使用Photoshop软件加工处理。

【练习8-1】通过因特网下载课件中需要的图像素材。🎬视频

01 使用浏览器打开"百度"搜索引擎，搜索关键字"黄鹤楼"，然后单击【百度一下】按钮，如图8-2左图所示。

02 在打开的搜索结果页面顶部单击【图片】链接，进入"百度图片"页面，搜索关于"黄鹤楼"的图片。

03 在搜索结果中单击打开需要的图片，然后右击页面中的图片，在弹出的快捷菜单中选择【图片另存为】命令，如图8-2右图所示。

图8-2 通过"百度"搜索引擎获取课件素材

04 在打开的【另存为】对话框中设置图片文件的保存路径和文件名后，单击【保存】按钮，将网上的图片保存在计算机中作为课件素材。

【练习8-2】使用Photoshop处理图片中的水印。

01 启动Photoshop打开【练习8-1】下载的图像文件，选择【窗口】|【图层】命令，打开【图层】面板，然后按下Ctrl+J快捷键复制背景图层。

02 按下Ctrl+【+】快捷键放大图像，找到图像中的水印，然后选取【仿制图章】工具，在图像水印附近没有水印的位置按下Alt键选取一块采样，如图8-3左图所示。

03 释放Alt键，在水印位置单击进行遮盖，如图8-3右图所示。

图8-3　使用"仿制图章"工具消除图片中的水印

04 选择【文件】|【存储】命令，将处理后的图像文件保存。

8.2.3　准备视频/音频素材

在制作多媒体CAI课件时，各类与课件主题相关的视频和音频素材必不可少。此类素材可以自己制作，也可以通过下载或在线录制的方式借用网上的相关资源。由于目前主流视频网站一般都有专门的下载保护，下载其视频资源比较困难，因此使用录屏软件对在线播放的视频和音频进行翻录是获取网上视频和音频资源的主要手段。

1. 使用录屏软件录制网上视频片段

01 访问"百度"网站，搜索关键字"八年级语文黄鹤楼朗诵"，然后单击网站顶部的【视频】链接，搜索网上关于"八年级语文黄鹤楼朗诵"的相关视频，如图8-4所示。

02 启动oCam录屏软件，设置录屏文件的保存路径后，调整录屏区域，如图8-5所示，然后在浏览器中选择需要播放的视频，播放视频，并单击oCam软件界面中的【开始】按钮，开始录制视频。

03 视频播放结束后，单击oCam软件界面中的【停止】按钮，即可结束视频录制，得到所需的视频片段。

图8-4　搜索网上视频

图8-5　设置录屏区域

2. 使用视频下载软件下载网上视频

01 在计算机中安装并启动"硕鼠"视频下载软件后，利用搜索引擎找到视频播放地址，然后复制该地址，如图8-6所示。

02 将复制的视频地址粘贴至"硕鼠"视频下载软件界面上方的地址栏中，然后单击【解析本页视频】按钮，在打开的页面中单击【用硕鼠下载该视频】按钮，如图8-7所示。

图8-6　复制视频地址

图8-7　用"硕鼠"软件解析视频地址

03 在打开的页面中单击【硕鼠专用链下载】按钮，如图8-8所示。

04 打开【添加新任务】对话框，设置视频的存储地址后，单击【确定】按钮即可开始下载视频，如图8-9所示。

图8-8　用硕鼠专用链下载视频

图8-9　设置添加新的下载任务

3. 使用浏览器插件下载网上音频文件

[01] 在计算机中安装并打开"360极速浏览器"后，单击浏览器界面顶部的【扩展中心】按钮▦，在打开页面的搜索栏中输入关键字"音乐"后，按下Enter键搜索与音乐有关的浏览器插件，如图8-10所示。

[02] 在图8-10所示的搜索结果中单击"万能音乐下载神器"插件，在打开的界面中单击【安装到浏览器】按钮，在浏览器中安装该插件。

[03] 使用浏览器访问一个音乐播放网站(如"网易云音乐")，搜索并播放想要下载的音乐，然后单击浏览器左下角的"万能音乐下载神器"图标，即可下载相应的音频文件，如图8-11所示。

图8-10 搜索与"音乐"有关的浏览器插件

图8-11 使用浏览器插件下载音频文件

8.3 制作课件内容

制作课件内容就是根据课件内容规划、流程规划和结构规划的意图，将准备好的文本、图像、视频、音频等素材以设计好的版式合成在一起，制作出课件的主体。虽然目前制作课件的软件越来越简单易用，为教师亲手制作课件提供了便利，但要制作出内容完备、效果显著、交互性强的课件，仍需要下一番功夫。下面将以PowerPoint软件为例，介绍制作八年级上册语文《黄鹤楼》课件内容的具体操作方法。

8.3.1 制作课件模板

在使用PowerPoint软件制作课件时，如果课件中页面的数量较多，使用模板可以方便页面之间风格的统一，并且可以大大节约课件的制作时间。

根据图8-1和表8-1所示，本章所规划的《黄鹤楼》课件由包括封面页、封底页、栏目页和内容页在内的18个页面组成。其中封面页和封底页可以采用相同的模板，其余栏目页和内容页则需要为其单独制作模板。下面将通过实例操作详细介绍。

1. 制作封面/封底页模板

【练习8-3】使用PowerPoint制作《黄鹤楼》课件的封面/封底页模板。 ⊙视频

01 启动PowerPoint软件后，按下Ctrl+N快捷键创建一个空白演示文稿，然后选择【视图】选项卡，在【母版视图】组中单击【幻灯片母版】按钮，进入幻灯片母版视图。

02 在【幻灯片母版】选项卡的【编辑母版】组中单击【插入版式】选项，插入一个自定义版式，然后在版式预览窗格中右击该自定义版式，在弹出的快捷菜单中选择【重命名版式】命令，打开【重命名版式】对话框，在【版式名称】文本框中输入"封面/封底"后单击【重命名】按钮，如图8-12所示。

03 在创建的"封面/封底"版式页中右击，在弹出的快捷菜单中选择【设置背景格式】命令，打开【设置背景格式】窗格，为版式页设置图片背景，如图8-13所示。

图8-12 重命名版式页

图8-13 设置版式页背景图

04 选择【插入】选项卡，在【插图】组中单击【形状】下拉按钮，从弹出的下拉列表中选择【矩形】选项，在版式页中拖动鼠标绘制一个与该页大小一致的矩形形状，如图8-14所示。

05 右击绘制的矩形形状，在弹出的快捷菜单中选择【设置形状格式】命令，打开【设置形状格式】窗格，设置矩形形状的填充颜色和透明度，为版式页设置一层蒙版效果，如图8-15所示。

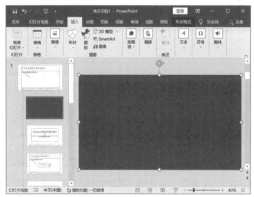

图8-14 绘制矩形形状

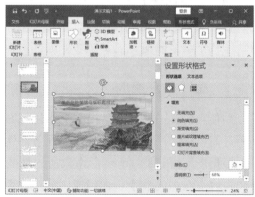

图8-15 设置蒙版效果

06 再次右击版式页中的矩形形状，在弹出的快捷菜单中选择【置于底层】命令，将形状置于版式页的底层，显示出软件预设的标题文本占位符。

07 选择【形状格式】选项卡，在【形状样式】组中单击【形状轮廓】按钮，从弹出的列表中选择【无】选项，设置形状无边框。

08 调整版式页中标题文本占位符的位置和大小，选择【开始】选项卡，在【字体】组中设置占位符中文本的大小和字体，在【段落】组中设置占位符中文本的对齐方式为【居中】对齐，如图8-16所示。

09 选择【幻灯片母版】选项卡，在【母版版式】组中单击【插入占位符】按钮，在弹出的列表中选择【文本】选项，然后在版式页中按住鼠标左键拖动，创建如图8-17所示的文本占位符。

图8-16 设置标题占位符的字体格式　　　　　图8-17 创建文本占位符

10 选中版式页中的文本占位符，选择【开始】选项卡，在【段落】组中单击【项目符号】按钮，取消占位符中应用的项目符号设置，然后删除其中多余的文本，并在【字体】组中设置占位符中文本的字体格式和字体大小，如图8-18左图所示。

11 使用同样的方法，在版式页中再插入一个的文本占位符并调整各个占位符之间的相对位置，制作图8-18右图所示的版式效果。

图8-18 设置文本占位符

12 最后，按下F12键打开【另存为】对话框，将课件以"黄鹤楼"为名进行保存。

2. 制作栏目页模板

【练习8-4】使用PowerPoint制作《黄鹤楼》课件的栏目页模板。 ◎视频

01 继续【练习8-3】的操作，在母版视图左侧的版式预览窗格中选择【标题幻灯片】版式，然后分别设置该版式页内主标题和副标题占位符中文本的格式，如图8-19所示。

02 删除版式页中底部的页眉/页脚占位符，调整页面中标题占位符的位置，并编辑其中的预设文本，如图8-20所示。

图8-19 【标题幻灯片】版式　　　　　　　　　图8-20 调整占位符的位置

03 在【幻灯片母版】选项卡的【母版版式】组中单击【插入占位符】下拉按钮，在弹出的下拉列表中选择【图片】选项，然后在版式页中拖动鼠标，绘制如图8-21所示的图片占位符。

04 选择【形状格式】选项卡，在【形状样式】组中单击【形状效果】下拉按钮，从弹出的下拉列表中选择一种"阴影"效果，将其应用于占位符之上，如图8-22所示。

图8-21 插入图片占位符　　　　　　　　　　图8-22 选择阴影效果

05 在版式预览窗格中右击【标题幻灯片】版式，从弹出的快捷菜单中选择【重命名版式】命令，打开【重命名版式】对话框，将版式重命名为"栏目页"。

3. 制作内容页模板

【练习8-5】使用PowerPoint制作《黄鹤楼》课件的内容页模板。 ◎视频

01 继续【练习8-4】的操作，在版式预览窗格中选中【仅标题】版式，然后在【开始】选项卡中设置版式页中标题占位符内文本的字体格式，如图8-23所示。

02 在【幻灯片母版】选项卡的【母版版式】组中单击【插入占位符】下拉按钮，在弹出的下拉列表中选择【文本】选项，在版式页中插入一个文本占位符，并在【开始】选项卡中设置该占位符中文本的字体格式。

03 编辑文本占位符中提示文本的内容，然后拖动占位符四周的控制柄，调整其大小和位置，如图8-24所示。

图8-23 【仅标题】版式

图8-24 调整文本占位符的大小和位置

04 在【幻灯片母版】选项卡的【母版版式】组中单击【插入占位符】下拉按钮，在弹出的下拉列表中选择【图片】选项，在版式页中插入一个图片占位符，并调整该占位符的大小和位置，如图8-25所示。

05 在版式预览窗格中右击【标题幻灯片】版式，从弹出的快捷菜单中选择【重命名版式】命令，将【仅标题】版式重命名为"内容页1"。

06 在版式预览窗格中按下Ctrl+1快捷键，将【内容页1】版式复制一份，然后将复制的版式重命名为"内容页2"。

07 在"内容页2"版式页中删除版式页中的图片和文本占位符，调整标题占位符的预设文本和位置。在【幻灯片母版】选项卡的【母版版式】组中单击【插入占位符】下拉按钮，在弹出的下拉列表中选择【媒体】选项，在版式页中插入图8-26所示的多媒体占位符。

图8-25 调整图片占位符的大小和位置

图8-26 设置多媒体占位符

08 使用同样的方法，在幻灯片母版中创建【内容页3】版式页和【内容页4】版式页，如图8-27所示。

图8-27　创建更多的内容版式页

4.设置模板统一背景

【练习8-6】为《黄鹤楼》课件中所有的版式页设置统一的背景。🔘视频

01 继续【练习8-5】的操作，在幻灯片母版视图左侧的版式预览窗格中选中【主题页】版式，然后右击幻灯片版式中的空白部分，在弹出的快捷菜单中选择【设置背景格式】命令，打开【设置背景格式】窗格。

02 在【设置背景格式】窗格中选中【图片或纹理填充】单选按钮，然后单击【插入】按钮，在打开的对话框中单击【从文件】选项右侧的【浏览】按钮，如图8-28左图所示。

03 打开【插入图片】对话框，选中准备好的图片素材文件，单击【插入】按钮即可为所有版式页设置如图8-28右图所示的统一图像背景(由于【封面/封底】版式已经设置了背景图，因此此次设置的背景图片不在该版式页中显示)。

图8-28　为所有版式页设置统一背景图

8.3.2　制作封面/封底页

课件的封面页与封底页分别是课件的开始页与结束页。在设置好相应的模板后，只需要对封面标题和封底文本进行少量的调整即可完成封面页和封底页的制作。

【练习8-7】制作《黄鹤楼》课件的封面页和封底页。🔘视频

01 继续【练习8-6】的操作，在【幻灯片母版】选项卡中单击【关闭母版视图】按

钮，返回普通视图。

02 在幻灯片预览窗格中右击第1张幻灯片，在弹出的快捷菜单中选择【封面/封底】选项，将设置好的【封面/封底】版式页应用于幻灯片，如图8-29所示。

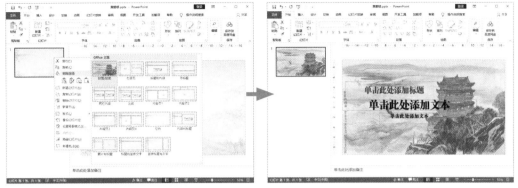

图8-29 在幻灯片中应用已设置好的版式

03 按下Ctrl+D快捷键，将第1张幻灯片复制一份，然后在两张幻灯片中的标题文本占位符中分别输入编写好的课件封面和封底文本，制作出图8-30所示的封面页和封底页。

图8-30 制作课件封面页和封底页

8.3.3 制作栏目页

如图8-1所示，《黄鹤楼》课件共分为学习目标、初读课文、再读课文、品读课文和总结5个栏目。使用制作好的课件模板，只需要更改相应栏目页模板中的图片与文本，即可快速完成5个栏目页的制作。

【练习8-8】制作《黄鹤楼》课件的栏目页。 视频

01 继续【练习8-7】的操作，在幻灯片预览窗格中选中封面页，然后连续按下Enter键5次，插入5张幻灯片，并为插入的幻灯片应用【栏目页】版式，如图8-31所示。

02 在幻灯片预览窗格中选中第2张幻灯片，在主标题占位符和副标题占位符中输入编写好的文本素材，然后单击图片占位符中的 按钮，如图8-32所示。

03 打开【插入图片】对话框，选择一个准备好的图像文件，然后单击【插入】按钮，在幻灯片中插入图像，如图8-33所示。

图8-31　创建5张幻灯片

图8-32　利用占位符输入标题文本

图8-33　使用图像占位符在幻灯片中插入图像

04 使用同样的方法，制作其余4个栏目页，效果如图8-34所示。

图8-34　制作课件中的其余栏目页

8.3.4　制作内容页

内容页是课件的主体部分，在制作内容页时，需要为不同的页面插入针对其主题内容的文本、图片、视频和音频素材，并利用模板对这些素材资源进行排版，使其效果美观、合理。

【练习8-9】制作《黄鹤楼》课件的内容页。 📹视频

01 继续【练习8-8】的操作，在幻灯片预览窗格中选中封面页，按下Enter键创建一个空白页，然后为该页应用【内容页3】版式，如图8-35所示。

02 在插入版式页的标题占位符和内容占位符中输入文本，制作如图8-36所示的页面效果。

图8-35　为空白页应用【内容页3】版式

图8-36　利用占位符添加文本

03 在幻灯片预览窗格中选中"初读课文"栏目页，然后连续按下Enter键3次，添加3张幻灯片，选中其中第1张幻灯片，为其应用【内容页1】版式，如图8-37所示。

04 根据表8-1规划的内容，在版式内的占位符中添加文本和图片，制作如图8-38所示的页面效果。

图8-37　为第1张幻灯片应用【内容页1】版式

图8-38　利用占位符添加文本和图片

05 选中步骤**03**添加的第2张幻灯片，为其应用【内容页4】版式，如图8-39所示。

06 根据表8-1规划的内容，利用【内容页4】版式中设置的文本和图片占位符，在课件页面中添加作者信息，如图8-40所示。

07 选中页面中添加的图片，选择【图片格式】选项卡，在【调整】组中单击【删除背景】按钮，显示【背景清除】选项卡，选择【标记要保留的区域】选项，在图片中设置

保留区域，然后单击【保留更改】选项，删除图片的白色背景，使其能够融入课件页面中，如图8-41所示。

图8-39　为第2张幻灯片应用【内容页4】版式

图8-40　添加作者信息

图8-41　删除图像背景

08 选中步骤**03**添加的第3张幻灯片，为其应用【内容页3】版式，然后根据表8-1规划的内容，在其中添加如图8-42所示的文本。

09 选中"再读课文"栏目页，连续按下Enter键4次，添加4张幻灯片，如图8-43所示。

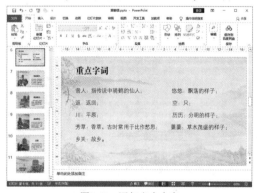

图8-42　添加文本内容

图8-43　添加"再读课文"栏目下的内容页

10 选中步骤**09**添加的第1张幻灯片，为其应用【内容页2】，如图8-44左图所示。

11 在页面中的标题占位符中输入文本"全诗翻译"，然后单击多媒体占位符中的按钮，打开【插入视频文件】对话框，选择准备好的视频素材后单击【插入】按钮，在页面中插入图8-44右图所示的视频。

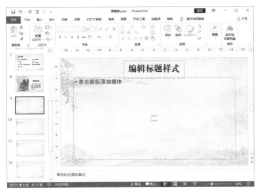 

图8-44 利用多媒体占位符在课件中插入视频素材

12 选择【插入】选项卡，在【插图】组中单击【形状】下拉按钮，在页面中插入一个矩形形状，然后为该形状设置样式，并在其中输入文本"播放"，如图8-45所示。

13 选中页面中插入的视频，选择【动画】选项卡，在【高级动画】组中单击【触发】下拉按钮，从弹出的下拉列表中选择【通过单击】|【矩形9】选项，如图8-46所示，设置通过单击矩形按钮可以播放页面中的视频。

图8-45 绘制矩形并在其中输入文本"播放"　　　图8-46 设置通过单击矩形按钮触发视频播放

14 选中步骤**09**添加的第2张幻灯片，为其应用【内容页1】版式，根据表8-1规划的内容，利用【内容页1】版式中设置的文本和图片占位符，在页面中添加文本和图片，效果如图8-47所示。

15 选中步骤**09**添加的第3张幻灯片，为其应用【内容页3】版式，根据表8-1规划的内容，利用【内容页3】版式中设置的文本占位符，在页面中添加文本内容，完成后的效果如图8-48所示。

图8-47 制作"问题导入"页面　　　　　　　图8-48 制作"提问"页面

16 选中步骤**09**添加的第4张幻灯片，为其应用【内容页3】版式，利用页面中的文本占位符添加文本，然后选择【插入】选项卡，在【媒体】组中单击【音频】下拉按钮，从弹出的下拉列表中选择【PC上的音频】选项，打开【插入音频】对话框，选中课文朗读音频文件后，单击【插入】按钮，如图8-49所示。

17 选中页面中插入的音频图标，选择【播放】选项卡，在【编辑】组中单击【剪裁音频】按钮，打开【剪裁音频】对话框，设置对准备的音频素材的内容长度进行剪裁，完成后单击【确定】按钮，如图8-50所示。

图8-49 插入音频文件

图8-50 设置剪裁音频

18 参考以上操作，根据表8-1规划的内容，利用内容页模板制作课件中的其他内容页。

8.4 添加课件动画

在使用PowerPoint制作的课件中，可以插入Animate(Flash)动画，也可以利用软件自身的动画功能，设置符合授课需要的动画效果。由于Flash动画目前已被逐渐淘汰，因此本节将重点介绍如何利用PowerPoint软件的动画功能，在《黄鹤楼》课件中添加动画效果的方法。

1. 制作对象动画

【练习8-10】利用PowerPoint的动画功能在课件中制作对象动画。 🔘视频

01 继续【练习8-9】的操作，在幻灯片预览窗格中选择"初读课文"栏目页，然后在页面中选中包含《黄鹤楼》诗文的文本框，选择【动画】选项卡，在【动画】组中选择【淡化】选项，如图8-51所示，为文本框设置"淡化"动画效果。

02 在【计时】组中单击【开始】下拉按钮，从弹出的下拉列表中选择【单击时】选项。

03 在【高级动画】组中单击【动画窗格】按钮，在显示的【动画窗格】窗格中单击【副标题】选项后的倒三角▼按钮，在弹出的列表中选择【效果选项】选项，如图8-52所示。

04 打开【淡化】对话框，选择【效果】选项卡，单击【设置文本动画】下拉按钮，在弹出的下拉列表中选择【按字母顺序】选项，然后在该选项后的文本框中设置动画播放时每个字母之间的播放延迟时间参数值为120，如图8-53所示，单击【确定】按钮。

图8-51 为文本框设置"淡化"动画效果

图8-52 【动画窗格】窗格

05 选中页面中的图像，在【动画】组中为其设置【擦除】动画，然后单击【效果选项】下拉按钮，从弹出的下拉列表中选择【自左侧】选项，如图8-54所示。

图8-53 设置动画按字母顺序播放

图8-54 为图像设置【擦除】动画

06 在【动画窗格】窗格中选中【图片占位符】选项，然后单击【上移】按钮，调整【图片占位符】上的动画在页面中的播放顺序，使其播放顺序在【副标题】占位符之前，如图8-55所示。

07 右击【图片占位符】选项，从弹出的快捷菜单中选择【从上一项开始】选项，设置图片占位符上的动画与上一个动画同时播放，如图8-56所示。

图8-55 调整动画播放顺序

图8-56 更改动画播放方式

08 选择【插入】选项卡，在【媒体】组中单击【音频】下拉按钮，从弹出的下拉列表中选择【PC上的音频】选项，打开【插入音频】对话框，选中准备好的背景音乐音频文件后，单击【插入】按钮，在页面中插入背景音乐。

09 选中页面中的音乐图标，选择【播放】选项卡，在【音频选项】组中选中【放映时隐藏】和【循环播放，直到停止】复选框，然后单击【开始】下拉按钮，从弹出的下拉列表中选择【自动】选项，如图8-57所示。

10 在【动画窗格】窗格中选中【背景音乐】选项，然后单击【上移】按钮▲，将背景音乐上移至顶部，使其在页面放映时最先播放，如图8-58所示。

图8-57 设置背景音乐

图8-58 设置音乐优先播放

11 最后，单击【预览】组中的【播放】按钮，预览动画设置效果。

2. 设置切换动画

【练习8-11】为《黄鹤楼》课件的各个页面设置合适的转场切换动画。 ▶视频

01 继续【练习8-10】的操作，选择【切换】选项卡，在【切换到此幻灯片】组中选择【推入】选项，然后单击【效果选项】下拉按钮，从弹出的下拉列表中选择【自右侧】选项，为当前幻灯片设置"推入"切换动画，如图8-59所示。

02 单击PowerPoint界面右下角的【幻灯片浏览】按钮田，切换至幻灯片浏览视图，如图8-60所示。在幻灯片浏览视图中，当前选中幻灯片的右侧有一个★图标，表示该幻灯片设置了切换动画。

图8-59 设置【推入】切换动画

图8-60 切换至幻灯片浏览视图

03 在【计时】组中设置【声音】为"箭头"，【持续时间】为"00.50.00"，然后单击【应用到全部】按钮，为所有幻灯片应用相同设置的"推入"切换动画。

04 选中课件的封面页(第一张幻灯片)，在【动画】组中单击【其他】按钮，在弹出的列表中选择【剥离】选项，为封面页设置"剥离"切换动画。

05 选中课件的封底页(最后一张幻灯片)，在【动画】组中单击【其他】按钮，在弹出的列表中选择【涡流】选项，为封底页设置"涡流"切换动画。

8.5　设置课件导航

多媒体CAI课件涉及的教学信息较多时，其内部各个知识点之间的关系就会变得复杂多样。这种情况下，为了便于教师在授课时能够快速切换到想要的知识点，就需要为课件设置导航。导航的作用是帮助使用者精确、迅速地从课件的任意页跳转到自己想要的页，从而帮助学习者能够不受干扰地理解教学中所要表达的内容，引导其有效、高效地学习。

【练习8-12】在《黄鹤楼》课件中设置导航。

01 继续【练习8-11】的操作，单击PowerPoint界面右下角的【普通视图】按钮，切换到普通视图，选中课件的封面页。

02 选择【插入】选项卡，在【文本】组中单击【文本框】下拉按钮，从弹出的下拉列表中选择【绘制横排文本框】选项，然后在页面中按住鼠标左键拖动，绘制图8-61所示的横排文本框。

03 在绘制的文本框中输入文本，然后在【开始】选项卡的【字体】组中设置文本的字体格式和大小，并调整文本框在页面中的位置，如图8-62所示。

图8-61　绘制横排文本框　　　　图8-62　设置文本框内容、格式和位置

04 选中文本框中的文本"学习目标"，在【插入】选项卡的【链接】组中单击【链接】按钮，打开【插入超链接】对话框，选择【本文档中的位置】选项后，在【请选择文档中的位置】列表中选中第3张幻灯片，然后单击【确定】按钮，如图8-63所示。为文本设置链接后，在放映课件时，教师可以通过单击文本"学习目标"快速跳转至相应的页面。

05 使用同样的方法为文本框中的其他文本分别设置相应的链接，使其链接至课件中相应的页面。

06 选择【视图】选项卡，在【母版视图】组中单击【幻灯片母版】选项，切换到幻灯片母版视图，然后在版式预览窗格中选择【空白】版式，如图8-64所示。

 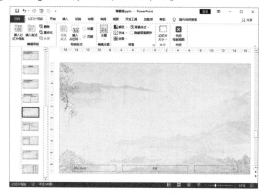

图8-63　为文本设置链接　　　　　　　　　　图8-64　幻灯片母版视图

07 删除版式页底部的页脚占位符，选择【插入】选项卡，在【插图】组中单击【形状】下拉按钮，在弹出的下拉列表中选择【动作按钮：转到开头】选项⚐，然后按住鼠标左键拖动，在页面的右下角绘制一个图8-65左图所示的按钮。

08 打开【操作设置】对话框，保持默认设置，然后单击【确定】按钮，如图8-65右图所示。

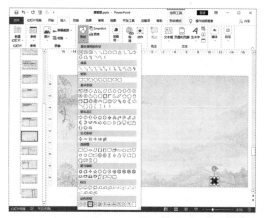 

图8-65　在【空白】版式页中创建【转到开头】动作按钮

09 使用相同的方法，在【空白】版式页中继续创建【后退或前一项】按钮◁、【前进或下一项】按钮▷和【转到结尾】按钮⚐，如图8-66所示。

10 按住Ctrl键选中页面右下角创建的按钮，选择【形状格式】选项卡，在【形状样式】组中单击【其他】按钮▾，从弹出的列表中选择一种样式并将其应用于选中的按钮上，如图8-67所示。

11 保持按钮的选中状态，右击，从弹出的快捷菜单中选择【组合】|【组合】命令，将页面中的4个按钮组合在一起。

图8-66 设置更多动作按钮

图8-67 设置按钮样式

12 按下Ctrl+C快捷键，复制组合后的图形，然后在版式预览窗格选中【栏目页】版式，按下Ctrl+V快捷键，执行【粘贴】操作，将图形粘贴至【栏目页】版式中，如图8-68所示。

13 重复同样的操作，在【内容页1】【内容页2】【内容页3】和【内容页4】等版式页中也粘贴动作按钮组。

14 在【关闭】组中单击【关闭母版视图】，关闭幻灯片母版视图。此时，课件除了封面页和封底页以外的其他页面都添加了图8-69所示的动作按钮组。

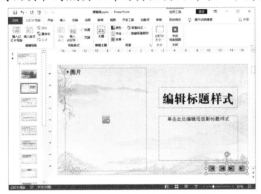

图8-68 在栏目页中添加动作按钮组

图8-69 课件中的动作按钮组

15 按下F5键预览课件，测试课件中导航链接和按钮的效果。

8.6 导出课件文件

课件制作完毕后，为了保证课件文件在任何一台计算机中都能正常放映，需要对其执行导出操作。导出后的课件文件可以保存在光盘、U盘等移动存储设备中，也可以通过网络传输到其他计算机中以供使用。

【练习8-13】将《黄鹤楼》课件打包为CD导出至计算机中。 视频

01 继续【练习8-12】的操作，单击【文件】按钮，在弹出的菜单中选择【导出】|【将演示文稿打包成CD】选项，然后在显示的界面中单击【打包成CD】选项，如图8-70

左图所示。

02 打开【打包成CD】对话框，单击【添加】按钮，如图8-70右图所示。

图8-70　打开【打包成CD】对话框

03 打开【添加文件】对话框，设置文件显示的格式为"(*.*)"，然后选中课件所使用的所有素材文件，单击【添加】按钮，如图8-71所示。

04 返回【打包成CD】对话框，单击【复制到文件夹】按钮，打开【复制到文件夹】对话框，在【文件夹名称】文本框中输入"《黄鹤楼》课件打包"，然后单击【浏览】按钮，如图8-72所示。

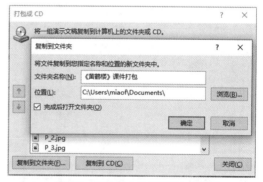

图8-71　【添加文件】对话框　　　　　　图8-72　设置将文件复制到文件夹

05 打开【选择位置】对话框，选择一个保存课件打包文件的文件夹后，单击【选择】按钮。

06 返回【复制到文件夹】对话框，单击【确定】按钮，在打开的提示对话框中单击【是】按钮即可开始导出课件文件。课件文件打包完成后，系统将自动打开保存打包文件的窗口。

8.7　保存课件模板

使用PowerPoint创建课件后，可以将课件中设置的版式保存为模板，并应用于其他课件中，从而可以大大提高其他在内容和风格上类似的课件的制作效率。

【练习8-14】将《黄鹤楼》课件中设置的模板文件保存并应用于其他课件中。　〇视频

01 继续【练习8-13】的操作，按下F12键打开【另存为】对话框，将【保存类型】设置为【PowerPoint模板(*.potx)】，然后单击【保存】按钮，如图8-73所示。

02 选择【文件】选项卡，在弹出的菜单中选择【新建】选项，在显示的界面中选择【自定义】选项，并单击【自定义Office模板】选项，如图8-74所示。

图8-73　将课件保存为模板

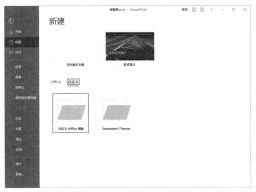

图8-74　单击【自定义Office模板】选项

03 在打开的【新建】界面中单击保存的《黄鹤楼》课件缩略图，在打开的对话框中单击【创建】按钮，如图8-75所示。

图8-75　使用保存的模板创建课件

04 此时，将使用保存的模板创建一个新的课件文件，该文件中包含本例所设置的各种版式，以及在版式中设置的各种占位符参数。

8.8　本章小结

本章通过一个具体的实例，结合教学实际，回顾了前面章节中所学的知识。从规划课件内容、获取素材、制作内容等各个环节，展示了从设计课件到使用PowerPoint软件开发制作课件的完整过程。该实例介绍了课件开发中各个环节的相关知识、方法和技巧，从而可以帮助读者在学完本书后，对多媒体CAI课件的开发制作有一个整体的认识。

本章需要掌握的具体内容如表8-2所示。

表8-2　本章需要掌握的内容

课件制作规划	掌握规划教学设计方案的方法；根据教学设计，确定课件所需要的素材，分析课件制作的重点与难点
准备课件素材	了解课件的文本内容构成；了解素材准备在课件制作中的重要性；掌握通过网络搜索并下载素材的常用方法
制作课件内容	掌握一种课件制作软件的使用方法；掌握在课件中设置动画、互动导航的方法；掌握导出课件文件与课件模板的方法